中国娱乐法评论 （2019年卷·第2期）
CHINESE ENTERTAINMENT LAW REVIEW Vol.1,No.2,2019

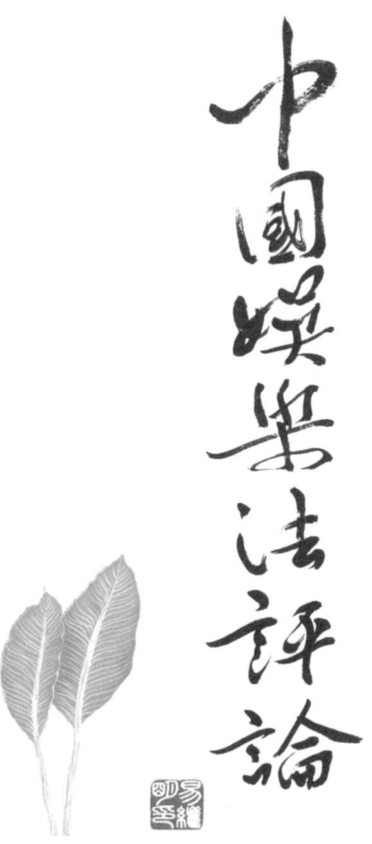

主　编◎易继明　　本期执行主编◎武玉辉

華中科技大學出版社
http://www.hustp.com
中国·武汉

图书在版编目（CIP）数据

中国娱乐法评论．2019 年卷．第 2 期/易继明主编．—武汉：华中科技大学出版社，2019.12
ISBN 978-7-5680-5965-7

Ⅰ.①中…　Ⅱ.①易…　Ⅲ.①文化事业-法律-研究-中国　Ⅳ.①D922.164

中国版本图书馆 CIP 数据核字（2019）第 299805 号

中国娱乐法评论（2019 年卷·第 2 期）　　易继明　主编
Zhongguo Yulefa Pinglun（2019 Nian Juan·Di 2 Qi）

策划编辑：钱　坤　牧　心
责任编辑：苏克超
封面设计：杨小川
责任校对：张会军
责任监印：周治超
出版发行：华中科技大学出版社（中国·武汉）　电话：（027）81321913
　　　　　武汉市东湖新技术开发区华工科技园　邮编：430223
录　　排：华中科技大学出版社美编室
印　　刷：武汉市金港彩印有限公司
开　　本：787mm×1092mm　1/16
印　　张：13.5　　插页：2
字　　数：241 千字
版　　次：2019 年 12 月第 1 版第 1 次印刷
定　　价：58.00 元

目 录

—— 学术论文 ——

"山外看山仍是山?"
——"自由度"视角下游戏直播画面的作品性问题 ………… 孙 毅/2
科技时代下的音乐产业授权制度研究
——以法律与经济观点论之 ……………………………… 卢建志/30

—— 主题研讨 ——

影视产业发展中的法律问题

娱乐法视域下影视作品的知识产权保护路径 ………………… 温 雅/52
解密美国影视产业基石：好莱坞工会制度 ………………… 曹 代/96
美国电影检查制度建立与废除的宗教动因 ……………… 王生智/122

—— 名家访谈 ——

"影视行业税收法律问题研讨会"实录 ……………………………… 144

—— 案例分析 ——

"人在囧途"诉"泰囧"案 ………………………………………… 166

体育赛事直播画面不能认定为以类似摄制电影的方法创作的作品
——评析“新浪公司诉天盈九州公司侵犯著作权及不正当竞争纠纷案” …… 180

—— 娱乐资讯 ——

2019 年第一季度娱乐法大事件 …… 196

—— 附　录 ——

注释体例 …… 204
约稿启事 …… 208

Contents

【Academic Articles】

◎ "Mountains beyond Mountains are still Mountains?": the Definition Issue of Work of Electronic Game Streaming Frames under the View of "Degree of Freedom" …………………………………… by Sun Yi/2

◎ Research on the Music Industry and Copyright Licensing System in the Technological Age: From the Perspectives of Law and Economics …………………………………………………… by Lu Jianzhi/30

【Monography】

Legal Issues in the Development of the Film Industry

◎ Intellectual Property Strategy for IP Assets in Movie Artworks from the Point of View of Entertainment Law ………………… by Wen Ya/52

◎ Deciphering the Cornerstone of the U. S. Film Industry: the Hollywood Union System ……………………………… by Cao Dai/96

◎ Role of Religion in the Establishment and Repeal of Film Censorship in America ……………………………………… by Wang Shengzhi/122

【Celebrity Interview】

◎ Record of "Seminar on Taxation Issues in Film and Television Industry" ……………………………………………………… 144

【Case Study】

◎ Discussion on "Lost of Journey" v. "Lost in Thailand" ………………………… 166

◎ Live Pictures of Sports Events can' t be regarded as Cinematographic Works—Discussion on Sina v. Tianying Jiuzhou ………………… 180

【Entertainment Information】

◎ Entertainment Law Events in the First Quarter of 2019 ………… 196

【Appendices】

◎ Annotation Style ………………………………………………… 204

◎ Call for Papers ………………………………………………… 208

学术论文

“山外看山仍是山?”
——“自由度”视角下游戏直播画面的作品性问题

孙　毅

摘　　要：电子游戏直播相关案件中，能否认定游戏直播画面为《著作权法》意义上的“作品”，是诸多司法争议的源头问题。在传统“独创性+可复制性”的作品公式下，当今学术讨论中存在着权利客体没有完全厘清和“独创性”如何个案判断的难题。纵向上，游戏直播画面脱胎于“电子游戏—电子游戏整体画面—直播画面”这一客体链条，在认定游戏整体动态画面作为“类电作品”的结论之上，经再次加工的“直播画面”通过“量”和“质”两种不同的显著性差异，可形成“录像制品”或者“演绎作品”。横向上，“游戏直播画面”的质变程度可以从“自由度”上予以观察。游戏类型的自由度高低决定了客观上玩家拥有多少“预留创作空间”，游戏直播类型的“娱乐性”及“竞技性”强弱关系决定了主观上玩家利用创作空间的可能性，而最终对于个案中是否产生新的“独创性表达”的裁量，需要判断游戏玩家操作形成的“用户原创内容（UGC）”。

关 键 词：游戏直播；游戏作品；演绎作品；著作权

作者简介：孙毅（1991—　），中国政法大学比较法学研究院2015级硕士研究生，主要研究方向：比较法，娱乐法。

目　次

一、司法争议的逻辑源头：作品性问题

二、形成电子游戏直播画面的“作品链条”

（一）电子游戏

（二）电子游戏整体画面

（三）电子游戏直播画面

三、自由度光谱下的演绎作品——游戏直播画面的作品性嬗变

（一）自由度的几个维度

（二）游戏类型的影响

（三）游戏直播类型的影响

（四）用户原创内容（UGC）的影响

四、结论

一、司法争议的逻辑源头：作品性问题

对游戏直播案件的讨论开始于2015年“游戏直播第一案”——“上海耀宇诉广州斗鱼案”（后文称DOTA2案），但实际上著作权问题的争议已经在“游戏作品”的案件中开始显现。本文经过检索现存所有“游戏直播”，“游戏作品”等关键词下涉及著作权法判决的司法案例，前有“《捕鱼达人》案”，后有“《炉石传说》案”、“《梦幻西游2》案”等。现将相关裁判要点整理如表1所示。

表1 游戏直播画面“作品性”相关案例裁判要点

案号	案件双方	案涉游戏	争议焦点	裁判观点
（2015）暂无	桂林力港、广州希力诉北京触控、刘艺群、桂林鑫易达	《捕鱼达人》	《捕鱼达人》游戏是否属于类电作品	一审法院认为游戏构成类电作品，二审没有做出实质性判断，发回原审法院重审
（2014）沪一中民五（知）初字第23号	Blizzard Entertainment，lnc. 诉上海游易	《炉石传说》，《卧龙传说》	“炉石标识”“游戏界面”“卡牌牌面设计”“游戏文字说明”“视频和动画特效”“游戏界面的布局”“电脑游戏界面的内容选择和编排”“卡牌和套牌的组合”等游戏元素是否属于著作权法所称作品	“炉石标识”“游戏界面”“卡牌牌面设计”“游戏文字说明”“视频和动画特效”属于著作权法所称美术作品、文字作品或者类电作品，应当受到法律的保护。“游戏界面的布局”“电脑游戏界面的内容选择和编排”“卡牌和套牌的组合”实质是游戏的规则和玩法，不认定为作品。 游戏整体不可作为汇编作品保护

续表

案号	案件双方	案涉游戏	争议焦点	裁判观点
(2015)浦民三(知)初字第191号	上海耀宇诉广州斗鱼	DOTA2	斗鱼公司是否侵害耀宇公司的信息网络传播权或者其他著作权	耀宇公司主张的视频转播权不属于法定的著作权权利，比赛画面不属于著作权法规定的作品，耀宇公司行使著作权的主体资格在本案中存在明显缺陷。因此，耀宇公司关于斗鱼公司侵害其著作权的主张不能成立
(2015)沪知民终字第641号	上海耀宇诉广州斗鱼	DOTA2	被上诉人经授权获得的视频转播权是否应受法律保护，上诉人网络直播涉案赛事的行为是否构成不正当竞争	上诉人未取得视频转播权的许可，上诉人的行为违反反不正当竞争法中的诚实信用原则，也违背了公认的商业道德，损害被上诉人合法权益，亦破坏了行业内业已形成的公认的市场竞争秩序，具有明显的不正当性

续表

案号	案件双方	案涉游戏	争议焦点	裁判观点
（2016）沪 73 民终 190 号	广州硕星、广州维动诉上海壮游、上海哈网	《奇迹 MU》	游戏中被比对内容是否具有独创性，一审认定《奇迹 MU》游戏构成类电作品是否符合法律规定	《奇迹 MU》游戏整体画面，在其等级设置、地图名称以及地图、场景图的图案造型设计、职业角色设置及技能设计、武器、装备的造型设计等方面均具有独创性，且游戏画面可以以有形形式复制，符合上述法律规定的作品的构成要件，属于著作权法意义上的作品。网络游戏采用对各文学艺术元素整合的创作方法，游戏整体画面构成类电作品。网络游戏中连续活动画面因操作不同产生的不同的连续活动画面并未超出游戏设置的画面，不是脱离游戏之外的创作

续表

案号	案件双方	案涉游戏	争议焦点	裁判观点
(2018)鄂01民终4950号	武汉鱼趣诉上海炫魔、上海脉淼等	《炉石传说》	朱浩《炉石传说》游戏解说视频、音频是否构成作品	能否构成口述作品以及类电作品，需要对独创性进行判定。由于网络游戏主播个人录制的游戏视频、音频，核心部分为解说和游戏画面，再由平台系统录制通过网络传播，录制本身并无太多个性化选择。因此，独创性评判的核心对象即为游戏操作形成的动态画面及主播之解说。动态画面方面，涉案游戏的操作过程，仅为对游戏策略和技巧高低的展现，而非创作作品的行为，鱼趣公司关于游戏操作画面具有独创性的主张本院不予认可，由此，鱼趣公司关于游戏解说视频、音频整体构成类电作品的主张本院亦不予认可。游戏解说具备构成作品的可能性，但应根据具体解说内容进行个案判定

续表

案号	案件双方	案涉游戏	争议焦点	裁判观点
（2018）粤民终137号	广州网易诉广州华多	《梦幻西游2》	案涉游戏是否构成类电作品	《梦幻西游2》创作过程综合了角色、剧本、美工、音乐、服装设计、道具等多种手段，与“摄制电影”的方法类似。尽管游戏连续画面是用户参与互动的呈现结果，但仍可将游戏整体画面认定为类电作品。涉案游戏运行呈现画面形成的类电作品之著作权为网易公司所享有

可以发现，关于“游戏作品”、“游戏画面”、“比赛画面”或者说“游戏直播画面”等权利客体的定性始终是所有判决的首要关注点，其是否有独创性，归为哪种作品类型，出现了相异的思路和结果。由于这一问题得不到妥善的解决，很多判决无法正面回答后续权利，例如DOTA2案中权利人主张的“视频转播权”的归属与限制。这种困境导致法官转向适用《反不正当竞争法》的论证思路，不利于《著作权法》对游戏直播市场的细化保护，起不到正向的市场指导作用。而即使法官在近两年前进到正面应对游戏直播的作品性讨论，往往最后都以“个案裁量”和“双方并没有提交相关证据”草草收场。

本文认为，如今司法判决中对于游戏画面是否构成作品存在争议，在学术讨论中甚至南辕北辙，根本上有两个问题尚待解决，一是“权利客体界定不清”，二是“如何个案判断电子游戏直播画面的独创性”。

一方面，游戏作为一个综合体，并不是现在我国《著作权法实施条例》第四条的作品类型所能囊括的。游戏作为一种各种要素复合却又密不可分的整体，我们所看到的游戏画面只是游戏的一个侧面。再推进来说，游戏直播画面与游戏画面还有不同。笔者认为，我们现在观赏的、具有商业价值的游戏直播画面，更多的是指游戏平台生产的一种“游戏节目”，里面已经包含了相当多的商业包装元素以及商业制作等劳动，与我们单纯从某个客户端观看到的正在进行的游戏画面已经不是一个概念。后文将具体剖析电子游戏作品、电子游戏形成的整体动态画面和电子游戏直播画面的内在含义与边界。

另一方面，与我国著作权法简明的“独创性＋可复制性”的“作品公式”对比下，如何判断电子游戏直播画面是否具有独创性一直是一个老大难问题。由于电子游戏作品及其衍生的权利客体的特殊性，传统对于文字作品、美术作品的判断经验自是无法应用，甚至“类似电影摄制方法形成的作品”的裁判维度也是应用乏力。法官们不得不在具体案件中积极发挥创造性，试图以几条要件框住游戏画面或直播画面等权利客体，但是在个案中也没有成为直接指向证据的可操作性方案，于我国整体裁判环境来说，也没有一个通说的“判断公式”。本文另一个主要任务就在于通过从分析游戏的本质特点出发，寻找可以把握尺度的“独创性尺子”。

二、形成电子游戏直播画面的“作品链条”

讨论电子游戏直播画面的作品性，其逻辑上位的任务是厘清和认定“电子游戏整体动态画面”和“电子游戏作品”等上位概念。本文认为，电子游戏直播画面脱胎但又独立于几个上位概念，并形成了一系列“权利链条”，忽视其间区别，统而化之的一锅烩分析，是很多学术争议的症结所在。

作为权利客体链条的起点，“电子游戏是一种受保护的作品”在学术界和司法界是没有太大争议的，存在争议的只是以哪种作品类型来保护它。除司法裁判的观点，学术界也各有创见，如构成汇编作品[1]、计算机软件[2]、类电作品[3]，或者构成我国《著作权法》修订稿中所说的“视听作品”[4]，甚至还有创设新游戏作品类型的意见[5]，不一而足。这一分歧也

1　崔国斌:《认真对待游戏著作权》,《知识产权》2016年第2期，第4页。

2　冯晓青:《网络游戏直播画面的作品属性及其相关著作权问题研究》,《知识产权》2017年第1期，第4页。

3　祝清碧:《网络游戏构成电影作品合理性分析》,《决策论坛——“决策理论与方法研究学术研讨会”论文集(上)》,北京:《决策与信息》杂志社2016年版，第110页。

4　徐红菊:《网络直播视野下游戏作品的视听作品保护模式的反思与重塑》,《河南财经政法大学学报》2017第4期，第10页。

5　熊文聪:《作品“独创性”概念的法经济分析》,《交大法学》2015年第3期，第136—139页。

直接影响了对于“游戏整体画面”和“游戏直播画面”性质的理解，下文将分别分析这几个概念，力图厘清区别。

（一）电子游戏

我国《著作权法》和《著作权法实施条例》对于作品类型的规定中并没有“游戏作品”这一类型，因此我们理解电子游戏作品要从游戏作品的本质与现有作品类型的临近关系两个维度来观察。

1. 游戏的本质：“规则＋表现”

定义游戏作品，首先要理解什么是游戏的本质。[6] 笔者认为，游戏的本质是一套可供娱乐的“游戏规则＋表现方式”。从最简单的游戏说起，“剪刀石头布”就是一个最经典的对抗游戏模型，“剪刀赢布、布赢石头、石头赢剪刀”是这个游戏的规则，其实也就是这个游戏的内在层面，即我们可以从这套逻辑中进行脑力对抗，从而得到娱乐。但是这个游戏还需要什么要素呢？还需要我们的手势来展示“剪刀”或者“石头”，这也就是一个游戏需要动用的资源和外在表现形式。这样的理解拓展到电子游戏，结果也是一样的。

电子游戏简单来说，具有两个层面，即“内在技术层面”和“外在表达层面”，或者更通俗的表达，即“游戏引擎”和“游戏资源库”。[7] 电子游戏的内在层面，即“游戏引擎”不会被我们的感官具体看到，其本质是一种程序，是一种预设好的指令代码。而电子游戏的外在层面就是存储在电子游戏内部的各种资源片段，比如各种图片、视频、音频等素材，随时等待“游戏引擎”来调取，形成我们感受到的由画面音效等组成的一整套“交互性体验”。但是这里需要注意一点，游戏引擎并不等同于游戏规则，可以理解为某种“规则的表达”。单纯的游戏规则属于思想，并不能受到著作权法的保护，典型案例“《泡泡堂》案”就揭示了这一点。[8]

那么，游戏作品究竟属于什么门类的作品呢？笔者认为，对电子游戏作品首先要从计算机软件的类型来理解。

6　笔者这里所指的“游戏”指的是最普遍意义上的游戏，而非电子游戏，为避免误解，特此提醒。

7　赵银雀、余晖：《电子竞技游戏动态画面的可版权性研究》，《知识产权》2017 年第 1 期，第 42 页。

8　参见（2006）京一中民初字第 8564 号民事判决书。

2. 计算机软件：电子游戏的内在层面

游戏的内在层面是“规则的表达”，也即是程序，而程序就是计算机软件的主要构成。计算机软件并没有包括在《著作权法实施条例》的作品类型中，而是被单独规定在《计算机软件保护条例》中，其定义是“计算机程序及其有关文档”，“（一）计算机程序，是指为了得到某种结果而可以由计算机等具有信息处理能力的装置执行的代码化指令序列，或者可以被自动转换成代码化指令序列的符号化指令序列或者符号化语句序列。同一计算机程序的源程序和目标程序为同一作品。（二）文档，是指用来描述程序的内容、组成、设计、功能规格、开发情况、测试结果及使用方法的文字资料和图表等，如程序设计说明书、流程图、用户手册等”[9]。

可以看出，虽然套用“计算机软件”作品类型有利于把握游戏的本质，但其定义中是排除了“游戏资源库”部分的。游戏资源库中包含的其他类型作品，如文字作品、音乐作品、美术作品和摄影作品等，并不构成著作权法意义上的“计算机程序”。[10]

所以，适用“计算机软件”这一作品类型，难以保护游戏作品的外在层面，即“游戏资源库”。在电子游戏产业极为发达的今天，游戏开发的精细化和复杂化，使得游戏资源库具有大量独创性的美术设计和音像资源，如游戏人物背景、游戏角色、音效、道具等等，在这样的背景下，开发商对于保护“游戏资源库”的权益同样有诉求。[11]

3. 汇编作品：权宜之计

在上述局限之下，司法实践中权利人便会尝试其他的保护路径，例如将游戏作品的构成元素分拆开，分别诉请保护，便形成了将游戏理解成“汇编作品”的思路。

例如，在“《炉石传说》诉《卧龙传说》一案”[12]中，法院认定“炉石标识”等设计构成“美术作品”，视频和动画特效可以归为“类电作品”。这是一个比较经典和通行的法院判定模式，即将游戏作品分拆开，

---

9 《计算机软件保护条例》第 2 条、第 3 条。

10 王迁：《著作权法》，北京：中国人民大学出版社 2015 年版，第 119 页。

11 冯晓青、孟雅丹：《手机游戏著作权保护研究》，《中国版权》2014 年第 6 期，第 35—36 页。

12 参见（2014）沪一中民五（知）初字第 23 号民事判决书。

将“计算机程序、美术设计、图片、视频、音频”等等摊开，侵犯部分分别认定作品类型，分别保护。[13] 从这个角度来说，将电子游戏作品认定为一种“汇编作品”倒是逻辑上比较方便的做法。

但是，本文认为“汇编作品”的保护思路，一来只适用于“游戏抄袭”的相关案件，二来也只是退而求其次的“权宜之计”。正如有学者指出的，对于网络游戏要从“游戏作品”的角度去认识和理解，不能局限于这些单个要素的作品属性。[14] 游戏的娱乐价值，或者说独创性，体现为一整套“交互性体验”，而不是构成元素互相割裂后的“高级幻灯片”。由此可见，将游戏作品定义为“对（作品或资料）内容的选择或者编排体现独创性的作品”在精神内核上并不恰当。

因此，如何保护电子游戏的“外在表达层面”，仍然是一个问题。这一问题在“游戏直播”的相关案件中尤为明显，因为游戏直播案件中的权利客体直接对应的，就是电子游戏实时的“外在表达”。所以，在游戏直播案件中，无法回避对于“电子游戏整体画面”性质的讨论。而这一讨论，也正是从电子游戏的“整体性侧面”来出发，发现保护“游戏资源库”“外在展现”的司法路径。

（二）电子游戏整体画面

对于游戏操作形成的电子游戏整体画面，笔者认为不能仅仅从日常生活中感受到的“游戏画面”来理解，而应将其拆分为两部分来认知：一是电子游戏整体静止画面；二是电子游戏整体动态画面。

1. 电子游戏整体静止画面：美术作品

电子游戏整体静止画面往往指的是电子游戏无须操作时显示的静止画面。这类画面实际上也有两种类型：第一类是无须进行操作时的静态画面；第二类是游戏操作过程中的截屏画面。第二类静止画面，与后文讨论的游戏整体动态画面没有本质上的区别，因此只讨论第一类情形。[15]

---

13 北京海淀法院课题组：《网络游戏侵犯知识产权案件调研报告（二）——游戏作品受著作权法保护的范围》，《中关村》2016年第9期，第95—97页。

14 冯晓青：《网络游戏直播画面的作品属性及其相关著作权问题研究》，《知识产权》2017年第3期，第4页。

15 实际上，在现有案例中，也没有发现权利人对此类画面单独主张保护。

电子游戏静止画面的实质，其实是对于某一张或几张“游戏资源库”内预设好的单张图片的提取。比如某一张地图、某一个人物静态形象等。抛开对于游戏作品整体的考量，单纯此时此刻的静止画面在著作权法上的意义是“一幅美术作品”（或者几幅）。[16] 进一步推广来看，游戏过场的“CG 动画”，实际上也就是一段“类电作品”。

本文认为，诸多学术争议都发生在“静止画面”和“动态画面”的分离认知环节，即不能区分“电子游戏整体静止画面”和“电子游戏整体动态画面”。比如有观点认为游戏整体画面可以构成“汇编作品”，[17] 也有对这种观点的鲜明驳斥。[18] 还有虽然认同将游戏直播画面归为类电作品，却混同了游戏作品、游戏画面和游戏赛事直播画面的讨论。[19]

实际上，如果权利人只对某个静止的完全预设好的游戏画面，如地图、人物的展示画面主张权利的话，其实就是对某一个或几个“游戏资源库”内的某种元素主张权利，这时用相应的作品类型进行判定就可以了，完全不用大费周章地去讨论游戏整体画面。[20] 但是在游戏直播案件中，一旦我们开始讨论游戏画面，则一定是在讨论游戏中所有要素结合在一起，经由交互性操作形成的一整套“活的画面”，即“电子游戏整体动态画面”。

2. 电子游戏整体动态画面：类电作品

电子游戏整体动态画面是“游戏资源库”在操作时形成的外在展现，其中包含了图片、视频、人物形象的综合互动，以连续活动的画面展现游戏作品的内在逻辑。

电子游戏整体动态画面的一个特点是“交互性”基础上的“非预设性”，这在越复杂的游戏上体现得越明显。与现实的棋牌游戏相似，电子游戏在开发过程中并没有预设连续的画面，只是设置了游戏规则及棋盘棋子、美术资源等基础素材，然后通过玩家对基础素材的操作和调用实现游

---

16 李扬：《网络游戏直播中的著作权问题》，《知识产权》2017 年第 1 期，第 15—16 页。

17 崔国斌：《认真对待游戏著作权》，《知识产权》2016 年第 2 期，第 4 页。

18 王迁、袁锋：《论网络游戏整体画面的作品定性》，《中国版权》2016 年第 4 期，第 20—21 页。

19 王丽娜：《网络游戏直播画面是否构成作品之辨析——兼评耀宇诉斗鱼案一审判决》，《中国版权》2016 年第 2 期，第 47—49 页。

20 李扬：《知识产权法基本原理Ⅱ——著作权法》，北京：中国社会科学出版社 2013 年版，第 28—35 页。

戏过程，在游戏过程中产生连续的动态游戏画面。因此需要注意，狭义上的电子游戏整体动态画面，并不包括“过场 CG 动画”这种完全是预设视频资源在游戏内播放的情形。

对于电子游戏作品本身的保护和对于电子游戏整体动态画面的保护，实质上是一个问题的两个方面。针对游戏的具体抄袭，权利方往往选择的是从游戏作品的角度去提出诉请。而针对游戏整体画面的传播类权益，权利方往往选择从游戏整体画面的角度提出诉请。当然，这其中也存在交叉。如在“《奇迹 MU》案”中，原告与“《炉石传说》案”中的暴雪公司不同，主张的是整个游戏画面，而不是某个单一组成元素。上海知识产权法院认为，《奇迹 MU》游戏整体画面，在其等级设置、地图名称以及地图、场景图的图案造型设计、职业角色设置及技能设计、武器、装备的造型设计等方面均具有独创性，且游戏整体动态画面可以以有形形式复制，最终认定为“类电作品”。[21]

保护电子游戏整体动态画面，适用“类电作品”实际上已经成为一种通说，本文也同意此观点。在一般的“独创性”标准判定上，电子游戏整体动态画面就是电子游戏作品“内在方面”和“外在方面”，借由“玩家操作”这一触发条件，形成的一种体现开发者意志的盖然性的“动态表达”，认定其为具有“独创性”没有问题。在类型化标准方面，参考《伯尔尼公约》“技术中立”的立法精神，[22] 以及我国《著作权法（修订草案送审稿）》以“视听作品”代替“类电作品”，而删除“摄制”要件的立法趋势，[23] 将“电子游戏整体动态画面”认定为扩张解释后的“类电作品”，不啻为一种方便又合乎体系逻辑的做法。在相关案件最新形成的判决中，“《梦幻西游 2》案”已经基本固定这种审判思路。[24]

其实，突破“摄制”要件的司法实践由来已久。就国内案例来说，在耳熟能详的“《捕鱼达人》案”、“《奇迹 MU》案”，“《炉石传说》vs《卧龙传说》案”等相关游戏案件之前，早在对“动画片”的司法认定上，“摄制”要件就已经得到突破，如“帝华广告诉四川美院案”。[25] 另外，参考国外判决，以美国案例为例，在 1981 年 1 月第二巡回上诉法院的一份

---

21 参见（2016）沪 73 民终 190 号民事判决书。

22 刘波林译：《保护文学和艺术作品伯尔尼公约（1971 年巴黎文本）指南》，北京：中国人民大学出版社 2002 年版，第 15 页。

23 参见《中华人民共和国著作权法（修订草案送审稿）》第 5 条。

24 参见（2018）粤民终 137 号民事判决书。

25 参见（2012）渝高法民终字第 00115 号民事判决书。

判决中，[26] 法院针对游戏玩家每次操作不同而不能满足美国版权法上作品固定性要求的抗辩指出，虽然不同玩家在每次玩游戏时基于不同的选择会呈现不同的界面和音效，但都是由图像和音效构成，这一点是相同的。法院最后确认了电子游戏作为视听作品的著作权保护地位。[27]

综上所述，对于电子游戏整体动态画面的保护，即是对于电子游戏作品的外在表达层面的保护。通过合理性证成下的扩张性解释，以及结合司法案件中的普遍实践，可以认为“类电作品”能够圈定电子游戏整体动态画面的作品类型，而作品权益由游戏开发商保有与授权。

（三）电子游戏直播画面

市场行为下的游戏直播画面的形成，往往是某个直播平台进行内容发放的结果。而无论是电竞赛事直播形成的直播画面，或者是签约主播形成的直播画面，实际上都是直播平台做出的一款“直播产品”或“直播节目”。由于同期加入的商业包装、过场剪辑、实时解说和在线互动等元素，游戏直播画面已经成为一个新的客体，并不能完全等同于对原始游戏整体动态画面的“直播再现”。

对于电子游戏直播画面的性质的再讨论，实质上是回答“电子游戏直播画面能否脱离游戏整体动态画面而成为新的作品”这一问题。讨论是否成为新作品的核心要点即是解决“是否有新的独创性表达”问题，因此判断直播画面的形成是否有“独创性”[28] 便成为难点所在。借鉴学者提出的“显著差异”标准，[29] 本文通过“量”和“质”两个维度的差异性，初步分析电子游戏直播画面和电子游戏整体动态画面的边界与包容关系。

1.“量”的差异：录像制品（混同电子游戏整体动态画面）

如图 1 所示，一个典型的游戏直播平台提供的游戏直播画面由主画面、主播镜头、实时弹幕和评论互动区等几个要素构成。除了主画面，附加的各类要素形成了电子游戏直播画面和电子游戏整体动态画面的初步差

---

26 李明德：《美国知识产权法》，北京：法律出版社 2014 年第 2 版，第 917—919 页。

27 夏佳明：《电子游戏直播中知识产权保护研究》，《电子知识产权》2016 年第 2 期，第 20 页。

28 或者更精确点来说是“创造性”。

29 熊文聪：《作品“独创性”概念的法经济分析》，《交大法学》2015 年第 4 期，第 133—136 页。

异。这种差异能否成为判断电子游戏直播画面的独创性标准呢？

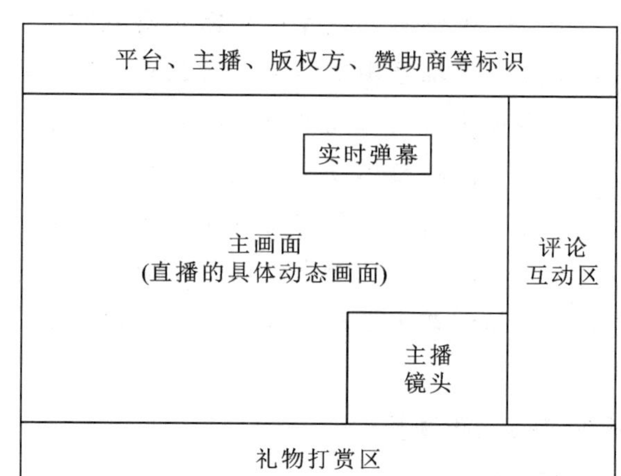

图1　游戏直播（频道）画面的典型构成要素

本文认为，此类差异为“量”的差异，并没有足够的“显著性”使游戏直播画面成为“新的独创性表达”。以一名观看用户的视角来观察，其享受观看游戏直播的“娱乐体验”，主要来源于“主画面”，也就是“此时此人”的“电子游戏整体动态画面”。至于其他的如标识、弹幕、评论、礼物等其他要素，只是直播平台提供的“辅助性”增值服务，并不具备与主画面的不可分离性与“实质贡献”。[30] 简单来说，如果将其他要素都移除，用户仍然能够从主画面中获得基本完全的“娱乐体验”。当然，直播平台可以对此类要素单独要求著作权保护，但那就是另一个问题了。

所以，在“量”的差异方面考量，直播画面并没有脱离“电子游戏整体动态画面”形成新的“独创性”，不能成为“新作品”。在著作权权利客体认识上，游戏直播画面和电子游戏整体动态画面是混同的，直播平台并不能主张形成新的作品权益。这在“DOTA2案”的一审判决中也得到了印证。[31] 但是，直播平台和主播对于最终直播画面的呈现也付出了一定的智力劳动，因而这类差异下，游戏直播画面有形成“录像制品”的可能。[32]

30　熊文聪：《作品“独创性”概念的法经济分析》，《交大法学》2015年第4期，第133—134、136页。

31　参见（2015）浦民三（知）初字第191号民事判决书。

32　祝建军：《网络游戏直播的著作权问题研究》，《知识产权》2017年第1期，第28、30—31页。

2. “质”的差异：演绎作品

在游戏直播的主画面中，如果特定的“实时直播画面”能够和盖然性的“游戏整体动态画面”有某种“实质性差异”，则此“实时直播画面”存在构成新“演绎作品”的可能性。

特定的“实时游戏直播画面”应作为一种融汇了游戏画面、主播解说和互动操作等元素的“有机综合体”，不应将各元素割裂开来理解。在“《炉石传说》案”中，法院认为“主播解说”有单独构成“口述作品”的可能性。[33] 本文认为此即一种割裂的视角，脱离个案来看并不利于保护游戏直播画面这一整体。因为一方面，脱离了主播解说的游戏直播画面实际上与游戏整体动态画面面临混同的问题。另一方面，脱离了游戏直播画面的主播解说在感受效果上更没有实际的意义，因而实践中也鲜见单独主张此项权益者。

“演绎作品的可能性”取决于玩家（主播）究竟能够多大程度上在“游戏画面”这张图纸上绘制出具有自身特色的“独创性表达”。“演绎作品的特点在于：它既包含演绎者的独创性劳动成果，又保留了原作品的基本表达”[34]。“保留原有表达”应无争议，新的“独创性表达”则要求“游戏直播画面”与“电子游戏整体动态画面”有“质”上的显著差异。这种“质变”的差异需要以游戏作品的“交互性”特点为基础，在效果上来源于游戏开发者的“盖然性预设”与游戏玩家的“创造性操作”两者之间的分离程度。

“厂家预设”与“玩家创作”的分离程度，实际上就是游戏行业中常说的自由度概念。[35] 通俗点讲，自由度即是一名玩家能够在游戏里随心所欲操作的程度上限。这种程度上限实质上即“《炉石传说》案”中法官提到的“预留创作空间”，[36] 其进而决定了“游戏直播画面”和“游戏整体动态画面”有没有可能形成“质”上的显著差异，进而构成新的“演绎作品”。所以，下文将以自由度为核心切入口，讨论其对游戏直播画面作品性的影响。

---

33 参见（2018）鄂01民终4950号民事判决书。

34 王迁：《著作权法》，北京：中国人民大学出版社2015年版，第124页。

35 孙杰：《游戏自由度高，玩家自由去玩》，《计算机与网络》2018年第10期，第18—19页。

36 参见（2018）鄂01民终4950号民事判决书。

三、自由度光谱下的演绎作品——游戏直播画面的作品性嬗变

从我国现有的司法案例来看，法院似乎是不支持认定游戏直播画面为作品的，但是随着游戏直播产业的发展，游戏类型的增多，游戏直播画面作为作品的可能性也在渐渐显现。其中最关键的“独创性”标准，根据游戏类型的不同和直播类型的不同会有不同的个案判定，而这几个方面实际上都是自由度差异的具体展现。

（一）自由度的几个维度

如图 2 所示，在自由度的核心概念之下，可以从游戏类型、游戏直播类型、用户创作内容这几个维度理解其对游戏直播画面作品性的影响。游戏自由度作为一种程度的变化，呈现一种光谱式的渐变特征。在自由度由“低”向“高”的渐进过程中，游戏类型体现为逐渐由“强剧情类”、“强规则类”向“强开放性”和“强交互性”变化，游戏直播类型表现出由“竞技性”到“娱乐性”的重点倾斜，而用户创作内容也从创作空间较少转为创作空间较多。在上述的渐变过程中，游戏直播画面形成独立于原游戏整体动态画面的实质显著性差异也愈加鲜明，最终能够形成新的“演绎作品”。下文将从这几个方面分别来分析。

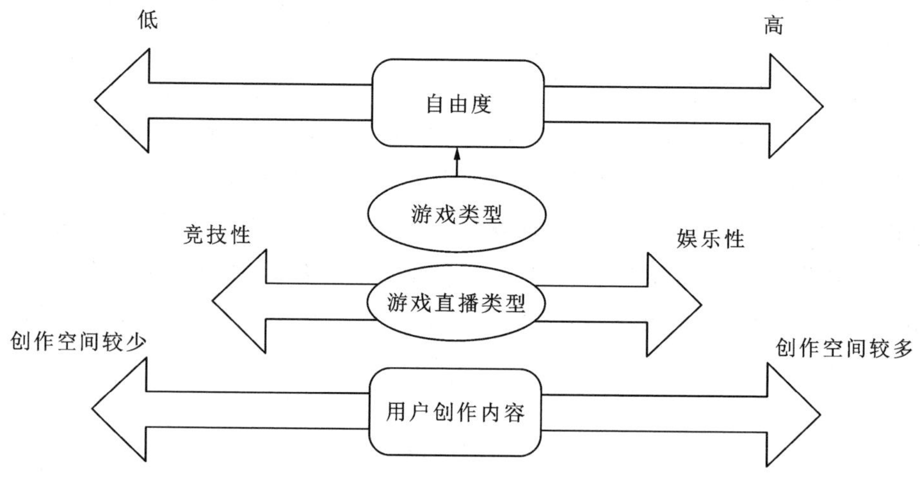

图 2　游戏自由度的体现与影响

(二) 游戏类型的影响

自由度的高低因游戏类型不同有比较大的差别。所以有学者提出“基于著作权法对独创性作品保护的精神和规定，网络游戏直播画面应当成为受著作权保护的作品，其相关权利主体则由于网络游戏种类的不同而不同”[37]。游戏类型的不同决定了玩家究竟拥有多少“预设的创作空间”，这也就是为什么相关案例很难总结出一个一般性的判断规则，而是要不断进行“个案判断”。[38] 根据情节元素的强弱，玩家可以获得的自由度大小，可以将游戏大致分为如表2所示的几个类型。

表2　电子游戏类型及自由度特点

类型	细分类型	特点	作品示例	自由度
休闲+益智类	消除类游戏、捕鱼类游戏、卡牌棋牌类游戏、音乐类游戏、放置类游戏等	规则比较简单，玩家完成某些机械操作达成简单目标	《开心消消乐》《捕鱼达人》《三国杀》《炉石传说》《节奏大师》《旅行青蛙》	非常低
强剧情类	角色扮演游戏RPG（Role-playing Game）、ARPG（Action Role Playing Game）	玩家负责扮演一个或多个角色，并在一个预设规则下通过操作推动剧情发展	《仙剑奇侠传》《刀剑封魔录》《三国赵云传》《恋与制作人》	低
世界观设定+强竞技类	第一人称射击游戏（First-person Shooting Game）、多人在线战争游戏（Multiplayer Online Battle Arena[39]）	在确定的游戏地图中互相竞争，每个玩家都通过控制所选的角色达成某种竞技目标	《反恐精英》《光晕》《DOTA2》《英雄联盟》	较低

37　冯晓青：《网络游戏直播画面的作品属性及其相关著作权问题研究》，《知识产权》2017年第1期，第3页。

38　参见（2018）鄂01民终4950号民事判决书。

39　资料来源：https://en.wikipedia.org/wiki/Multiplayer_online_battle_arena。更新时间：2018年3月2日。访问时间：2018年3月2日。

续表

类型	细分类型	特点	作品示例	自由度
世界观设定+轻剧情+强交互类	大型多人在线游戏 MMOG（Massively Multi-player Online Game）	大量玩家同时在线的游戏，可细分为动作类、冒险类、模拟类、运动类、赛车类、角色扮演类等。注重某些剧情任务，协同目标的完成	《魔兽世界》《奇迹 MU》	较高
强开放类	沙盒类游戏（Sandbox Game）	游戏地图较大，交互性强、自由度高、随机事件多、创造性强是其特点。玩家可以在游戏世界中自由操作而不是根据游戏设置的主线剧情进行游戏。创造性是该类型游戏的核心玩法，可以利用游戏中提供的物件制造出玩家自己独创的东西[40]	《孢子》《我的世界》《侠盗车手》《星球探险家》	高

游戏类型留给玩家的自主度越来越大，则玩家获得的“预设的创作空间”就越大，玩家操作的动态画面就越不可能被游戏厂商提前预设。美国法官早在 1983 年的判例中阐释过：“个人如果只是从预设的画面中提取一种，则没有什么独创性的贡献。”[41] 但是此时彼时的游戏类型今非昔比，这句话也可以反过来说，如果说玩家能够创造游戏完全不能预设的画面，那玩家的独创性贡献是否可以肯定？

游戏类型的不同，可以用来考量游戏玩家的操作行为究竟是“单纯玩乐”还是“有意识的创作”。纵览电子游戏发展史，从最初的棋牌类游戏、剧情类游戏，到如今兼备竞技性和开放性的沙盒游戏，游戏类型总体上向着“开阔世界观”和“高自由度”的趋势前进。不同类型的游戏，有的只是单纯追求固定结局，有的是追求对抗的竞技性快感，但是也有一些游戏

---

40 杨元飞：《自由与开放的沙盒游戏》，《电脑迷》2014 年第 12 期，第 78 页。

41 Midway M fg. v. Artic Inernational，704F. 2d 1009，1011-1021（1983）.

的确可以发挥游戏用户的主观创造力，例如《我的世界》。[42] 此类游戏，可以设置个性化的地图，构筑独特的建筑，引领游戏人物走各种各样的步伐，甚至可以自己设计剧情等，这些操作都具有成为“独创性贡献”的可能性。[43] 可以说，游戏类型的不断丰富和发展，是游戏直播画面向着“作品性”迈进的现实基础。

(三) 游戏直播类型的影响

概括而言，游戏直播有两种市场类型，也相应形成了两种类型的游戏直播画面：① 电竞赛事直播形成的直播画面；② 个人主播间形成的直播画面。对于这两种类型，司法实践中分别有“DOTA2 案”和“《炉石传说》案”进行过讨论。

1. 电竞赛事的游戏直播：客观性限制下的赛事画面(DOTA2 案)

在“上海耀宇诉广州斗鱼案”（DOTA2 案）的一审判决中，法院对于游戏直播画面的处理策略是先行剥离缠绕的“画面”这一权利客体，将“比赛画面”和“赛事直播画面”作了区分，并分别探讨其是否属于作品。

首先，“比赛画面”。法院并没有真正采用“独创性+可复制性”公式来断定“赛事画面”的性质，而是以三个要件来观察。① 表现形式要件：客观性和直观性。② 过程要件：随机性和不可复制性。③ 结果要件：不确定性。[44] 除去过程要件中的不可复制性，我们没有看到对于传统独创性标准判断的观点。

实际上，DOTA2 案也暴露了当时法院对于“体育赛事画面是否构成作品?”这一问题的回答是乏力的。巧合的是，几乎在“游戏直播第一案”——DOTA2 案审理的同时，2016 年“体育赛事画面著作权第一

---

42 孟青：《沙盒游戏〈我的世界〉落户中国》，《计算机与网络》2017 年第 19 期，第 22—23 页。

43 崔国斌：《认真对待游戏著作权》，《知识产权》2016 年第 2 期，第 8—10 页。

44 “我国著作权法保护的对象是在文学、艺术和科学领域内具有独创性并能以某种有形形式复制的智力成果。由于涉案赛事的比赛本身并无剧本之类的事先设计，比赛画面是由参加比赛的双方多位选手按照游戏规则、通过各自操作所形成的动态画面，系进行中的比赛情况的一种客观、直观的表现形式，比赛过程具有随机性和不可复制性，比赛结果具有不确定性，故比赛画面并不属于著作权法规定的作品，被告使用涉案赛事比赛画面的行为不构成侵害著作权。”

案”——“新浪诉凤凰网赛事转播案”也激起了讨论的热潮。对于体育赛事节目权利人的保护，诸如“扩张录像制作者权利的保护范围，从而使之有权控制网络实时转播行为”[45]，“通过完善《著作权法》对广播组织权的规定加以实现”[46] 等观点不一而足[47]。而在“新浪诉凤凰网赛事转播案”的最终二审裁判中，“（涉案赛事）连续画面既不符合电影作品的固定要件，亦未达到电影作品的独创性高度，故涉案赛事公用信号所承载的连续画面未构成电影作品”[48] 是法院最终的意见，“客观性因素的限制”成为阻止赛事画面获得独创性的拦路虎。[49] 本文也认可法院对“赛事画面”的认定思路。

回到本案，对“赛事直播画面”，法院则采取了更为宽容的态度，认为“赛事直播画面”实质上是包含了解说、特效、字幕、剪辑等多种成分而形成的一场比赛的“音像视频节目”。在“独创性＋可复制性”的公式检验下，其“可复制性”并没有问题，所以有构成作品的可能性，关键是“独创性”要件需要结合个案判断。[50] 那么，是否如学者所言，直播动态画面可以构成“以类似电影的方法创作的作品”？[51]

本文认为，“电竞赛事”形成的游戏直播画面，由于其竞技性带来的

45　祝建军：《体育赛事节目的性质及保护方法》，《知识产权》2015年第11期，第27页。

46　王迁：《论体育赛事现场直播画面的著作权保护——兼评“凤凰网赛事转播案”》，《法律科学（西北政法大学学报）》2016年第1期，第182页。

47　本文限于主题不展开讨论。

48　（2015）京知民终字第1818号民事判决书。

49　“本院将结合中超赛事公用信号直播的客观限制因素（即赛事本身的客观情形、赛事直播的实时性、对直播团队水准的要求、观众的需求、公用信号的制作标准），从纪实类电影作品独创性判断的三个角度（即素材的选择、对素材的拍摄、对拍摄画面的选择及编排）对于中超赛事公用信号所承载连续画面的独创性高度进行分析。”

50　“由于原告向网络用户提供的直播内容不仅仅为软件截取的单纯的比赛画面，还包括了原告对比赛的解说内容、拍摄的直播间等相关画面以及字幕、音效等，故原告的涉案赛事直播内容属于由图像、声音等多种元素组成的一种比赛类型的音像视频节目。上述节目可以被复制在一定的载体上，根据其解说内容、拍摄的画面等组成元素及其组合等方面的独创性有无等情况，有可能构成作品，从而受到著作权法的保护。但根据查明的事实，由于原告确认被告并未使用有可能属于作品的涉案赛事节目中的解说内容、拍摄的画面，原告也无充分证据证明被告使用了有可能属于作品的涉案赛事节目的字幕、音效等组成元素及其组合，故无论原告制作、播出的涉案赛事节目是否构成作品，被告的行为均不构成侵害原告有可能享有的著作权。”

51　王丽娜：《网络游戏直播画面是否构成作品之辨析——兼评耀宇诉斗鱼案一审判决》，《中国版权》2016年第2期，第46页。

客观性限制，很难达到“作品”要求的独创性标准。“DOTA2 案”实质上形成了一种观点，即“（电子游戏）比赛画面不能脱离游戏开发者的游戏而形成新的作品”，因为电竞直播画面实质上首先是一场“比赛”，而不是一场“游戏”。由于竞技类游戏天生的强对抗性和公众参与性，一方面，从实质目的上来说，观众是在看“比赛选手的操作”而不是“直播平台的编排”。另一方面，一场“竞技性比赛”最终的观感呈现受到“客观进程”、“实时性”、“团队水准”、“观众需求”和“制作标准”等诸多“客观性限制”，在这种一篮子的限制之下，即使我们认为直播制作方在镜头选择、过场剪辑等方面付出了一定的智力劳动，但仍是“戴着镣铐跳舞”，难以拥有如纪实类电影对素材、画面的选择和拍摄的自由程度，达不到足够的独创性。

因此，基于“竞技性”和“客观性”两方面限制，结合“体育赛事画面”著作权案件的裁判参考，本文认为电竞类型的游戏直播画面只有很低的可能性被认定为“作品”。

2. 个人主播间的游戏直播：泛娱乐性下的创作空间（《炉石传说》案）

不同于“上海耀宇诉广州斗鱼案”的基本案情，“武汉鱼趣诉上海炫魔、上海脉淼案（《炉石传说》案）”涉及“游戏主播个人直播间”的类型，是一起由于游戏《炉石传说》游戏主播跳槽引发的涉及合同违约、著作权侵权和不正当竞争纠纷的综合性案件。本案中，原属武汉鱼趣公司的《炉石传说》主播朱浩被炫魔公司和脉淼公司挖走，鱼趣公司于是针对朱浩进行主播活动时形成的“游戏解说形成的音像”主张权利。

在裁判意见中，法院将朱浩主播的《炉石传说》的直播游戏形成的解说视频、音频拆分成“游戏操作形成的动态画面”和“游戏解说”分别定性。

针对“游戏操作形成的动态画面”这一部分，法院首先区别了“网络游戏作品”和“网络游戏画面”，认为尽管玩家对于游戏画面的形成有一定贡献，但是如果对“网络游戏画面”是否形成区别于“网络游戏作品”的新作品，需要考虑动态画面的“可版权性”，也就来到对于游戏“预留创作空间”的讨论。

法院认为，一款游戏给玩家“预留创作空间”越大，则越容易使操作画面形成新作品。其分别列举了“绘画游戏”“剧情类游戏”“竞技类游戏”三种游戏类型解释了“预留的创作空间”的概念，认为不同于可以使人画出新作品的“绘画游戏”，“剧情类游戏”和“竞技类游戏”由于给玩家的“预留创作空间”很小，因而其操作画面难以形成新作品。具体到本案《炉石传说》这类在线卡牌“竞技游戏”，法院给出了“新的表达、美学目的、单一控制、排除思想、权属谬论”[52] 五大判定维度，认为“玩家的操作也更多地体现实用及效率的考虑，因缺乏用户创作空间难以形成新作品”[53]。这实际上与前文游戏类型对作品性影响的讨论部分是统一的分析进路。

关于主播边操作边进行的“游戏解说”，法院首先肯定了其构成作品的“可能性”。针对两方观点，[54] 法院认为，游戏解说是一种“即兴口头表达”，基于表现内容的丰富度，不仅有游戏技巧的讲解，也有话题互动等元素，“通常结合了个人游戏及生活经验和感悟，会在一定程度上体现主播之个性和解说风格”，因而“在特定情形时有构成作品的可能性”。[55] 如果解说内容具有较高的创作水准和艺术审美，则可以形成“作品”；如果是过于简单的、无创造性的表达，则不会成为“作品”。这就需要在个案中进行判断。

本文认为，“炉石传说案”的二审观点是对之前“游戏玩家的行为只是对游戏预设数据的提取”观点的突破。“预设提取”的观点最早见于美国判例“Midway M fg. v. Artic International”案，在“DOTA2 案”后的讨论中，也有司法界的观点支持。[56] 回归当时的案件事实，可以发现此类

---

52 ①是否有新的表达。如果玩家操作画面仅仅是对于游戏内预设可能性的实现，则不构成新的表达，没有形成区别原作品的作品。②是否基于美学或表达性的目的。如果玩家游戏内操作仅仅是基于有效率地赢得比赛的目的，则不构成独创性的表达。③是否可单一控制，排除随机性和不确定性。网络游戏内多人联机操作，互相影响，过程与结果具有随机性、不确定性。④是否仅属单纯的技巧和策略。如果玩家的操作仅仅体现技巧和策略，那么只是某种思想本身，并不属于表达范畴。⑤假设构成作品，是否会构成权利归属和行使上的谬论。

53 参见（2018）鄂01民终4950号民事判决书。

54 鱼趣公司认为，直播中的游戏解说，是在对游戏规则、游戏进程、游戏画面等综合理解基础上，结合其个人的游戏经验、感悟创造性地即兴完成，具有独创性，构成口述作品；炫魔公司、脉淼公司则主张，作品必须符合独创性的要求，网络游戏直播中的口头解说均是非常简单的描述性口语表达，网络游戏注重的是参与性与互动性，与传达一定思想情感的文学、艺术作品存在明显区别，游戏解说的文学性、艺术性、科学性均不足，不能构成作品。

55 参见（2018）鄂01民终4950号民事判决书。

56 祝建军：《网络游戏直播的著作权问题研究》，《知识产权》2017年第1期，第27—28页。

观点面对的游戏类型自由度较低，游戏直播类型的客观性限制较大，采取比较保守的立场不难理解。但是当我们面对自由度较高的游戏，单人讲解型的泛娱乐性主播直播，情形难道没有变化吗?“《炉石传说》案”迈出了一小步，认为“游戏解说”这一直播画面的有机组成部分，可以从个案情形中判断独创性。而我们不妨再往前迈一步，不仅是“游戏解说”这一“配菜”，作为“主菜”的“游戏操作”在自由度较高的游戏直播中，是否也可以根据个案情形，获得成为“作品”的可能性呢?问题前进至此，实际上就来到了玩家对于游戏“预设创作空间”能否充分利用的讨论之上了，也就是下文用户原创内容（UGC）的影响。

(四) 用户原创内容（UGC）的影响

在本文的讨论主题内，用户原创内容（User Generated Content，UGC）[57] 实际指的是游戏玩家利用游戏“预留的创作空间”进行的“独创性操作”。用户原创内容起源于个人网站、论坛或者博客等网络服务平台上用户输出的内容，比较鲜明的例子是著名的“维基百科”以及影评网站“IMDb”和“烂番茄”、“豆瓣社区”上用户做出的内容贡献。在自由度比较高的游戏中，“预留的创造空间”有时候就会成为玩家的“发言区”，玩家有机会通过具有独创性的游戏操作或者解说等附加劳动，输出“原创画面”。

司法实践中，域外经验有过讨论。对于游戏中 UGC 的性质，我国没有相关案例，美国法院则有两大典型判例：“Micro Star v. FormGen Inc”案[58]和“Second Life”案[59]。在这两大判例中，涉案游戏都是自由度非常高的构建类游戏。例如在《模拟人生》这款游戏中，玩家可在游戏中进行发挥自我创意的“建构”活动，进而生成 3D 地图建筑等 UGC 内容。在案中，权利人对于自己生成的建筑等主张版权，法官以 UGC 是“暂时性持续”为由不认可其具有“固定性”，因而不能赋予相关权利。但是，一个没有回答的问题是，如果补足“固定性”要件，玩家创造的 UGC 是否可以足够的“独创性”来获得著作权法的保护呢?

---

57 资料来源：https：//en. wikipedia. org/wiki/Wikipedia：Reliable _ sources＃User-generated _ content。更新时间：2019 年 3 月 2 日。访问时间：2019 年 3 月 2 日。

58 Micro Star v. FormGen Inc.，154 F. 3d 1107，1114（9th Cir. 1998）.

59 No. 11-CV-4719（CS），2013 U. S. Dist. LEXIS 139550（S. D. N. Y. Sept. 26，2013）.

在高自由度的游戏中，个人玩家基于泛娱乐性目的而非竞技性目的所形成的高度主观性的游戏操作，会具有相当的独创性。在沙盒类游戏中，游戏玩家别出心裁的创意性操作，有时是游戏开发者都未曾预料到的。[60] 例如在著名沙盒类游戏《我的世界》中，玩家可以随意组合元素方块来形成具有自己风格的建筑、任务、路线等游戏元素，[61] 实际上与我们现实生活中利用“乐高积木”搭建作品没有本质区别。积木公司如果主张“购买者因为用了自己的积木块而不能产生出任何创意表达”，显然是很难得到支持的。这个道理在电子游戏中同样适用，但是电子游戏毕竟是有一定游戏规则的，这就或多或少有一些限制，的确需要进行个案判断。

放低对于独创性程度的追求，游戏玩家的操作有时会被视为“公共表演”行为，[62] 游戏直播画面可以视为玩家对游戏作品进行表演而形成的“表演作品”。这种观点有一定的现实基础，在各类直播平台上，实际上不乏主播从营造搞笑、创意或猎奇等节目效果出发，进行非常规性的操作。例如，比较有名的“塔塔解说”、“逗川吃鸡”等，因为具有“泛娱乐性”的特点，这类主播也被称作“娱乐主播”。[63] 举一个不太精确的比喻，游戏开发者类似提供剧本的编剧，主播类似表演者，直播平台更像制片人。逻辑延伸下去，“著作权法中的‘表演权’与‘表演者权’的主体范畴应更新拓展至网络环境下的网络游戏主播”[64] 似乎会成为一个合理的结论。

但是，诉诸“表演者权”这样的“邻接权”解决方案，仍然是一种迂回策略，回避了对于用户原创内容的属性讨论。从一定程度上说，在游戏直播市场中，头部主播的游戏操作是游戏直播画面产生商业价值的“核心贡献”。如果说对于这种核心贡献仅定位于表演，似乎不太充分。但是，我们也需要提防“网络游戏画面著作权归属于游戏主播……第三人录制或

---

60 杨元飞：《自由与开放的沙盒游戏》，《电脑迷》2014年第12期，第78页。

61 孟青：《沙盒游戏〈我的世界〉落户中国》，《计算机与网络》2017年第19期，第22页。

62 广东省高级人民法院知识产权审判庭张学军副庭长在研讨会发言：“网络游戏画面是玩家在线或者单机进行游戏创作的表演。”

63 电竞引导人：《他们是游戏娱乐主播？网友：不，你没见过他们曾经有多强！》，资料来源：https://baijiahao.baidu.com/s?id=1610845659621445071&wfr=spider&for=pc。更新时间：2018年9月6日。访问时间：2019年2月2日。

64 周宣辰、逯婷婷：《UGC模式下网络游戏直播中的著作权问题研究——以〈绝地求生〉为例》，《南京理工大学学报（社会科学版）》2018年第4期，第44页。

者向公众传播网络游戏画面和网络游戏直播画面，无须游戏开发者同意，只需游戏主播同意即可”[65] 这样有悖市场常理的结论出现。实际上，尽管游戏直播画面等一系列权利客体的属性还在讨论，游戏厂商、游戏运营商、直播平台和游戏主播实际上已经在各类合作合同中以“著作权授权条款”来约定权利归属了，这也可以帮助我们认识权利客体的市场本质，但是本文由于主题限制，就不再对此部分进行展开。

四、结论

在我国《著作权法》“独创性＋可复制性”的作品认定公式下，综合我国现有的相关案例，电子游戏直播画面的作品性问题，实际上就是讨论其独创性的问题。本文从纵向和横向两个维度讨论了电子游戏直播画面的作品性。

纵向上，游戏直播画面形成过程中涉及一系列“作品链条”，即从“电子游戏作品”、“电子游戏整体画面”再到“游戏直播画面”的权利客体的演进逻辑。电子游戏作为“游戏引擎”和“游戏资源库”的综合体，如果专注于保护内在代码层面，则可以从“计算机软件”的作品类型来保护；如果涉及保护外在的整体表达，则需要认知“电子游戏整体画面”。“电子游戏整体画面”中的“静止画面”情形其实就是对资源库内单张美术作品的保护，而更重要的是对于“电子游戏整体动态画面”的理解。结合立法精神与司法实践，“电子游戏整体动态画面”可以被认定为“类电作品”，本质上与电子游戏作品没有绝对的客体分离，仍是归属于游戏开发商的权利。“电子游戏直播画面”作为糅合了“操作画面、主播解说、平台标识、实时互动”等元素的“综合画面”，是对盖然性“电子游戏整体动态画面”的特定化与二次加工。在“显著性差异”的判断标准下，外加元素带来的“量”上的差异与“电子游戏整体动态画面”实质混同，只可能让“游戏直播画面”获得“录像制品”的认定。而玩家操作使直播主画面产生“质”变差异，才可以让“游戏直播画面”具有成为新的演绎作品的可能。

横向上，自由度可以成为判断“电子游戏直播画面”能否形成新演绎作品的核心概念。自由度对“游戏直播画面”作品性的影响，形成基础是“游戏类型”，体现方式为“游戏直播类型”，最终结果形成于“用户原创

[65] 李扬：《网络游戏直播中的著作权问题》，《知识产权》2017 年第 1 期，第 15 页。

内容（UGC）”。游戏类型方面，具有强开放和强交互的游戏具有较高的自由度，为玩家留下了较多的“预留创作空间”，是作品形成的“客观可能性”。而有着“泛娱乐性”的个人直播间的直播类型，没有电竞赛事直播的强“客观性限制”，主播可以发挥主观能动性进行“独创性操作”，是作品形成的“主观可能性”。以上“客观”和“主观”两种可能性固定于“用户原创内容（UGC）”这一维度。“用户原创内容（UGC）”指的是玩家在游戏中独立于游戏本身目的形成的“泛娱乐性”操作。判断“用户原创内容（UGC）”是否具有足够的“独创性”，其实就是相关案件中法院对于游戏直播画面独创性做“个案裁量”的最终标准。

" Mountains beyond Mountains are still Mountains?": the Definition Issue of Work of Electronic Game Streaming Frames under the View of "Degree of Freedom"

Sun Yi

Abstract: In the cases of electronic game live streaming, the original issue of most judicial disputes is whether it is correct to define the frames of electronic game live streaming as " work " in Copyright Law. The traditional definition of work lies on originality and replicability, under which there still exist problems of clarifying object of right and judging originality in individual cases. On the one hand, the frame of electronic game live streaming is different from the logic of defining object as " electronic game—overall frame of electronic games—frame of streaming" . To conclude the overall frame of electronic game as "similar electronic work", depending on significant difference between quality and quantity of further processed frame of streaming, the conclusion may turn into "video recording" or "derivative work" . On the other hand, the degree of qualitative change can be inspected by degree of freedom. The degree of freedom of electronic games types can decide how much "reserved creation space" the players can have objectively. Meanwhile, the strong and weak relationship between the nature of entertainment and the nature of competition of electronic game live streaming decides the possibility of utilizing creative space. However, the final discretion of new "original expression" in individual cases shall be based on the discretion of User Original Content formed by the operation of game players.

Keywords: Electronic Game live Streaming; Game Work; Derivative Work; Copyright

科技时代下的音乐产业授权制度研究
——以法律与经济观点论之

卢建志

摘　　要：本文着重探讨最新的音乐产业各项统计报告与案件，对于现今的音乐授权问题进行研究。由科技冲击下的音乐经济市场出发，探讨由商业模式演进的视角，并以变动中市场的趋势为观察对象，剖析销售模式的更迭与新兴的授权与获利模式，对于著作权机制造成的挑战与影响。本文进一步讨论新兴音乐平台如何以创造获利、降低交易成本与提升效率为主轴，借着去中心化的趋势，以直接授权、创作人授权自主性与广告营销管制的新视野进行创新，进而带动著作权法规范进行新的变革。最后，本文以利益分配的公平性作为结尾，总结在追求效率下必须捍卫的文化核心价值，点出在商业模式创新时，必须谨守著作权法促进文化发展的目标，以著作权机制构建更公平正义的音乐市场，保障音乐创作人之艺术自由。

关 键 词：音乐著作权；商业模式创新；交易成本；效率；去中心化；公平正义

作者简介：卢建志（1983—　），台湾政治大学传播学院助理教授，美国加州柏克莱大学法学博士，台湾政治大学法学博士候选人。主要研究方向：知识产权法、媒体法、娱乐法、网络治理。

目　次

一、前言：科技冲击下的音乐经济
（一）商业模式的演进
（二）变动中的市场

二、相关法规的发展
（一）授权模式
（二）非视觉性置入性营销的管制
（三）利益分配下的公平与正义

三、商业模式的创新与文化融合
（一）弹性与效率之间
（二）国际市场与商业标准
（三）市场的公平与正义

一、前言：科技冲击下的音乐经济

本研究将着重观察现今音乐授权模式，观察在音乐家完成创作时，目前的市场架构是否提供足够资源与分享途径，供音乐家保有足够的自由以授权其作品，与授权市场进行良好的联结，于竞争市场上获取艺术生活所需的收益，继续其多元的艺术创作。[1] 美国著作权学者如西北大学法学院的 Peter DiCola 教授近年来投入大规模的音乐市场实证研究，搭配质化与量化研究的观察结果，客观地为目前美国新形态的音乐授权模式改革提出精辟的分析，并利用经济学上的诱因理论，提出美国音乐产业正面临的问题和急需调整的面向。[2] 另一方面，在传统音乐授权模式的发展似乎已遭遇瓶颈下，本研究期盼借由引进媒体营销的观点，探寻置入性营销是否能强化音乐经济的新发展，为音乐创作市场带来新的经济诱因，为音乐艺术注入活力。

（一）商业模式的演进

就音乐历史演进而论，从 20 世纪 90 年代以来，科技的快速推进，间接带动音乐的传播与分享技术，更促使音乐销售迎向推陈出新的商业模式与策略。根据相关的统计研究，我们可将此演进过程分为四个不同的阶段。从 1999 年开始，自从下载工具 Napster 出现后，象征网络音乐盗版的洪流已如猛兽般扑向唱片产业。另一方面，网络分享技术的发展，激励音乐聆听与消费的模式不断有新的发展与创新。最显著的例子是在网络分享技术以盗版的形式出现后，苹果公司受启发于 2003 年推出了 iTunes 网络下载服务，即音乐消费者可由网络上下载音乐的授权模式。[3] 在音乐下

---

1 Lawrence Lessig，Free（ing）Culture for Remix，in Utah Law Review，20（2004），p. 961，964；Matthrew Barblan，Copyright as a Platform for Artistic and Creative Freedom，in George Mason Law Review，23：4（2016），p. 3-5.

2 Peter C. Dicola，Money from Music：Survey Evidence on Musicians' Revenue and Lessons About Copyright Incentives，in Arizona Law Review，55（2013），p. 301.

3 Robert P. Merges，Are You Making Fun of Me：Notes on Market Failure and the Parody Defense in Copyright，AIPLA Quarterly Journal，21：305（1993），p. 23；Robert P. Merges，Locke Remixed，in U. C. Davis Law Review. 40：3（2007），p. 1259.

载无法以现今的法制全面进行有效的规范之际，如美国 DMCA 与各国各项防盗拷科技的局限性，更加上网络流量与传输速度承载量不断进步，文件压缩技术迅速发展，更促使音乐科技公司跳脱传统音乐档案下载的思维，而迎向另一种不同的视野。从 2008 年开始，如 Spotify、Pandora 等流媒体音乐平台，以音乐串流的形式，向音乐消费者提供更灵活且更实时的消费与聆听模式，除此之外，其还提供了更具个性化的平台与服务。从 2013 年起，产品资源整合的趋势，快速蔓延至整个影音产业，使原本单纯的音乐市场，开始由整体娱乐信息与资源整合的思维出发，将单纯音乐服务导向与影片的结合，如英国 blink box、美国 YouTube 音乐平台，便以此发展更多元的音乐消费市场。此外，整合音乐服务的兴起，更促使音乐平台将听众紧密联结于各项社交媒体，使听众间互相分享交流的留言和评论功能更加普遍，营造更具互动性的音乐聆听环境。更甚于此，音乐平台在科技的推动下，也展现出更强的销售网络功能，听众在聆听音乐的同时，除能经由音乐平台的链接购买实体唱片进行收藏外，平台同时以更优化的接口，向听众提供选购歌手与团体相关商品与服务的渠道，不论是歌手与团体的实体商品如 T-Shirt、耳机、饰品的购买，抑或虚拟商品如歌手与团体所代言的游戏、电影、通信软件、网站等的选择，都证明科技发展下的音乐平台具备更强化的销售网络，使听众于聆听音乐的过程中，受到音乐平台多元营销功能的影响。进而显现出音乐平台已由单纯的听觉享受，发展为不仅具有推销传统音乐商品服务的功能，而且能整合更多元的消费网络，使消费者在使用音乐服务的同时，能借由音乐平台的整合，联结至更宽广的整体娱乐消费市场。

在音乐市场，音乐媒介与平台同样在西方科技的发展下受到影响，由传统购买唱片的音乐欣赏模式，演进至 20 世纪 90 年代 EzPeer 与 Kuro 等下载音乐分享平台开始盛行，进展至现今 KKBox 与 MyMusic 的音乐串流模式。近年来，KKBox 更投入了多角化的经营，希望借由其音乐平台所建立的消费族群网络，进一步拓展单纯音乐聆听的市场至各项相关音乐的产品与服务销售。我国台湾地区的音乐销售模式与平台，在美国的影响下，逐步进化其销售的平台，并利用音乐所建立的客户群体与销售技术，将音乐文化链接至不同的消费市场。

（二）变动中的市场

1. 市场趋势的易弦

由统计数据可观察到，音乐销售市场在录制的科技变迁下所造成的转变与演进：从1973年开始的黑胶与八轨录制技术开始，音乐市场首先由黑胶唱片的销售作为市场的主流，音乐卡带的销售逐渐取代黑胶唱片成为消费市场的多数，再进一步从20世纪90年代开始，CD唱片成为音乐市场最主要的消费来源，并于2000年网络科技蓬勃发展之际，转变为以数字科技作为音乐市场中心技术的年代。

图1中的统计数据显示，目前音乐市场的销售模式，在科技的推波助澜下，已经历多次变革，原本音乐磁带（Cassette）与手机铃声的销售，已在不同的阶段当中逐渐遭到淘汰。而在数字销售的架构下，可具体区分为个人化的音乐串流服务（On-Demand Streaming）、付费的用户（Paid Subscription）、音乐分享（Music Sharing）、专辑下载（Download Album）、单曲下载（Download Single）、实体专辑（Physical Album）的销售，成为现今音乐市场的主流获利模式。然而，在2015年后，当音乐串流成为市场的主流，兹以美国为例，Spotify的音乐串流区分为广告支持之免费用户（Ad-Supported）与付费进阶用户（Subscription）的模式，其将广告收益引入音乐平台中，将广告营销取得的收益用来支付音乐创作人，从而建立免费使用者（Free User）的商业模式。以此模式，先培养固定消费族群与建立其使用习惯，再进一步吸引其成为付费会员，进阶使用更高端的功能与特定服务，如免去聆听平台中广告区块的干扰。一方面，提供免费使用的选择，以广告营销的收益支持平台基础设施的建设与营运；另一方面，付费的进阶用户为平台带来实质且高利润的收益来源。音乐串流平台借由此新的思维，不仅建立起新的音乐消费文化，更创造出新的音乐盈利模式。若能立于此盈利模式，合理将版权收入分配于音乐创作人，将为音乐创作社群带来可能的新经济诱因，从而激励新的创作成果持续产出。

图2为2006—2018年美国的CD、下载和串流音乐收入及行业总收入。

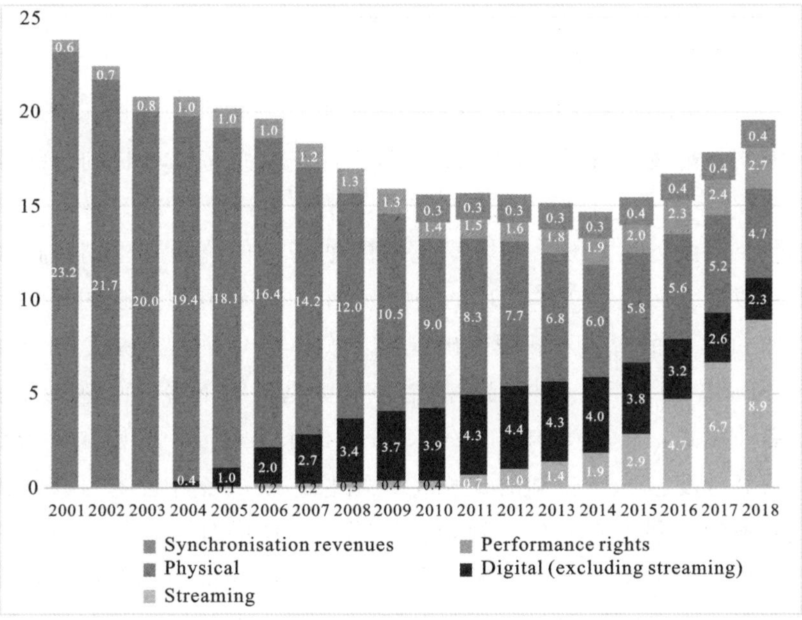

图 1　2001—2018 年全球录制音乐之产业收入分布（单位：US $ Billions）[4]

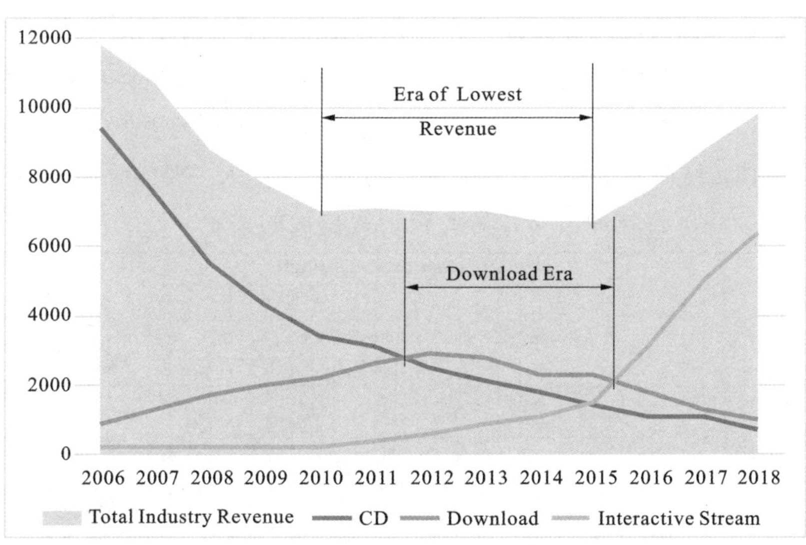

图 2　2006—2018 年美国的 CD、下载和串流音乐收入及行业总收入（单位：US $）[5]

4　International Federation of the Phonographic Industry（IFPI），IFPI GLOBAL MUSIC REPORT 2019：STATE OF THE INDUSTRY（2019），available at https：//www. ifpi. org/downloads/GMR2019. pdf（last visited July 25th，2019）.

5　作者自行整理自：Recording Industry Association of America（RIAA），U. S. SALES DATABASE，available at https：//www. riaa. com/u-s-sales-database（last visited July 25th，2019）.

2. 销售模式的更迭

2000 年，Napster 将其音乐分享技术公开，并由大众使用，对音乐消费市场造成剧烈震荡与冲击。经由经济学统计，原先持续增长的音乐销售获利，于 2000 年后跌入谷底，这样的剧烈下滑一直持续至 2009 年，仍然没有任何起色。由此可见，网络与分享技术的创新给传统的音乐销售市场带来了巨大的改变。然而，实体唱片的销售量由 2000 年开始呈现明显的下降趋势。在如 iTunes 的音乐下载服务出现后，实体唱片销量更是急剧降低，到 2008 年 Spotify 问世后，实体唱片的销售量更是持续下滑。而整张音乐专辑下载的商业模式，从 2003 年 iTunes 等分享技术出现后，开始在市场上产生一定的获利分配。虽然获利的比例持续增长，但由统计资料可知，在线专辑下载服务的获利始终无法达到如实体唱片一样的分量，其仅作为音乐市场中的一种消费形态，对于市场体制内能够统计获得的利益而言，在线专辑下载服务一直未能够取得重要经济来源地位。由此可以推断，以美国的市场发展为推论，法律与商业体制及规范下，音乐专辑下载服务的获利可能性已呈现一定程度的局限性，在此授权模式的框架中，音乐创作人与唱片公司的获利亦有限。更进一步可认为，音乐专辑下载的授权模式在科技的冲击下，可能在音乐听众的消费习惯改变下，始终无法于现今的规范体制当中取代传统唱片的销售方式，并成为音乐创作人主要的收入来源。

图 3 为美国科技冲击与音乐专辑销售总额的关系。

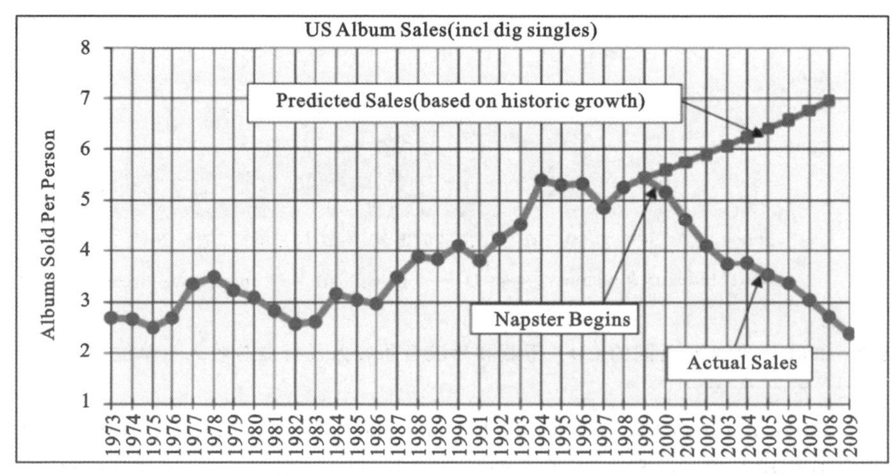

图 3　美国科技冲击与音乐专辑销售总额的关系 [6]

6　Stan Liebowitz，How Much Of The Decline In Sound Recording Sales Is Due To File-Sharing?，Journal of Cultural Economics，Feb2016，Vol. 40 Issue 1，p. 13-28.

图 4 为 2018 年美国音乐产业收益统计。

United States Estimated Retail Dollar Value (In Millions, net after returns)

DIGITAL SUBSCRIPTION & STREAMING	2017	2018	% CHANGE 2017—2018
Paid Subscription	(Units) 35.3 (Dollar Value) $3500.5	50.2 $4656.0	42.4% 33.0%
Limited Tier Paid Subscription	$591.6	$747.1	26.3%
On-Demand Streaming (Ad-Supported)	$658.6	$759.5	15.3%
Sound Exchange Distributions	$652.0	$952.8	46.1%
Other Ad-Supported Streaming	$261.8	$251.4	−4.0%
Total Streaming Revenues	$5664.5	$7366.8	30.1%
DIGITAL PERMANENT DOWNLOAD			
Download Single	(Units) 553.5 (Dollar Value) $678.5	399.8 $490.4	−27.8% −27.7%
Download Album	66.4 $668.5	49.7 $499.7	−25.1% −25.3%
Ringtones & Ring backs	14.3 $35.5	10.0 $24.9	−29.8% −29.8%
Other Digital	2.7 $21.9	2.2 $24.1	−18.2% 9.7%
Total Digital Download Revenues	$1404.5	$1039.1	−26.0%
TOTAL DIGITAL VALUE	$7069.0	$8405.8	18.9%
Synchronization Royalties	$232.1	$285.5	23.0%
PHYSICAL			
CD (Units Shipped)	(Units Shipped) 87.7 (Dollar Value) $1057.3	52.0 $698.4	40.7% −33.9%
LP/EP	15.6 $388.5	16.7 $419.2	7.2% 7.9%
Music Video	1.9 $38.6	1.4 $27.6	−25.7% −28.6%
Other Physical	0.6 $11.0	0.5 $9.6	−21.8% −12.6%
Total Physical Units Total Physical Value	105.7 $1495.5	70.5 $1154.8	−33.3% −22.8%
TOTAL DIGITAL AND PHYSICAL			
Total Units Total Value	742.6 $8796.6	532.3 $9846.1	−28.3% 11.9%
% of Shipments Physical Digital	2017 17% 83%	2018 12% 88%	

图 4　2018 年美国音乐产业收益统计（单位：US $）[7]

7　The Recording Industry Association of America（RIAA），RIAA 2018 YEAR-END MUSIC INDUSTRY REVENUE REPORT（2019），Available at https：//www. riaa. com/wp-content/uploads/2019/02/RIAA-2018-Year-End-Music-Industry-Revenue-Report. pdf（last visited July 25th，2019）.

相较于专辑下载的产品服务，单曲下载销售模式的获利曲线，却是从2003年左右iTunes出现以来，呈现剧烈攀升的趋势，甚至从2006年开始超越以全张专辑为销售策略所涵括的获利版图。显示出音乐的销售趋势，已由全张专辑的模式，转变为以单曲销售为主的消费习惯。直至2009年上升趋于和缓后，获利总额仍不断上升，可见单曲的音乐下载服务，已成为音乐市场上一个重要的获利来源。[8] 目前我们可观察到的是，由于科技创新的冲击，信息分享的急速发展似乎也带动了听众消费习惯与文化的重整，目前网络市场对于单曲下载消费的接受程度，远远超越整张专辑的下载，单曲下载服务更已超越与取代原先传统音乐专辑实体销售的模式，成为音乐市场获利最丰的模式。然而，单曲营销的盛行，促使音乐创作人的个人形象更易与特定的品牌形成联结，亦更可能在产品的营销下，获邀为其量身打造代言歌曲，甚或将品牌或产品以置入性营销的手法，融入创作歌曲当中，从而使歌曲与品牌营销产生更强的联结性。

3. 未知的将来

1）音乐串流的再进化？消费版图的转换

美国音乐串流服务的收益正连年攀升，音乐串流的整体收益在2016年已达到76亿元美金。更值得进一步观察的是，在音乐串流的市场中，固定的音乐串流付费订户的比例逐年上升，其消费占整体市场的比例更是急速攀升：在2016年，其市场收益已急速攀升至1亿美元以上，预计在2025年更将攀升至3.3亿美元以上。在音乐串流的价格设定上，值得注意的是，有将近79％的交易是在标准价格上完成的。可见，在目前音乐串流的服务中，销售商可获得较为稳定且具预测性的获利，不至于产生杀价赔售或成本不符的情形。相较于以往传统的音乐销售市场，科技的演变使得音乐销售商在定价上有更高的获利能力。目前我们观察到获利最稳健与丰厚的音乐串流订户服务市场，主要呈现三强鼎立的局面，获利版图主要由Spotify位于领先的地位，其次为iTunes位居第二，第三名则为近年来奋起直追的Amazon Music。其中值得观察的是，目前Spotify全球已有接近1.3亿以上的订户，其中更有35％的订户愿意提高

---

8 Shawn Setaro，Tom Silverman on the New Music Seminar Past and Present，The Future of the Industry，and More，Forbes，Jun 8，2015，https：//www.forbes.com/sites/shawnsetaro/2015/06/08/tom-silverman-on-the-new-music-seminar-past-and-present-the-future-of-the-industry-and-more/#14936decf916（last visited July 25th，2019）.

付费成为进阶用户（Prime User），从而使用功能完整的音乐串流服务。Spotify还提供另一种基础服务，即Ad-Supported模式，其为初级客户提供免费服务，初级客户逐步认同Spotify的音乐服务后，在未来可能进一步成为付费的进阶用户。由此可见，Ad-Supported模式仍具有相当重要的地位，其可为Spotify吸引最初步与基础的用户群，更能借由广告营销商的支持，为音乐创作人提供著作权收益，建立广告、音乐创作人与消费用户形成的三方架构。

然而，更值得注意的是，目前除此三强所占据的市场版图外，仍有约39%的市场由其他各类音乐服务商所瓜分，虽然目前除三强占据外的市场版图仍未有显著的特定消费倾向，可是此高比例的利益版图对于音乐市场的未来，提供更多的可能性与更多创新的想象空间。从另外一个角度来观察，根据英国的音乐市场数据，整体音乐听众虽然仍以占据市场三强的音乐平台Spotify、iTunes与Amazon Music，作为主要聆听音乐的使用平台。然而，不容忽视的是，虽然没有明确的数据可以显示出YouTube对于市场所带来的价值，但可观察到其在大众与青少年每周音乐使用的次数统计中，占有非常重要的地位，甚至高居第二名的领头羊位置。由年龄的族群来看，在相当程度上，YouTube与Spotify受到了青少年族群高程度的青睐。因此，可以预见的是，类似YouTube这样的分享平台将对音乐市场造成很重要的影响。诸如YouTube这样基于信息分享的模式，将持续对法制政策产生相当程度的挑战与冲击。此趋势之发展无疑显示，在免费用户模式下，以嵌入音乐视频广告片段，与平台边框的广告链接，音乐平台能吸引各类商品与服务的营销资金投入。此广告收益，不仅使音乐平台得以维持基础设施的建构与运作，更能回馈于音乐创作人，作为平台提供著作权收益的资金来源。此外，平台付费用户付出的费用，亦会分配给音乐创作人作为著作权收益。音乐视频播放时的嵌入与边框广告，为音乐创作人注入新的版权获利，此获利所带来的经济诱因，将可激励音乐人持续投入创作工作。音乐视频与平台在科技的刺激下，使音乐市场迈向整合影像市场，也正改变着音乐消费的习惯与文化。

图5为青少年每周使用音乐App概况及其与其他年龄层用户的比较。

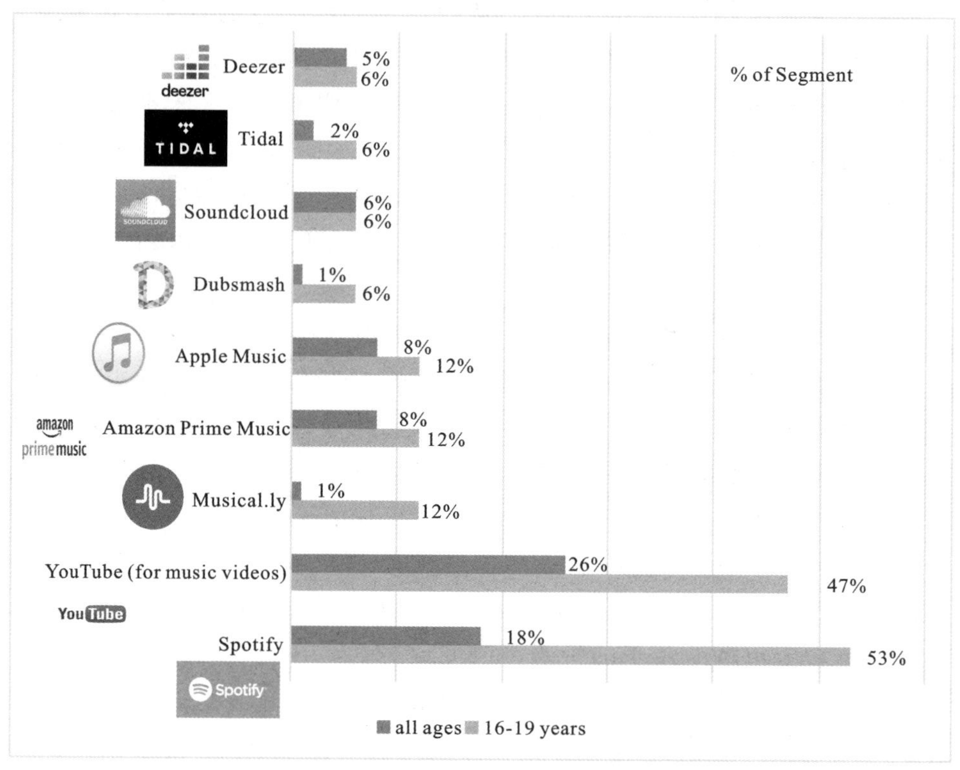

图 5　青少年每周使用音乐 App 概况及与其他年龄层用户的比较[9]

2）歌词置入性营销的风潮

在当代艺术与黑人文化的推动下，嘻哈音乐以拼贴各类社会议题、评论批判的风格，成为音乐风格上新的发展。有趣的是，近年来有统计数据显示，在 2008 年至 2009 年间，音乐中带有置入性营销的作品形态，竟为该营销产品的市场带来了 8％的销售利益提升，而该年的整体置入性营销的获利市场降低了 2.8％。音乐中的置入性营销为营销市场带来不降反升的获利，可见音乐中的置入性营销地位逐渐重要，甚至可说置入性营销可能为音乐创作的发展带来新的变革。[10] 此外，嘻哈音乐中置入性营销的比例逐步攀升，亦成为音乐产业关注的热点之一。著名营销新闻网站 Ad-

9　MUSIC ALLY COMPANY，Spotify may be overtaking YouTube music for UK teenagers，June 28，2017，available at https：//musically. com/2017/06/28/spotify-overtaking-youtube-music-teenagers/（last visited July 25th，2019）.

10　Len Glickman & Anita Kim，Product Placement and Technology，Developments，Opportunities，And Challenges，in The Entertainment and Sports Lawyer，30：1（2012），p. 60-62.

Age. com 曾指出，麦当劳积极借由广告公司的协助，寻求愿意于创作歌曲中提及其汉堡产品 Big Mac 的嘻哈歌手，以从歌词中置入营销的方式推销其产品。关于置入性营销的作品，麦当劳并不于作品完成前支付任何报酬，取而代之的是，每次电台播放该歌曲，创作人都将获得 1～5 美元的报酬。[11] 此种音乐中加入置入性营销的手法，在近年来已屡见不鲜，甚至出现了许多有趣的案例。这些案例在美国产品市场上，给消费者留下了深刻的印象。例如，著名嘻哈团体 RUN-DMC 曾在其音乐作品中提及 Adidas 共 22 次，黑人歌手 Jay-Z 与 Kanye West 在其音乐作品的歌词中皆置入大量的品牌名称，借由音乐创作的影响，拓展特定产品的销售，并在消费族群中建立更具魅力的品牌形象。[12] 在我国台湾地区，同样有许多嘻哈团体开始通过此类模式增加其经济收入。例如，Simon & Sowut S/S 以巧妙的手法，将台湾传统饮品黑松沙士的品牌融入其原创歌曲当中，为黑松沙士的传统形象带来新的活力。该歌曲被年轻族群喜爱之后，甚至成为黑松沙士重要的广告歌曲。

本研究发现，音乐与相关联营销市场的关系，已因科技的转变，推进至借由数字音乐内容与音乐平台本身植入广告营销，而使音乐市场由传统销售专辑的模式转向新的营销模式。在科技的协助下，这些新的营销模式，不仅吸引更加多元与音乐相关市场的获利，甚至借由在音乐中推销品牌的方式，使得音乐创作人能有更广泛的视野，由传统的授权模式外，获取置入性营销中可能的盈利。甚至由于作为街头艺术的嘻哈音乐的兴起，公开演出若有歌词置入性营销的创作呈现，广告营销的收益可能更进一步成为音乐创作人的新经济诱因。这种除音乐著作权以外的收益，也将带来新的报酬与激励。

图 6 为美国录音产业历年收入来源趋势。

11　Richard Kielbowicz & Linda Lawson，Unmasking Hidden Commercials in Broadcasting：Origins of the Sponsorship Identification Regulations，in Federal Communications Law Journal，56：2（2004），p. 329，336-356.

12　Krissah Williams，In Hip -Hop，Making Name -Dropping Pay，The Washington Post，Aug. 29，2005，available at https：//www. washingtonpost. com/gdpr-consent/? destination ＝% 2farchive% 2fbusiness% 2f2005% 2f08% 2f29% 2finhip-hop-making-name-dropping-pay% 2fcc04fdcd-4e3e-4d99-80dd-915286b2fcf4%2f%3f& utm _ term＝. 979dfffa38ee（last visited July 25th，2019）.

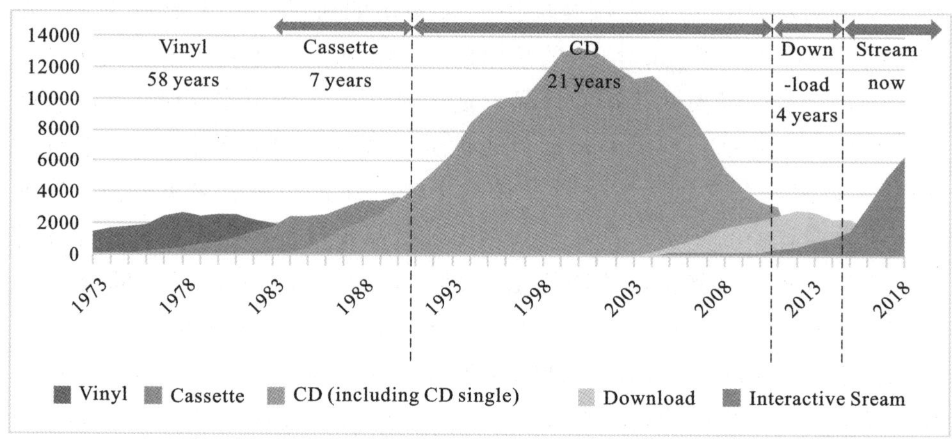

图6　美国录音产业历年收入来源趋势（单位：US $）[13]

（From 1973 to 2018，revenue in ＄millions）

二、相关法规的发展

（一）授权模式

在此科技变革与消费文化转换的洪流下，如何探寻一种适当的商业授权模式，能够平衡艺术自由（Artistic Freedom）与著作权法规范的关系，确保艺术自由不因受到著作权的限制而抑制其艺术表现的创新，乃为促进文化发展非常重要的问题。因此，探寻如何在艺术自由的法规内涵中，促使音乐家的著作权权益能受到保护，借由提供经济上的创作诱因，鼓励音乐艺术进一步持续创作与发展创意，是文化创新的重要课题。[14] 然而，目前音乐串流的发展，产生了Ad-Supported是否能够真正将广告的收益回馈于音乐创作人的问题。在传统音乐授权模式下，音乐串流业者如Spotify、Pandora都仍必须支付相当高的费用给集体管理团体（如ASCAP、BMI与SESAC）与音乐公司和唱片商，这就使得音乐创作者与用户间仍存在极高的交易成本，音乐创作者甚至没有自行授权的自由。因此，如何

13　Statistics recompiled by author，original source from：Recording Industry Association of America（RIAA），U.S. SALES DATABASE，available at https：//www.riaa.com/u-s-sales-database/（last visited Apr. 2，2019）.

14　Robert P. Merges，Contracting into Liability Rules：Intellectual Property Rights and Collective Rights Organizations，in California Law Review，84：5（1996），p.1294-1296.

在此传统模式下，创造更具效益的授权环境，仍是未来音乐生态圈非常重要的问题。

1. 直接授权

2004 年，美国法院在 U. S. v. American Society of Composers，Authors，and Publishers 案[15]的判决中，正式宣布集体管理团体的会员拥有直接授权（Direct License）的弹性，以防止音乐人授权的自主性受到侵蚀，并维护市场自由竞争的机能。美国司法部更就此案件表达意见，其认为允许音乐人在加入集体管理团体后保有直接授权的选择，有助于防止市场的自由竞争受到破坏。[16] 目前多国的音乐集体管理团体倾向于用契约限制集体管理的会员不得进行直接授权，造成弱势的会员无法从既有的授权模式上获得合理的收益，进而影响其创作生活的发展与延续。目前对于音乐授权的模式，仍囿于传统商业模式下的限制而无法做出有弹性的调整，对于音乐人的影响较大。[17] 美国的集体管理团体在此判决发展下，已确定集体管理团体的会员可以自行授权其音乐著作权，以防止著作权滥用的情形产生。大陆与台湾的集体管理团体却仍以契约约定的方式，强制会员不得自行授权其作品，使得大陆与台湾的音乐人无法利用直接授权的方式，更灵活地进行更具弹性的授权，亦造成授权模式在此情形下耗费更多的时间与经济成本，导致许多音乐人仍囿于交易成本的限制，而失去许多自行授权并获得利益的机会。因此，目前大陆与台湾音乐集体管理团体的会员，无法将音乐创作个别授权于音乐串流平台。如此设计，容易在缺少自行授权的弹性机制下，造成具有许可证管理经验与能力的会员无法进行个别授权，市场无法发挥自由竞争的功能，进而造成额外交易成本并影响授权效率。

---

15 U. S. v. American Society of Composers，Authors，and Publishers，323 F. Supp. 2d 588（S. D. N. Y. 2004）.

16 Robert Merges，Compulsory Licensing vs. the Three "Golden Oldies"：Property Rights，Contracts，and Markets，in Cato Policy Analysis，508（2004），p. 1-11；Jia Wang，Should China Adopt an Extended Licensing System to Facilitate Collective Copyright Administration：Preliminary Thoughts，in European Intellectual Property Review，32：6（2010），p. 155-158.

17 Robert P. Merges，Are You Making Fun of Me：Notes on Market Failure and the Parody Defense in Copyright，21 AIPLA Q. J. 305，1993，p. 23；Robert P. Merges，Locke Remixed，U. C. Davis Law Review. 40：3（2007），p. 30-35.

2. 自主性

近年来美国著名的音乐服务提供企业 Google Music、iHeartRadio 与 YouTube，皆向着创造与更新的授权模式迈进，意在借由新兴的音乐授权模式，降低著作权集体管理长期以来管理费用过高的问题，增加音乐人的自主性（Autonomy）并去中心化（Decentralization），削减音乐授权过程中不必要的时间与经济成本。借助区块链（Blockchain）的思维模式与技术，促使使用人、音乐人与音乐平台间能直接进行沟通与合作，更进一步创作、表演与录制更多元与丰富的音乐作品。区块链为现今音乐产业授权可能发展的新模式，在建立完整且精确的著作权数据库之下，若能建立创作人与使用人之间直接的授权模式，将能借由降低交易成本，提供更具效益的授权模式。

（二）非视觉性置入性营销的管制

嘻哈音乐中的歌词置入性营销，主要牵涉的法律问题在于，由于音乐属于非视觉性作品，由美国的立法经验观察，于美国法典第 47 编第 317 条与第 508 条中，规范美国联邦通信委员会（Federal Communications Commission，FCC）对于公开揭露监督的意义，其包括付费于广播的揭露与付费于广播相关之个人的揭露的相关规定。[18] 于美国法典第 15 编第 45 条中，规范美国联邦贸易委员会（Federal Trade Commission，FTC）对于不公平、欺瞒与滥用进行监督的法规与实施（Unfair，Deceptive or Abusive Acts and Practices）。基于上述两种政府管制的规范措施，若播放内容有以置入性营销为目的之资金挹注，则必须依照上述法规所揭示的原则，符合法规所要求的揭露义务。[19] 然而，在音乐领域，在歌词置入性营销问题上，将遭遇与传统的电视节目管制截然不同的问题。由于歌词呈现不属视觉表达，因而无法在屏幕上使用字幕，进行广告赞助商的揭露。然

---

[18] 47 U. S. Code § 317（Announcement of Payment）："All matter broadcast by any radio station for which any money，service or other valuable consideration is directly or indirectly paid，or promised to or charged or accepted by，the station so broadcasting，from any person，shall，at the time the same is so broadcast，be announced as paid for or furnished，as the case may be，by such person".

[19] Raghu Seshadri，"Did You Want Fries with That?" The Unanswered Question of Federal Product Placement Regulation，in Vanderbilt Journal of Entertainment and Technology Law，9：2（2006），p. 467.

而，若要求歌词的置入性营销必须于音乐内容中进行揭露，则可能必须于歌曲播放时，在歌曲前后或当中以声音说明并揭露广告赞助商。此种揭露方式，在音乐听觉上，将对音乐聆听上的整体性与美感造成破坏。因此，政府如何在非视觉性置入性营销上，要求其揭露广告赞助商，这是与传统视觉作品完全不同的问题。另外，对于部分音乐人，利用艺术手法在歌词中加入品牌、产品名称，以吸引未来厂商对于其表演歌曲时进行置入性营销的行为，由于一旦音乐创作人接受广告报酬后，亦成立置入性营销的效果，如何管制在未来履行其揭露的义务，亦为法规必须思考的问题。

在歌词类型的非视觉性置入性营销的利益分配上，在音乐串流的平台上，亦分别可能有两种类型的利益分配方式。在 Ad-Supported 的模式下，除原有音乐平台上的广告收益，更牵涉到歌词中广告赞助商的利益分配问题，形成更复杂的关系。而在无广告的 Subscription 订户模式上，则牵涉到单纯歌词中置入性营销的利益分配。

(三) 利益分配下的公平与正义

在音乐串流时代，各国政府更应针对网络音乐的授权法制进行进一步的修订，尤其应该抑止网络音乐的非法下载，并且制定适当的规范以要求网络服务业者与平台能够在适当的标准之下，协助防止非法音乐的分享。唯有如此，才能够立于经济学中诱因理论的基础，激励音乐创作人在获得适当的报酬的环境下，继续多元而丰富的创作。然而，根据美国音乐法权威 Peter DiCola 之研究，音乐创作人在整体的音乐市场获利中，仅能获得非常小部分的分配利益，可见目前的传统唱片产业体制中，在音乐人、出版商与唱片公司间，音乐人在获利中居于弱势地位。[20] 在独立唱片产业，音乐创作人能获得较多的利益，似乎于大众音乐市场上，在利益的分配上，应促使音乐人有更强的经济诱因，将时间精力投入到音乐创作成果的产出中。相关研究显示，[21] 在音乐产业中，唱片公司可获得约 63% 的利益，出版商与中间商则为 24%，而音乐创作人或乐团则可获 13%。而在内部分配中，可见到乐团中主要的乐手与歌手，获得较多的利益，吉他

---

20 Peter C. Dicola，Money from Music：Survey Evidence on Musicians' Revenue and Lessons About Copyright Incentives，in Arizona Law Review，55 (2013)，p. 301-310.

21 Mike Masnick，Only 12% Of Music Revenue Goes To Actual Artists，tech dirt，Aug 21st 2018，https：//www. techdirt. com/articles/20180819/00051140461/only-12-music-revenue-goes-to-actual-artists. shtml.

手、贝斯手、鼓手与主唱各可获得约18%的利益分配，而乐团经理也可获得约15%的利益。[22] 在目前的音乐串流模式下，广告营销的经济诱因加入到原本传统的音乐人、使用人与音乐平台的关系中，使得音乐串流环境下的利益分配变得更加复杂。如何在此科技模式发展下维护利益分配的公平、正义，仍必须仰赖音乐人、音乐公司、唱片厂商与集体管理团体间的利益拉锯。然而，如何扭转目前对于音乐人利益分配不足的问题，则须有待更具效率的授权模式，才能够真正降低交易成本，去除授权中介者所带来的经济负担，而使利益真正回馈至音乐人身上，进而使音乐人能够有足够的经济诱因产出更多的作品。

三、商业模式的创新与文化融合

（一）弹性与效率之间

在美国联邦版权局2016年发布的名为《版权与音乐市场》的报告中，提及改革音乐授权的重要性。加上在 U.S. v. American Society of Composers，Authors，and Publishers 案后，美国法院已经确定音乐著作权集体管理团体必须向会员提供其他授权途径，而不应以传统的集体管理授权模式牵制音乐人的授权自主性。报告认为，此改革除维持市场自由竞争外，更能促进音乐家获取合理的授权利益，以维持音乐人的创作与生活。[23] 目前 Spotify、Pandora 与 iTunes 等音乐平台纷纷迈向与独立音乐人及歌手进行直接授权，YouTube 亦倾向于与网络音乐内容分享者进行直接授权并建立全球影音数据库，音乐平台屡以诉讼挑战美国的音乐集体管理团体 ASCAP、BMI 以调低其支付的集体管理授权费用。在信息时代，新兴的音乐平台皆朝向以省略传统固有的音乐产品与服务授权中间商，而发展用户与创作人直接交易的音乐平台，从而除去不必要的交易成本的目标迈进。

---

22 Justin Hughes，The Philosophy of Intellectual Property，in Georgetown Law Journal，77：2（1988），p. 312.

23 Christian Handke & Ruth Towse，Economics of Copyright Collecting Societies，in International Review of Intellectual Property and Competition Law，38：8（2008），p. 35-38；David Sinacore-Guinn，Collective Administration of Copyrights and Neighboring Rights：International Practices，Procedures，and Organizations，Boston：Little Brown，1993，p. 20；Mihály Ficsor，Collective Management of Copyright and Related Rights，Geneva；New York：World Intellectual Property Organization，2002，p. 17-22，45.

在此去中心化的趋势下，未来不论直接授权、区块链技术的发展还是著作权数据库的强化，都将为音乐产业提供更强的诱因。在减去不必要的音乐授权与管理成本之后，向音乐人提供更高的著作权利益，亦有助于提升音乐创作人、发行商与音乐平台间利益分配的公平性。在非视觉性置入性营销的问题上，本文认为未来可将广告营销商的信息揭露统一与音乐著作权的数据库进行整合，听众可统一于著作权数据库中查询置入性营销的揭露信息。除可避免聆听音乐作品时对于整体听觉的负面影响，更可避免对于歌曲美感的破坏。对于部分音乐人在作品完成或发行后，才获得厂商接洽置入性营销的报酬的类型，本文认为，站在保护消费者权益的立场上，应要求一旦在未来获得置入性营销的报酬，则必须对原先已发行之歌词中的置入性营销进行揭露信息义务的赋予，要求出版商增加广告商信息以完成揭露，才能真正保护消费者权益，避免消费市场产生欺诈问题。[24]

然而，以国际的视野观之，这一切的发展仍有待数字科技与大数据的发展下，音乐产业能够在各国政府与联合国教科文组织等的支持下，持续以国际作者和作曲者协会联合会推动营造国际化的音乐授权环境，并建立正确、完整的音乐著作权数据库，才可能在未来免去授权过程中不必要的交易成本，以提升授权的效率。这样可使音乐人获得更公平的著作权利益，进而捍卫其艺术自由。音乐市场提供充足经济诱因，将使音乐人能持续投入创作，完成更多元且高质量的音乐作品，提升音乐文化的发展。此外，由于音乐授权机制的优化，可使音乐听众借由更畅通的授权渠道，享受数字音乐的服务与产品，除去不必要的交易成本，更进一步提升音乐的销售量，使音乐创作人与听众间的信息交流保持自由与流畅，促进音乐人艺术自由的实现。

(二) 国际市场与商业标准

关于国际音乐市场之统合，各国于联合国教科文组织的架构下，世界

---

[24] 知识产权之理论与法规中，著作权集体管理团体是独特的管理机构。即使于国际公约中，亦仅在著作权法体系中，发展出集体管理的组织。基于民法“契约自由原则”，权利人授权利用的意愿、授权之范围与条件，皆由双方以契约自由协商，并达成合意而决定。叶茂林：《国际组织关于著作权集体管理实务之相关文献研究》，《知识产权月刊》，2005 年第 83 期，第 7—11 页。刘孔中：《建立信息时代“公共领域”之重要性及具体建议》，载刘孔中：《知识产权法制的关键革新》，台北：元照出版社 2007 年版，第 68 页。

知识产权组织（WIPO）目前已协助成立国际作者和作曲者协会联合会进行音乐授权事务整合与国际通用数据库编码作业。[25] 未来，国际组织应该在全球化的趋势下，在华语音乐的视野下，使不论是大陆的腾讯音乐、网易音乐、阿里巴巴音乐，还是台湾的 KKBox 与 MyMusic 等平台，都能够与国际上具有广大用户的 Spotify、Pandora 与 iHeart 音乐串流平台等进行跨国与跨文化的整合，从而促进各国的音乐文化持续沟通与整合。特别是关于置入性营销的问题，由于目前各国对于音乐平台的发展各有优势与特色，未来利用音乐平台链接广告营销的现象也将多元发展，制定一套有效的商业揭露原则成为必要。本文认为，或许国际上可仿效以往著作权保护时使用 Circle“C”（©）的标示方式，在歌曲置入性营销的音乐平台或专辑上，统一使用 Circle“A”的标示方式，揭示歌曲具有置入性营销的广告资金介入，而使听众能直接由著作权数据库查询揭露信息。以此方式进行规划，除不影响音乐作品聆听时的听觉整体性与美感外，亦能建立国际统一置入性营销揭示商业原则。除可整合国际差异外，更可使音乐的聆听能不因揭露法规之实施而影响音乐最核心的美感价值，破坏聆听的感受。适当的揭露规划，不仅可保障音乐人艺术自由的呈现，更可使音乐市场能够因适当的揭露义务而维持音乐创作的美感与质量，进而展现著作权促进文化发展的核心目标。

（三）市场的公平与正义

对于音乐市场利益分配的问题，未来各国政府与国际组织应朝向调整利益分配以达成公平正义的方向努力。市场除首先应持续推动交易成本的降低，将更多的著作权利益甚至广告收益回馈给音乐创作人与创作团体外，更应落实不当利益分配契约签订时，如德国著作权法那样，加入有关情势变化与诚实信用原则的条款，在遇有不公平的著作权利益分配时，音乐创作人能基于著作权法向司法机关提出救济，调整不公平的契约条款以寻求适当的著作权报酬。另外，政府亦应为创作社群中的新手提供适当的创作环境，例如提供充足的创作诱因，让其能够享有适当的创作资源与空间累积其创意实力，并能提供畅通的授权机制，供其将创作成果销售给听众以获得著作权报酬，这样才能确保音乐创作市场的公平与正义能够落

---

[25] Paul Torremans，Collective Management in the United Kingdom（and Ireland）. In：Daniel Gervais，ed.，Collective Management of Copyright and Related Rights，The Netherlands：Kluwer Law International，2006，p. 227-255.

实。现今广告营销的经济诱因，亦同时对音乐串流与创作形态造成影响。关于音乐著作权利益的分配正义转型议题，本文建议各国政府与国际组织可从公民权利和政治权利国际公约与经济、社会和文化权利国际公约中的人权观点来进行艺术家人权的捍卫，探寻音乐人的艺术自由与著作权法规适当的交互关系，拟定适当的统一著作权法规标准，供各国作为依循与基础。在科技的发展下，未来希望音乐创作人能于广告营销收益中获得更充足的经济诱因，应对数字技术所带来的著作权收益冲击。此外，音乐授权买断，以及弱势音乐人在签订契约时，因协商地位不平等所造成的不公平现象，亦期盼能由更完善的司法救济渠道获得解决。在科技创新下，由去中心化概念所形成的区块链、直接授权与著作权数据库的优化思维，更可避免授权阻碍与交易成本过高的情形对音乐创作环境带来不良影响。在这些问题之下，确立国际法架构下的著作权规范标准，将使音乐创作人在公平正义的基础下，获得充足的创作诱因持续多元创作，更使音乐创作人、出版商与音乐平台间的著作权利益分配能够公平，进而营造良好的音乐创作环境。

Research on the Music Industry and Copyright Licensing System in the Technological Age: From the Perspectives of Law and Economics

Lu Jianzhi

Abstract: It must be seen how practically the music industry is undergoing a series of cost efficiencies due to technological innovation. Given that music distribution is a function of this innovation, the underlying factors related to the essential function show a lower transactional cost basis. This is to say, in terms of music licensing, the transaction cost has been necessarily reduced due to technology. The appropriate copyright law and licensing system generates pragmatic, transparent financial compensation for all music creators involved in a musical work. If the rate plan and fees are fair, reasonable and affordable by the users, the compulsory licensing system provides incentives to promote and motivate new music creativity and artistic freedom.

This research paper mainly discusses the controversies related to innovative music licensing models and aims to provide advice for the establishment of further music copyright law amendment and policy-making. The concept of decentralization and copyright database optimization can be the significant pathway to enhance the efficiency of music licensing. Under the international regime, a proper standard and guidelines about the issues of music licensing in the technological age will be necessary and considerable for the safeguard of social justice and artistic freedom.

Keywords: Music Copyright; Innovative Licensing Models; Transactional Cost; Efficiency; Decentralization; Social Justice

主题研讨：影视产业发展中的法律问题

娱乐法视域下影视作品的知识产权保护路径

温　雅

摘　　要：本文从知识产权保护的角度，通过对中美影视作品的娱乐法理论和案例进行研究，探究如何应对我国在电影产业领域内知识产权保护上存在的问题，借鉴美国迪士尼公司对影视作品的全球化、多维度的知识产权保护战略，挖掘多元化产业链中核心的无形资产——品牌与版权，结合中国市场的特色寻求贴近自身的知识产权保护策略，从而保证由影视作品和角色形象打造的产业链可以获得长期而稳定的商业收益。与此同时，基于研究结果，为我国娱乐产业从业者就影视作品的保护提出知识产权保护建议，也对我国娱乐法体系的完善提出具体的展望，以期构筑起健康的娱乐法体系和法治环境。

关 键 词：娱乐法；知识产权；著作权；商标权；商品化权

作者简介：温雅（1980—　），罗思（上海）咨询服务有限公司商标代理人，北京大学工商管理硕士，法律硕士，南加州大学法律硕士。主要研究方向：知识产权法，娱乐法。

目　　次

引言

一、娱乐法视野下的影视作品
（一）娱乐
（二）娱乐法

二、影视作品的著作权保护
（一）著作权
（二）影视作品的著作权
（三）影视作品角色的著作权保护

三、影视作品的商标权保护
（一）商标权
（二）我国商标市场的现状——恶意抢注
（三）影视作品的商标权保护

四、影视作品的商品化权保护
（一）商品化权
（二）影视作品中的商品化权

五、对影视作品的多维知识产权保护路径——以迪士尼公司为例进行分析
（一）迪士尼的卡通形象故事

（二）迪士尼对角色形象的知识产权保护部署

（三）迪士尼的角色形象的知识产权保护战略总结

六、中国影视作品的知识产权保护建议及展望（代结论）

（一）对加强中国影视作品的法律保护的立法、执法的展望

（二）对中国影视行业参与者提高影视作品保护壁垒的建议

（三）培养专业的娱乐法人才

引言

当代社会，娱乐业包括电影、电视、游戏、音乐、体育等，范围非常广泛。中国娱乐产业在过去十年经历了前所未有的高速发展。以影视业为例，2010—2018年票房走势呈夹角大于45%且上扬的抛物线。中国电影票房2010年突破100亿元，2018年超过600亿，该数据几乎每年都以30%的速度快速增长。

随着我国互联网的发展和普及，互联网与文学、电影、电视、音乐、游戏等行业广泛互联并深度融合成“互联网+文化娱乐”的新型产业形态。2011年，腾讯公司高管程武最先将此称为泛娱乐产业。[1] 据《2018泛娱乐产业白皮书》统计，“2016年，我国泛娱乐产业产值约为4155亿元（占数字经济比重的18.4%）；2017年，我国泛娱乐核心产业产值增长了32%，达到5485亿元（占数字经济比重的20%之多）。泛娱乐产业已成为数字经济的支柱产业，是新经济发展的引擎。”[2]

娱乐产业本身处于市场化初期，与之配套的法律制度仍不完善。娱乐产业的蓬勃发展，势必会吸引更多的参与者涌入、互联网和金融产业的渗透以及许多与娱乐产业发展相关的事务的产生。这些人和事必然会引发多层次的社会关系，社会关系产生社会需求，从而强烈需要与娱乐产业发展相适应的法律体系，这也为娱乐法的发展和完善提供了绝好的契机。[3]

“娱乐法”是个舶来词，本文从美国娱乐法的起源和定义出发，借鉴美国娱乐产业的法律理论和实践，参考国内法学学者对娱乐法的界定，试探索娱乐法的保护范围和内容。影视娱乐业的上下游、不同阶段产生不同的法律问题，需要不同的法律调整。

层出不穷的影视作品版权之争，影视作品名称、角色名称频频遭遇商标抢注，影视作品角色形象的侵权与不正当竞争，以及屡禁不止的影视作

1　谢丽·L.柏尔：《娱乐法》，李清伟等译，上海：上海财经大学出版社2018年第4版，第333—338页。

2　参见工业和信息化部：《2018泛娱乐产业白皮书》，资料来源：http://www.askci.com/news/chanye/20180322/092712120250.shtml。更新时间：2018年3月22日。访问时间：2018年4月7日。

3　参见武玉辉、刘承韪、刘毅：《娱乐法律法规汇编》，北京：中国电影出版社2018年版，第3页。

品盗版，都是令人头疼的问题。这些问题令人不得不对影视作品的知识产权保护引起重视，探讨如何防范，如何设计知识产权战略，以及如何维权。

本文着重以娱乐产品中具有代表性的影视作品为主要研究对象，从实践和司法案例出发，对著作权、商标权、商品化权给予影视作品保护的范围和侵权判断进行分析，通过研究美国好莱坞巨头迪士尼公司对其影视动画作品的知识产权战略，探析我国影视玩家对影视作品可以进行的知识产权保护路径，以及对我国娱乐法的法制建设提出展望，呼吁培养有专业娱乐法知识的人才，为娱乐产业提供优质的法律服务。

特别说明，正值《著作权法》修改草案征集意见中，尚未通过审议或出台，故本文仍沿用现行《著作权法》中“影视作品”的提法，而未采用草案中“视听作品”的提法。本文撰写时《商标法》第 3 次修订已通过尚未生效，故本文讨论的是现在法下恶意注册的现状，且该情况将至少持续到新《商标法》生效后一段时间才会好转。

一、娱乐法视野下的影视作品

娱乐法一词在我国是个新兴的热门概念，时至今日仍众说纷纭。追本溯源，娱乐法的概念是个舶来词，是 Entertainment Law 的翻译。从语义来看，“娱乐”是娱乐法的核心。

（一）娱乐

“娱乐”一词从字面意思来看，是指“使欢娱，使欢乐”。中国传统文化观念下的娱乐主要指吃喝玩乐、琴棋书画。现代娱乐多是通过电影、电视、音乐、体育、游戏等作品或活动而使大众消费者感到喜悦、放松。娱乐是人追求快乐、缓解生存压力的一种天性，通常有着千变万化的表现形式。在当今这个多种元素混合、信息充斥的时代，娱乐已经成为一种刚需，更像是一门关于快乐的学问。

（二）娱乐法

1. 娱乐法的起源

事实上，娱乐法的产生和发展，是对娱乐产业需求的积极回应。根据宋海燕教授撰写的《娱乐法》一书所述，20 世纪 30 年代，美国娱乐产业市场出现了前所未有的垄断格局，八大电影公司一统天下，统揽影片的制作、发行和放映。美国监管机构认为，电影制片公司的垄断，会增加市场的准入壁垒，从而形成垄断定价，对电影行业的公平竞争不利。[4] 随着 1948 年美国最高法院对派拉蒙案[5]的宣判，确认八大电影制片公司的垄断行为违反了《谢尔曼法》的规定，要求分离电影的发行与放映，自此，它们的垄断时代落下了帷幕。[6]

娱乐产业的变迁决定了娱乐法的发展高度。美国的娱乐产业从垄断经历分离，伴随着娱乐法的萌芽，随着娱乐产业从分离走向集中，带来了娱乐法进一步的发展。在派拉蒙案引起的抵制垄断的政策导向下，好莱坞电影公司开始自己使用法律手段来保护自身的权益，比如美国迪士尼公司为了维护其 1928 年创造的米老鼠形象的版权，联合其他公司游说美国国会通过修改版权法案延长版权的保护期限，避免米老鼠作品从私有领域进入公有领域，以保全其在娱乐界中的地位。[7] 此外，大电影公司的合作者和监管者不得不采取防御或者反制措施来应对这些娱乐巨头的垄断压力，比如在 20 世纪中期，代表好莱坞导演、演员、作家的艺人工会开始发挥集体谈判作用，通过与娱乐巨头博弈，为娱乐行业的从业者争取薪酬待遇上更大的谈判权。在这样的背景下，娱乐法应运而生，也得到了迅速发展。

娱乐法的概念至今已经有近 70 年的历史，1954 年春季号的《加利福尼亚法律评论》[8] 中最早提到了娱乐法的概念。1960 年出版的《权利与作者：文学作品与娱乐法手册》[9] 一书中，“娱乐法”作为法律术语正式亮相。

首次给娱乐法下定义的是梅尔文·西蒙斯基（Melvin Simensky），他在 1986 年发表的《界定娱乐法》一文中写道：“调整娱乐产业活动的原则

4 宋海燕：《娱乐法》，北京：商务印书馆 2018 年第 2 版，第 5—6 页。

5 U. S. v. Paramount Pictures，Inc.，334 U. S. 131（1948）.

6 李清伟：《娱乐法四题：诞生、概念、属性与原则》，《上海大学学报（社会科学版）》2019 年第 1 期，第 86 页。

7 金晶：《迪士尼专注力的启示》，《经济日报》2016 年 6 月 21 日，第 9 版。

8 Adrian A Kragen，Law and the Entertainment Industry：Introduction，in California Law Review，42（1954），p. 1.

9 Harriet Zavin & Theodora Pipel，Rights and Writers：A Handbook of Literary and Entertainment，New York：Dutton Publishing，1960，p. 8.

体，娱乐产业包括电影、电视、现场表演、音乐和印刷出版。”[10] 他认为，娱乐法与娱乐产业联系在一起，以解决娱乐产业中的纠纷为原则。因此，理解娱乐产业的问题是有效解决娱乐产业纠纷的根本途径。美国学者柏尔将娱乐法定义为“一个法律束，而不是具体的法，是涉及多个部门的法律”[11]。

娱乐法概念进入我国是在 1990 年，英国学者安妮·雅克在我国《环球法律评论》上发表的《英美两国娱乐法概况：有关演员声望和名次的法律的产生》一文中认为，因娱乐行业的需要，为解决特定问题，以及经过实践的结果，娱乐法要求把不同法律部门集合成一个法律体。[12] 这种提法为中国娱乐法的研究和实践提供了一种角度。

2. 娱乐法的概念

结合美国约半个世纪的经验来看，娱乐产业被细分为电影、广播、电视、音乐、游戏、体育、戏剧等门类。相应地，美国的娱乐法进一步细分为电影法、电视法、音乐法、游戏法、体育法以及戏剧法等娱乐业分支的专门法律规范。也有不少美国学者将休闲法、时尚法纳入其中。美国学界认为，针对同一社会法律关系，多个法律部门共同调节更全面，法律越细化、越有针对性，才更具有现实意义。

对于娱乐法的概念，美国主要采取列举的方法予以明确。美国学者杰弗里·海莱维茨（Jeffrey Helewitz）、利亚·爱德华兹（Leah Edwards）认为，“娱乐法由法律原则和商业惯例组成”，“娱乐法包括六种传播媒介：电影、电视、戏剧、音乐、体育和出版”。[13] 与美国不同的是，我国主要采取概括主义的方法，遵循“法律乃规范之总和”的界定模式来定义娱乐法。孔祥俊教授认为，“娱乐法是与娱乐业关系密切的相关法律制度的集合”。张平教授类比了网络法、音乐法的概念，认为“娱乐法是汇集了一

---

10 Melvin Simensky, Defining Entertainment Law, in Entertainment and Sports Lawyer, 4 (1986), pp. 13-15.

11 〔美〕谢丽·L. 柏尔：《娱乐法》，李清伟等译，上海：上海财经大学出版社 2018 年第 4 版，第 333—338 页。

12 〔英〕安尼·雅克：《英美两国娱乐法概况——有关演员声望和名次的法律的产生》，莱夫译，《环球法律评论》1990 年第 1 期，第 50—51 页。

13 Jeffrey A. Helewitz & Leah K. Edwards, Entertainment Law, Boston: Delmar Cengage Learning, 2003, p. xvii；朱海波：《娱乐法基本问题研究》，《宁波广播电视大学学报》2009 年第 4 期，第 47—50 页。

系列相关法律法规”[14]。刘承韪教授将娱乐法定义为：“适用于整个娱乐行业的不同的领域法律规范的集合体。”[15] 对于律师们来说，娱乐法不仅是法条，更是实践。宋海燕教授认为：“娱乐法并非一门单独的法律学科，而是知识产权法、合同法、侵权法、劳动法、破产法、证券法、税法、保险法等不同领域法律规范的汇总与融合，共同适用于整个娱乐行业，调整娱乐行业中各种商业行为。”[16]

3. 娱乐法的内容

娱乐法以娱乐产业为依托，娱乐产业是“人”合与“资”合的产业。其内容来源于产业的需求，涉及的法律领域也是一个混合的法域，因此，对娱乐法的认识要采用多维的、动态的视角。

首先，从“人”的方面看，娱乐法的主体为娱乐机构、娱乐行业从业者、娱乐行业消费者和娱乐行业管理者，构成娱乐法的深层结构的娱乐法主体之间的利益分配格局主要由合同法调整。娱乐法的客体是娱乐行业中的娱乐资源、娱乐行为和人格利益，娱乐法主体之间的利益纠纷围绕着这些娱乐法的客体展开，涉及多个法律部门。

娱乐产品的主角是“人”，具体到电影电视中的演员、明星，音乐作品中的演唱者、歌手，体育界的明星，以及游戏里的主播等，他们的姓名因名人效应而具有较高的商业价值，从而易被商业化利用。以体育明星乔丹和乔丹体育品牌之争为例，经过长达 4 年的争议，涉案 68 件商标，在 2016 年最高院对“乔丹”系列案件进行长达 4 小时的公开开庭审理之后才尘埃落定。这些与“人”密切相关的肖像权、人格权、姓名权是受民法调整的。

其次，从“资”的角度看，影视剧的制作和发行主体要凭借公司法聚合资本。资本投资、票房分账会运用到合同法，影视公司的并购、股票、证券化会运用到公司法、金融法、证券法等。

再次，娱乐法调整的是娱乐行业中复杂的社会关系，可谓包罗万象，涵盖合同谈判、筹组团队、合作分成、知识产权保护等活动，涉及各方的权利和义务。娱乐产业包括不同阶段娱乐产品的制作、发行和销售，具有较强的阶段性。不同阶段触发的法律关系和涉及的法律问题有所不同，所

14　张平：《版权、文化产业、娱乐法》，《中国版权》2003 年第 4 期，第 33—35 页。

15　刘承韪：《中国影视娱乐法论纲》，《法学杂志》2016 年第 12 期，第 44—51 页。

16　宋海燕：《娱乐法》，北京：商务印书馆 2018 年第 2 版，自序。

需运用的法律也不尽相同，需以多种法律进行调整。在影视产品制作和发行期间，合同法起到串联作用，在影视作品创意取得、剧本开发、募集资金、筹组团队、合作分成、拍摄完成、后期制作、发行参展、衍生品开发等各个阶段都以契约的形式完成运作。在娱乐产品发行之前，需要进行事前行政审查。电影审查在国外是电影分级制度，在我国则是依据行政监管法等法律法规对电影进行严格的行政审批，不得违反宪法确定的基本原则。在娱乐产品的销售阶段，知识产权法更为有效地保护制作人的合法收益。

最后，娱乐法调整的社会关系既包括横向的民事主体之间的娱乐关系，也包括纵向的娱乐行业主体、行政监管机关、娱乐行业消费者之间的娱乐关系，调整对象的纵横交错也是娱乐法的复杂性、特殊性之所在。

基于娱乐法涵盖的丰富内容，可以将娱乐法概括为，由众多法律领域的部门法融汇而成的混合型法域，主要包括知识产权法（主要是商标法和著作权法）、合同法、反不正当竞争法、侵权责任法等多个传统法律部门，劳动法、破产法、证券法、税法、保险法等其他部门法在适当的阶段成为有效的补充。

4. 混合法域视野下的影视作品

在娱乐法的多个产业中，我国影视行业发展最快也最为发达，市场需求旺盛，并呈现与互联网相融合的新型生态。仅以电影业为例，中国电影票房在过去约10年始终保持着两位数的增长速度，2017年度以559亿元人民币的成绩暂居世界第二，仅次于美国，银幕数以4.9万块稳居世界第一。2018年第一季度，中国电影票房首度超过美国，成为中国电影市场发展史上的里程碑。

中国娱乐法的实践也随着影视娱乐行业的发展越来越丰富。囊括了从小说改编权的购买到剧本创作，从剧组设立到筹拍准备，从联合投资影视项目的众筹到电影院发行与卫星电视转播，以及从游戏开发到服务、主题乐园等衍生品的体系化运营等各个阶段。娱乐产业的核心资产是小说、剧本、影视作品、音乐作品、游戏软件等，在这些无形资产中，版权是最为核心的资产。

娱乐法的精神体现为“权利、自由、创新”。与影视作品的“权利”保护最为密切的是版权制度。从影视娱乐产业链来看，它的核心是内容创新，内容创新是“自由”与“创新”的体现，也以版权资源为基础。[17] 影视产业链的上游包括网络文学、网络电视、网络电影、网络动漫；中游则是影视作品；下游更多表现为动画、游戏、衍生品、主题乐园。但无论处于链条的哪端，核心主旨都是内容创新。

由上可见，版权是影视行业最核心的资产，与娱乐产业最为相关的法律领域首当其冲的就是知识产权法，与影视行业的无形资产联系最密切的权利是版权。整体上，侵权行为也可通过商标权、商品化权进行部署或主张，由反不正当竞争法进行兜底，形成一张无形资产权利的“保护网”。

5. 中国影视行业中的知识产权纠纷

当下影视圈里一个热门词汇叫作“影视 IP”。随着影视行业的蓬勃发展，中国影视界对影视 IP 的关注与日俱增，风投也将注意力转移到影视行业，一时间大规模的资金涌入影视行业，影视公司力图通过构建优质 IP 吸引投资人的资金，以寻求公司发展的经济保障。同时，拥有超级 IP 的影视作品对收视率和经济利益也起到一定的保障作用。影视剧市场涌现出大规模的 IP 作品，也激发了原创作品的矛盾，导致 IP 争夺战屡次上演。电影的巨额投资、智慧投入和丰厚的票房利润，吸引了不劳而获的盗版者。电影《流浪地球》上映仅 6 日便收获 20 亿票房，但同时其高清盗版资源的售价仅为 1 元。盗版侵权的泛滥会挫败原创者的创作积极性，影响到文化产品的数量和质量，因此，电影等文化产品版权保护的重要性与紧迫性，尤为凸显。

电影产业的扩张之下，电影作品中虚拟角色的文学、艺术和经济独立地位逐渐开始突出，虚拟角色的独立性与保护模式从属性之间的冲突也愈发明显。风靡全球的童书和动画片《小猪佩奇》在深受中国消费者喜爱的同时，也遭到侵权盗版的威胁。《小猪佩奇》的权利人和商业开发的全球主导者——英国娱乐壹有限公司和艾斯利贝克戴维斯有限公司在华的商业授权产品涉及服装、鞋、书籍、光盘、食品等多个领域，而这些领域的门槛和成本较低，很容易出现盗版和侵权产品。“小猪佩奇”名称遭遇商标恶意抢注，其中一名恶意申请人仅一人就申请了上百件，根据在中国侵权销售的绝对数量，权利人至少已经损失数千万美元的利润。

---

17 易继明：《娱乐法研究主要问题——在北京市影视娱乐法学会改制会员大会暨 2017 年年会上的讲话》，载易继明：《私法》（总第 29 卷），武汉：华中科技大学出版社 2018 年版，第 358—361 页。

上述案例为影视行业主体带来的启示为：在认识到中国影视行业蓬勃发展带来机遇的同时，也要认识到行业内存在的挑战和痛点，比如版权之争、猖獗的影视剧盗版、衍生品利益引发的商标抢注和山寨假冒等。对此，设计与影视产业切身利益相适应的知识产权解决方案至关重要。

二、影视作品的著作权保护

如前文所述，著作权是影视行业最核心的资产，是内容创新的权利化身，影视作品能否受到著作权法保护的关键，在于影视作品是否具有独创性，作品是否由作者独立构思而成，作品的内容或表现形式是否与已经发表的作品相同、雷同，是否对现有作品构成抄袭、剽窃、篡改。因此，需要对著作权的概念、作品的最低要求、思想与表达以及著作权侵权判定的方法予以了解。

（一）著作权

1. 著作权的概念

著作权，又名版权，是指作者及其他权利人对文学、艺术和科学作品享有的人身权和财产权的总称。著作权保护的客体是作品，是指文学、艺术和科学领域内，具有独创性并能以某种有形的形式复制的智力成果。鉴于思想的不同表达形式，如文字、画作、电影、音乐、摄影等，著作权的保护客体也是丰富多样的。我国现行的是 1990 年通过、2010 年修正的《中华人民共和国著作权法》。

2. 作品的要求

根据我国相关法律法规的规定，受著作权保护的作品必须具有独创性和可复制性。[18] 从字面意思看，独创性有两层含义："独"，即由作者独立创作，非抄袭所得；"创"，即有一定的创造性。著作权法保护的作品，需要同时满足"独"和"创"两个要件。美国 1976 年《版权法》规定，受著作权保护的作品必须具有独创性（originality）及固定性（fixation）。[19]

---

[18] 《中华人民共和国著作权法实施条例》第 2 条规定：著作权法所称作品，指文学、艺术和科学领域内，具有独创性并能以某种有形形式复制的智力创作成果。

[19] 宋海燕：《娱乐法》，北京：商务印书馆 2018 年第 2 版，第 20—21 页。

对于独创性，美国的司法实践最初采用英美法系的“额头出汗原则”，此后逐渐被“最低限度的创造性”[20] 取代。作品具有最低限度的创造性是著作权基础理论发展的结果。[21] 在我国立法上未明确规定“独创性”，司法实践中，法官通常根据主观意见对作品是否满足创造性的要求做出判断，运用“最低限度的创造性”标准来衡量作者是否投入了创造性而不仅是投入劳动。

中美两国著作权法在著作权客体的保护上对作品的“固定性”的要求有着较大不同。美国版权法要求作品必须被“固定在一定的物质媒介上”，而中国著作权法并无上述要求。即兴演讲、授课、表演等口述作品不受美国著作权法保护，但在中国属于《著作权法》明文规定的作品范畴。

3. 思想与表达二分法

著作权不保护作品中的思想、创意，著作权保护的是思想、创意在作品中的独创性表达。“思想与表达二分法”于 1879 年被正式提出，并且于 1894 年的一桩英国案件的判例中得到明确。[22] 美国于 1976 年将“思想表达二分法”纳入其著作权法。1978 年，《伯尔尼公约指南》中明确规定“思想不属于伯尔尼公约保护范围”。“思想与表达二分法”原理在著作权国际公约和各国著作权法中均有体现。《与贸易有关的知识产权协定》（即 TRIPS 协定）规定，著作权保护只保护表达方式，不保护思想本身。

（二）影视作品的著作权

1. 影视作品著作权的归属

影视作品指的是经创作摄制在胶片、磁带等媒介上，由一系列画面、音乐组成，须经放映、播放的作品，而不是剧本、脚本等。《保护文学和艺术作品伯尔尼公约》即《伯尔尼公约》（以下简称《公约》）是世界上第一个国际性的有关著作权的公约，其第 2 条规定了著作权的客体，明确电影作品属于客体之一，同时也规定了电影著作权的归属。《公约》第 14

---

20 Feist Publications，Inc. v. Rural Telephone Service Co.，499 U.S. 340（1991）.

21 李明德：《美国知识产权法》，北京：法律出版社 2014 年第 2 版，第 247—255 页。

22 宋海燕：《娱乐法》，北京：商务印书馆 2018 年第 2 版，第 24—27 页。

条承认个人可以对电影作品享有著作权，但是个人权利的行使必须受到限制，不得损害电影作品整体著作权的行使。

我国《著作权法》对影视作品著作权归属的规定，基本上与《公约》一致。《著作权法》第15条规定，影视作品的制片人是影视作品的著作权人，对影视作品依法享有著作权，修改权、发表权、保护作品完整性权、使用权、收益权、转让权；影视作品中的剧本、音乐词曲以及美术摄影等如果是能够单独使用的，编剧、词曲作者、摄影有权对各自创作的部分独立行使著作权。针对基于小说、游戏等开发等影视作品，在立项采购环节，制片人需要取得原作品作者对改编权等权利的授权，在发行和版权销售阶段，制片人作为影视作品的著作权人不再受到原作品作者的限制，可以自行对外进行版权发行并销售。例如，风靡全球的《哈利·波特》小说由J. K. 罗琳创作完成，她是该小说的著作权人，对小说享有发表权、署名权、修改权、保护作品完整权等权利。华纳公司立项拍摄《哈利·波特》电影，需要事先取得小说作者的授权，允许对小说作品进行修改，否则构成对原作者著作权的侵犯。华纳公司通过剧本改编、拍摄，成为《哈利·波特》电影的制片人，对电影拥有著作权，可以基于该权利对外发行和销售。此后，如果有第三方想把《哈利·波特》制作成游戏，就需要征求小说原作者和/或电影制作人的同意。但是，若是想在公开场合演唱《哈利·波特》电影里的音乐作品，则需要征求词曲作者的同意 。

2. 影视作品侵权的构成要件

对作品是否构成著作权的侵权，通说认为应当遵循“接触＋实质性相似”的国际公式。判断影视作品是否构成侵权，也是依据此公式，如果被诉侵权作品的作者曾接触过原告的作品，被诉侵权作品与原告作品在内容上构成实质相似，则通常认定构成侵权，但有合理使用等法定抗辩理由的除外。在比较两部作品是否构成实质相似时，需要运用思想与表达二分法，比较表达是否相似，而不管思想、创意是否相同。

我国《著作权法》没有明文规定思想与表达二分法原则，但是理论界和司法实践中普遍认同该原则。我国《著作权法》将著作权保护范围限定于法人或自然人的作品。在影视作品领域，采取“跟风”等做法，影视作品的题材是社会公共财富，属于思想的范畴，不可为个人垄断。因此，如果借鉴了他人作品的创意，只要表达（人物关系、剧情脉络、分镜、场景）不构成实质性相似，则不属于抄袭。著作权的这项基本原理体现的精神就是允许人们自由地使用他人作品中蕴含的思想，以此为基础创作具有独创性的作品，允许同一题材但不同表达的影视作品并存，从而促进创意和灵感的互相交流，鼓励创造和文化的交融发展。

在著作权侵权纠纷案件中，判断侵权是否成立，思想与表达二分法的界定是关键前提。但在实践中区分思想与表达不是那么容易，两者的界限有时比较清晰，有时模糊不清。作品的内容有可能属于思想的范畴，故事情节也不一定是作品的表达。可以说，思想是表达的内在表现，表达是思想的外在表现。思想是抽象的、主观的、意象的、无形的，而表达是具体的、客观存在的、形象的、有形的。创作即是将思想转化为表达而为他人感知的过程，具有独创性的表达属于著作权保护的作品。

3. 摘要层次测试法

1931 年，美国第二巡回上诉法院汉德法官在 Nichols v. Universal Pictures Corp. 案中[23]提出摘要层次测试法（又称抽象概括法），对作品依次进行“抽象—过滤—比较”，再进行侵权判定。[24] 首先要从涉案作品中摘选出不受著作权保护的部分——“思想”，再将剩下的受著作权保护的部分——“表达”进行近似性比较，以判断是否构成侵权。[25] 汉德法官认为，在分离了不受著作权保护的思想之后，两作品剩余的部分并不构成近似，故认定被告作品不侵权。他表示：“角色越没有被仔细塑造，则越不可能受版权保护。这是对作者的处罚，因为他使得角色很不鲜明。”

即便如此，在如何具体“分离”作品中“思想”和“表达”的做法上，美国各巡回法院并未达成共识。美国纽约南区法院在审理 Steinberg v. Columbia Pictures Industries，Inc. 案[26]时，采用了“普通正常人的标准”，对于被告电影公司的电影宣传画是否与原告画家发表在《纽约客杂志》上的卡通素描作品构成近似性分析和侵权判断，法院认为，虽然两幅作品都是以纽约曼哈顿赫德逊河为背景，但表现方式不同，认定不构成侵权。

---

23 Nichols v. Universal Pictures Corp.，45 F. 2d 119（2d Cir. 1930），cert. denied，282，U. S. 902（1931）.

24 宋海燕：《娱乐法》，北京：商务印书馆 2018 年第 2 版，第 27—29 页。

25 杨吉：《娱乐业的玩“法”》，北京：中国社会科学出版社 2017 年版，第 92 页。

26 Steinberg v. Columbia Pictures Industries，Inc.，663 F. Supp. 706（S. D. N. Y. 1987）.

4. 影视作品著作权侵权判定案例

由于著作权法不保护创意，只保护独创性的表达。对于同一题材的两个影视作品，只要表达方式不同，一般来说不存在侵权。当然，这不排除一些侵权人投机取巧，为达到利用在先艺术作品的构思的目的，利用著作权保护的局限性，有意对在先艺术作品的表达方式进行修改或规避。

在琼瑶诉于正著作权侵权纠纷案[27]中，原告主张《宫锁连城》抄袭《梅花烙》，改编自《梅花烙》，并就《梅花烙》小说提出了17个情节，就《梅花烙》电视剧作品提出了21个情节。于正抗辩两部作品的具体情节表达与情节顺序不近似，而琼瑶主张的作品主题、思想不是著作权法保护的对象，且双方使用的语言不同，因此不能说于正的表达抄袭了琼瑶的表达。从著作权侵权公式“接触＋实质性相似”来看，被告作品满足“接触”这一前提条件。《梅花烙》电视剧公开播出，达到《梅花烙》剧本公之于众的效果，早于《宫锁连城》剧本的完成时间，因此被告有接触《梅花烙》剧本的可能和机会。至于“实质性相似”，终审法院为了区分“思想”与“表达”，运用了摘要层次测试法的比对原则，将一部文学作品的内容进行分解，按照金字塔的形状由上到下进行划分，作品的主题思想位于金字塔的顶端，情节、人物位于金字塔的中间，语言文字组合的表达位于金字塔的底端。在金字塔形结构的顶端和底端，有一条分界线（即汉德法官所称的“临界线”）。分界线以上是不受著作权保护的“思想”，以下则是受著作权保护的“表达”。法院经过比对和辨析发现，虽然《宫锁连城》与《梅花烙》在表达上存在不同，但是人物身份、人物之间的关系以及人物与特定情节、桥段的具体对应等设置存在多处雷同，仅在情节排列顺序上存在差异，但是在逻辑及情节推演上不具有根本变化，相反存在高度近似，从而认定《宫锁连城》剧本涉案情节构成对《梅花烙》改编的事实，侵害了《梅花烙》剧本及小说的改编权。

《流浪地球》上映一个月累计获得了45亿元票房，然而有网友表示《流浪地球》有抄袭《妖星哥拉斯》的嫌疑。[28] 笔者试用“思想与表达二分法”的原则来评析此种行为究竟应属借鉴还是抄袭。

---

[27] 参见北京市第三中级人民法院（2014）三中民初字第07916号民事判决书。

[28] 搜狐网：《〈流浪地球〉真的抄袭了日本科幻老电影?》，资料来源：https://baijiahao.baidu.com/s?id=1627528955634733490&wfr=spider&for=pc。更新时间：2019年2月25日。访问时间：2019年3月9日。

《流浪地球》讲述的是人类为了寻求新的生活环境，共同努力让地球流浪的故事。而早在 1962 年，电影《妖星哥拉斯》中眼看哥拉斯就要撞击地球，由于其自身质量较大，人们必须把地球推出轨道进行自救。可见，两部影片都使用了“巨型发动机推动星球”的创意，创意属于思想，不受著作权保护，这也是为什么这种创意题材的电影不胜枚举。从两部影片的剧情来讲，有相似之处，但也有不同之处。《妖星哥拉斯》中推动地球并不是要脱离太阳系，而仅仅是偏离轨道不被哥拉斯撞上而已，其实和放冲天炮没什么区别，并不会考虑持久性。而《流浪地球》中最扣人心弦的莫过于，拼尽所有去力挽狂澜的“点燃木星”计划，避免地球被木星吸引。《妖星哥拉斯》中并没有相同的情节点对应，可以看出同一个创意的表达是不同的。《流浪地球》与《妖星哥拉斯》思想方式相同，但表达方式不同，因此不构成抄袭。

创意虽然不受著作权法保护，但并不代表创意没有经济价值，相反，有创意的剧本具有很大的商业价值。此时，如果需要对“创意”或“点子”进行保护，如想通过著作权对创意进行保护，就必须将其通过独创性的作品形式表现出来，还可依据实际情况通过《民法总则》或《合同法》等寻求保护。

（三）影视作品角色的著作权保护

当今社会出现了越来越多的与作品角色相关的知识产权纠纷，这些纠纷多源于一个问题，即我国法律对作品角色的保护。作品角色是指独创性作品中塑造的具备独有的特征（如个性、形态、表情、动作、语言、服饰等）的艺术形象。一般来说，作品角色是作品的一部分，但随着作品的播放，角色以其独有的特征得到人们的喜爱，可以脱离作品而具有自身的价值。经典角色具有单独的利用价值，背后蕴藏着巨大的商业价值，这也是角色纠纷不断的原因。现行《著作权法》未明确表明作品中的虚构角色能否受到著作权保护，这也是学术界争论的焦点。从知识产权的国际保护制度来看，《公约》和 TRIPS 协定都没有对独立于作品的文学角色给予明文保护。

自 20 世纪 30 年代起，美国持续出现关于角色的著作权侵权案例。通过多年积累，美国司法逐渐形成一系列操作性较强的原则标准用以检验虚构角色的可版权性，其中以“角色分离法”和“角色即故事”为典型。[29]

---

29 宋海燕：《娱乐法》，北京：商务印书馆 2018 年第 2 版，第 122 页。

角色分离法，即如果故事的角色能够脱离于故事本身而单独存在，那么这个故事角色应当受到版权保护。Walt Disney Productions v. Air Pirates 案[30]中，被告使用的反社会米老鼠角色虽然没有直接复制原告的经典米老鼠形象，但是考虑到米老鼠这一角色的知名度和价值，可以独立于作品而存在，角色是通过绘画艺术手法进行表达的美术作品，应受著作权保护。法院认为被告的行为构成对原告米老鼠角色形象的侵权。

"角色即故事"这一标准认为，当角色本身就是故事，而不是讲述故事所需要的载体时，角色就成为著作权保护的对象。该标准最先由美国第九上诉巡回法院在 Warner Bros. Pictures，Inc. v. Columbia 案[31]中提出——如果角色只是叙述故事的棋子或工具，则不能独立于作品得到著作权保护；相反，如果角色本身就构成被叙述的故事，则能得到著作权保护。

同样的标准还被运用于 Metro-Goldwyn-Mayer Inc. v. American Honda Motor Co. 案[32]中，原告米高梅拥有"007"系列电影版权，被告本田制作了一部宣传其最新的运动型跑车的广告——《逃离》，广告中一架由反派角色驾驶的高科技直升机追逐着一对驾驶着本田汽车的情侣。原告主张被告侵犯了自己享有版权的 16 部"007"电影及"007"电影角色。法院根据"角色即故事"标准，认为"007"这一虚构角色与"007"系列电影无法分离，经过几十年、十多部电影的演绎，已经在公众心目中成为一种固定的形象（特征），就像超人、泰山、福尔摩斯、哈利·波特一样，与扮演者无关，而是与人物性格、形象特征、情节要素密切相关，故该角色与电影无法分离，应受版权法保护。在被告的广告中，虽然扮演者不同，但是与"007"有关的飙车桥段、香车美女、勇斗歹徒都得到了体现，最终法院认定被告构成侵权。[33]

现实中，对虚构角色进行利用的情况主要有两种：商业性利用和文学创作利用。对虚构角色进行商业性利用，是将虚构角色的名称或图像用在商品外包装上，如迪士尼公司的米老鼠、唐老鸭、白雪公主等卡通形象被

---

30 杨吉：《娱乐业的玩"法"》，北京：中国社会科学出版社 2017 年版，第 92 页；Walt Disney Productions v. Air Pirates，581 F. 2d 751（9th Cir. 1978）。

31 Warner Bros. Pictures，Inc. v. Columbia Broadcasting System. Inc.，216 F. 2d 945（9th Cir. 1954）.

32 Metro-Goldwyn-Mayer，Inc. v. American Honda Motor Co.，900 F. Supp. 1287（C. D. Cal. 1995）.

33 杨吉：《娱乐业的玩"法"》，北京：中国社会科学出版社 2017 年版，第 93 页。

用在手表、T恤衫和填充玩具上，深受大家的喜爱。未经许可的商业性利用构成侵权，例如上海美术电影制片厂拥有经典动画片《黑猫警长》中黑猫警长角色形象美术作品的著作权。某微信公众号发布了一篇名为《这下知道黑猫警长单身30年的原因了》的软文，文中使用了黑猫警长的角色造型，侵犯了上海美术电影制片厂对《黑猫警长》中黑猫警长角色形象拥有的著作权。[34] 再如国产片《汽车人总动员》侵权《赛车总动员》著作权一案中[35]，被告在制作《汽车人总动员》动画片的过程中，从电影名称、动画形象到宣传海报，多处涉嫌抄袭原告的《赛车总动员》系列动画。一审法院认为，被告的电影及海报中的动画形象与原告电影中具有独创性的汽车动画形象存在实质性相似，构成著作权侵权。[36] 二审法院秉承了一贯的著作权保护标准，涉案赛车动画形象具有赛车通常具有的结构和样式，这些赛车通常具有的结构和样式已进入公有领域。但是，原告在现实赛车样式的基础上将眼睛、嘴巴进行了拟人化设计和特定色彩的组合，虽然拟人化设计属于不受著作权法保护的"思想"，特定色彩的组合却属于拟人化的具体表达方式，构成独创性表达，属于著作权保护的范畴。此外，被告的《汽车人总动员》的电影海报将"人"字用"轮胎"图形遮挡，在视觉效果上变成了《汽车总动员》，与《赛车总动员》仅一字之差，容易使公众误认成原告可作为知名商品特有名称进行保护的电影名称，有攀附知名度之嫌。最终，二审法院认定被告的《汽车人总动员》构成著作权侵权和不正当竞争，判赔原告损失135万余元。[37] 在文学创作领域对虚构角色进行再利用，是给原作品中的虚构角色讲述一个新故事，设定在不同于原作品的情节、环境、场景中。例如，孙悟空是《西游记》中的经典角色，如果另外的故事里也有这个"孙悟空"，但是设定不同的情节，比如设定为现代戏，戏中也设有《西游记》里的猪八戒、唐僧、妖怪，通常不认定为侵权。

---

[34] 鹿萱：《微信公众号擅用"黑猫警长"形象被判侵权》，资料来源：https://www.chinacourt.org/article/detail/2018/04/id/3263741.shtml。更新时间：2018年4月12日。访问时间：2019年1月2日。

[35] 参见上海市浦东新区人民法院（2015）浦民三（知）初字第1896号民事判决书；上海知识产权法院（2017）沪73民终54号民事判决书。

[36] 一品知识产权：《汽车人总动员侵权，最后法院竟是这样判……》，资料来源：http://www.epbiao.com/shangbiaos/13114.html。更新时间：2017年10月20日。访问时间：2019年1月20日。

[37] 余东明：《二审判决迪士尼获赔135万元》，《法制日报》2017年12月22日第8版。

三、影视作品的商标权保护

（一）商标权

1. 商标权的概念

商标，俗称品牌，是指能够区别商品或服务来源的标识。商标是商品经济和市场经济发展的产物，是一种重要的无形资产。[38] 与著作权不同的是，商标权不存在人身权，只有财产权，而且保护期限可以无限续展。商标的构成要件以显著性为核心。

2. 商标的显著性

商标的显著性，又称商标的可识别性，指商标使用在具体的商品或服务上时，能够起到区分商品或服务来源的作用。若商标仅仅有商品的通用名称、图形或产品型号，或商标仅仅直接标识商品的质量、主要原料、功能用途、数量等，认为缺乏显著性，不得核准注册。商标的显著性除了固有显著性外，也包括后天获得的显著性，即通过长期使用和宣传增强了商标的显著性，又称为商标的第二含义。例如，“两面针”商标的原意指牙膏的原材料，原则上不具有固有显著性。但是申请人通过大量的使用与广泛的宣传，将“两面针”与其“牙膏”在中国消费者心目中建立起了紧密的对应联系，从而使得“两面针”通过实际使用而获得显著性，可以作为商标注册。

3. 电影名称作为商标的显著性分析

在美国，商标法赋予角色以第二含义，即角色与商品或者服务形成了单一对应和固定的联系，以至于使得角色所代表的商品或服务成为角色的另一含义。1998 年，美国纽约地区法院审理的 Tri-Star Pictures，Inc. v. Unger 一案[39]涉及电影《桂河大桥》影片名称保护的问题，[40] 该电影于 1957 年获得了 7 项奥斯卡大奖，在世界范围内享有极高的知名度。被告

---

38 黄晖：《商标法》，北京：法律出版社 2016 年第 2 版，第 1 页。

39 Tri-Star Pictures，Inc. v. Unger，14 F. Supp. 2d 339（S. D. N. Y. 1998）.

40 宋海燕：《娱乐法》，北京：商务印书馆 2018 年第 2 版，第 168—170 页。

库尔特·昂格特（Kurt Unger）名下的闲暇时光电影公司投资拍摄了一部电影，名为《从桂河大桥归来》，在情节上与原告电影无任何联系。原告认为被告的电影片名《从桂河大桥归来》与其获奖的电影片名《桂河大桥》构成近似，十分容易引起公众的混淆，误认为被告的电影是原告电影的系列电影或者翻拍，故向法院提起诉讼，主张商标侵权以及不正当竞争。原告的电影片名实际上是一个地名，且不具备作为商标的“先天显著性”，法院在考量是否构成商标侵权时，需要先判定电影片名是否已经通过长期使用与宣传取得了商标的第二含义，即消费者一看到电影片名就能联系到涉案电影名称与其电影、电影出品公司。如果具有了商标显著性，则应受到商标权的保护。最终，法院衡量了原告电影片名的显著性和较高知名度、两部影片片名的近似性、类似的领域、消费群体的重合、被告的主观意图等方面，认为被告对电影片名的使用极有可能引起消费者的混淆和误认，或者与原告电影公司有某种关系，从而判定被告电影片名构成对原告电影片名的商标侵权。

（二）我国商标市场的现状——恶意抢注

在中国，商标在先权利的获得通常采用先申请原则，同时不要求申请时提交商标使用证据，这与美国的商标申请制度有很大的不同。中国的商标抢注现象十分突出，常有投机者在域外发现具有商业潜力的品牌后，便迅速回国进行申请，甚至网络上看到新品发布会，也会将未进入中国流通领域的外国品牌进行抢注。2017 年，自然人侯某申请了 5767 件商标，排名商标申请总量榜首，比阿里巴巴、腾讯科技这样的知名企业申请得更多。[41] 而通常，这些商标抢注人申请商标并不是为了自己使用，而是意图通过商标转让的方式获取高额的利润。

通常来说，一件商标申请从申请日到注册，在顺利的情况下，通常要经历 9 个月到 1 年的时间，如果遭遇补正或者驳回，整个流程时间更长，而且能够获取注册还存在很多不确定性。因此，有些新创企业在选品牌的时候，多愿意以高于申请费的价格直接从他人处受让已经获准注册的商标，这样既可以节省选标、申请所需的等待时间，也可以避免其使用对他人在先权利构成侵权的风险。于是，这就为侯某等商标贩子创造了“商

41　一品知识产权：《一男子一年申请商标 5767 件，申请量震惊商标界》，资料来源：http：//www.epbiao.com/shangbiaos/14502.html。更新时间：2017 年 12 月 14 日。访问时间：2019 年 2 月 14 日。

机”。无独有偶，珠海某公司在 2018 年 6 月 27 日一天之内申请了 5060 件商标，该公司的关联公司于 2018 年 7 月 27 日又申请了 5753 件商标。[42] 这样的申请量，远远超出了一般公司的正常经营所需，很难想象其申请是出于善意或符合诚实信用原则。

现在，一件商标的申请费用只需 300 元人民币，市场上转让一件已经注册的商标的价格，少则几千元，多则上万元。商标转让的价格取决于商标的显著性、市场友好度、知名度、涵盖的商品/服务类别等。如果目标商标是抢注他人在国外的知名品牌，当真正的在先权利人进军中国市场并面对被抢注的商标时，通常存在以下两种解决方案。

一是通过正当的法律途径进行维权，以求将在先抢注商标通过异议、无效或者三年不使用撤销的途径撤销掉，但是这种途径存在很多不确定性。首先，这些程序对于提出的时间是有特定要求的，比如，异议必须等商标公告期（三个月）才可以提出，无效需要在商标注册后满五年内提出，三年不使用撤销申请需要该商标注册满三年后方可提出。如果是在申请中的商标，权利人暂时采取不了什么行动，只能等到合适的时机才可以提出相应的措施。其次，不同程序的提出要求一定的理由和证据，对于异议和无效需要依据权利人的在先权利或者能够证明对方恶意。如果真正权利人未在中国申请或使用过诉争商标，便意味着不享有在先权利，异议或无效的成功几率自然不高。再次，这些案件类型的审查期限通常要持续一年到两年之久，如果抢注人不服而上诉，过程会更久更艰难。时间成本由此成为一个实践难题。

二是通过转让的方式从抢注人手里买回。如果是在国外已经取得一定知名度的商标，又是核心类别，真正权利人通常要花费几十万元乃至上百万元的代价方可取回。这样的花费可能会高于第一种法律途径维权的方式，但是权利人如果没有商标，进入中国市场的计划被搁置，这样带来的经济损失远远高于购买商标的花费，不少权利人不得不因为商业计划的紧迫性而花高价买回。此类商标回购行为无疑会助长商标抢注行为。

---

[42] 标天下：《一天申请 5060 件注册商标和王多鱼一个月花光 10 亿有什么不同?》，资料来源：https：//biaotianxia.com/article/5180.html。更新时间：2018 年 8 月 10 日。访问时间：2019 年 2 月 10 日。

（三）影视作品的商标权保护

1. 影视作品名称的商标注册

影视作品在给大众带来视觉享受和精神愉悦的同时还会产生丰厚的经济效益，其周边衍生品也可以创造长期的商业利润空间。于是，在影片开播之前，其中的商机就已经得到了商标抢注人的密切关注和青睐，以期影视作品大火之后再以高价进行倒卖。在早期的影视作品宣传中，许多影视制片人及出品公司尚未想到对影视作品名称进行知识产权保护的问题，这使得商标抢注者有了可乘之机，也使得制片者对自己倾心投入的影视作品丧失了在商标获益中分一杯羹的机会。

商标是用来区分商品和服务来源的标志，而影视作品的名称本身不是作为商标来使用的，将其注册为商标似乎有违《商标法》的初衷。或许，影视作品的名称可以通过使用具备第二含义而取得商标的显著性，但是这样的保护比较被动，遭到抢注后被迫维权的代价往往十分高昂。对于本身就有显著性的影视作品名称，可以满足商标注册最基本的条件，能够起到区分商品和服务来源的功能，便可以考虑在影片宣传之前，乃至剧本完成、电影立项阶段就将影片名称、角色名称、虚构角色（十分有创意且显著的角色）申请注册为商标。在商品和服务涵盖的类别的选择上，也是有技巧可言的。

以《哈利·波特》为例，《哈利·波特》作为小说的名称、影视作品的片名，同时也是角色名称，通过使用已经具有了很高的知名度，有极高的辨识度，可以注册为商标进行保护。华纳兄弟娱乐公司（以下简称“华纳”）是《哈利·波特》系列电影的制片人，也是版权人，自 1998 年 9 月以来便将“HARRY POTTER”在全球近六十个国家和地区进行广泛商标注册。2001 年，华纳开始在全球范围内推出《哈利·波特》系列电影，取得了非常好的票房成绩。《哈利·波特》系列电影在中国公开上映是从 2002 年 1 月开始。在《哈利·波特》系列电影进入中国之前，华纳就将该片名的中英文在中国进行了商标注册。

通过在商标网上进行查询，2000 年 9 月 29 日，华纳将英文“HARRY POTTER”及中文“哈利·波特”作为商标申请注册在第 9 类（已录制光盘、已曝光电影片等）、第 16 类（报纸、书籍、杂志等）、第 28 类（玩具等）、第 25 类（服装、鞋、帽等）和第 41 类（娱乐、教育、图书出版等）上，成功地阻挡了某个人、某百货公司相继申请在相同类别上的

"哈利·波特"和/或"HARRY POTTER"商标。随后的近 20 年里，华纳每逢推出新的《哈利·波特》影视剧集，都会将相应的影片的英文名称及对应中文名称作为商标注册在上述核心类别上，例如，"哈利·波特与凤凰社"(HARRY POTTER AND THE ORDER OF THE PHOENIX)，"哈利·波特：魔法师"（HARRY POTTER：MAGIC AWAKENED)，"哈利·波特与混血王子"（HARRY POTTER AND THE HALF BLOOD PRINCE)，"哈利·波特与禁忌之旅"(HARRY POTTER AND THE FORBIDDEN JOURNEY）等。

2. 对影视作品名称的商标抢注维权措施

即使华纳如此全面地注册，还是不能完全阻挡商标抢注人的脚步。有投机者便在《哈利·波特》电影尚未在中国公开上映之前，于 2001 年 12 月 20 日将华纳的影片名称的中英文以特殊字体作为商标，即"Harry Potter"，"哈利·波特"，抢先注册在第 3 类（化妆品、洗面奶、肥皂等)、第 5 类（人用药等)、第 14 类（手表、首饰等)、第 32 类（啤酒、饮料等)、第 34 类（香烟等）等多个类别的商品上。[43]

在中国，不同类别的商品/服务通常认为跨类不近似，除非有规定跨类近似的情形。因此，在这些华纳没有在先的相同商标注册的类别上，抢注人的申请顺利公告。华纳因此提起了异议申请，主张权益的客体系电影名称、电影角色名称，"Harry Potter"、"哈利·波特"并非固有词汇，具有较强的显著性和独创性。被异议商标与之完全相同，而且被异议商标申请日前，《哈利·波特》同名图书已在中国公开发行并畅销，广受中国读者喜爱，被异议人具有在申请被异议商标知晓的可能，所以，被异议商标系恶意抄袭华纳商标、影片名、图书名的抢注商标。

经过查询，笔者发现，抢注的"Harry Potter"、"哈利·波特"商标多已无效，但基本上都经历了异议、异议复审（旧商标法下的程序，新法已取消）程序，耗时 5 年之久。也有个别情形进入到法院的行政诉讼程序。根据笔者的实践经验，对于第 3 类、第 14 类、第 32 类这些消费品来说，尚可证明与华纳在先拥有的注册所涵盖的商品的相关性，或者华纳可以拿出在文具、服装、玩具、手表、卡通首饰等商品上的在先使用证据，

---

[43] 参见《你大概不知道，哈利·波特还没在中国发行，他申请了商标，结果》，资料来源：http：//dy.163.com/v2/article/detail/D6HO39DS0525PPFU.html。更新时间：2017 年 12 月 25 日。访问时间：2019 年 2 月 25 日。

可以证明抢注人具有在先知晓华纳影片名称/商标而抢注在其他类别的恶意。然而，对于第 5 类“人用药”这样的商品，与已经注册的商品关联度较小，与华纳在先使用的商品也相去甚远，在审查时的法条就恶意规定比较有限的情况下，华纳的异议理由很难获得支持，只有不断进行异议复审甚至行政诉讼，以求得到司法机构对法条更有利的解读。

在第 3046038 号“Harry Potter”（第 5 类）商标异议复审案中，商标评审委员会（简称“商评委”），认定了异议人华纳的《哈利·波特》的显著性和较高声誉，被申请人不仅申请了与异议人构成相同的被异议商标，还大量抢注他人知名商标，恶意明显，其行为违背了诚实信用原则和社会主义公共道德准则，依据《商标法》第 10 条第 1 款第（八）项[44]裁定不予核准注册。

实践中，过去很长一段时期内，商标局和商评委面对恶意抢注商标行为，在没有其他针对恶意抢注的法条的情况下，多将《商标法》第 10 条第 1 款第（八）项作为兜底条款。然而，对于违反诚实信用原则，将他人具有较高知名度的书名、电影名称、角色名称等大量进行商标抢注的行为，是否构成《商标法》第 10 条第 1 款第（八）项规定的“其他不良影响”，在实践中存在较大争议。司法界认为，《商标法》第 10 条第 1 款第（八）项是例示性规范，其他不良影响不是兜底条款。这一条规定的其他不良影响主要指的是侵害了公共利益和公共秩序，然而商标抢注人侵害的是他人的商标权，属于特定的民事权利，是私权利，不适用于其他不良影响的情形，应寻求其他程序救济。

法院也曾经引用 2001 年《商标法》第 41 条第 1 款[45]来驳回恶意商标

---

[44] 《商标法》第 10 条规定：下列标志不得作为商标使用：（一）同中华人民共和国的国家名称、国旗、国徽、国歌、军旗、军徽、军歌、勋章等相同或者近似的，以及同中央国家机关的名称、标志、所在地特定地点的名称或者标志性建筑物的名称、图形相同的；（二）同外国的国家名称、国旗、国徽、军旗等相同或者近似的，但经该国政府同意的除外；（三）同政府间国际组织的名称、旗帜、徽记等相同或者近似的，但经该组织同意或者不易误导公众的除外；（四）与表明实施控制、予以保证的官方标志、检验印记相同或者近似的，但经授权的除外；（五）同“红十字”、“红新月”的名称、标志相同或者近似的；（六）带有民族歧视性的；（七）带有欺骗性，容易使公众对商品的质量等特点或者产地产生误认的；（八）有害于社会主义道德风尚或者有其他不良影响的。县级以上行政区划的地名或者公众知晓的外国地名，不得作为商标。但是，地名具有其他含义或者作为集体商标、证明商标组成部分的除外；已经注册的使用地名的商标继续有效。

[45] 2001 年《商标法》第 41 条第 1 款：已经注册的商标，违反本法第十条、第十一条、第十二条规定的，或者是以欺骗手段或者其他不正当手段取得注册的，由商标局宣告该注册商标无效；其他单位或者个人可以请求商标评审委员会宣告该注册商标无效。

申请，为商标局、商评委对于异议、异议复审、争议案件的审理开拓了新思路。比较有代表性的是广州“蜡笔小新”商标争议行政诉讼案[46]。1996年1月9日、1996年11月26日，广州市诚益眼镜公司（以下称“申请人”）陆续在第9类“眼镜等”、第28类“玩具等”商品上，申请注册了“蜡笔小新”文字商标和“蜡笔小新图形商标”（以下统称“争议商标”），第1133301号等几件商标分别于1997年6月28日、1997年12月7日获准注册并取得专用权。在商标局记录中注意到，2004年发生过转让，该商标转让给了广州市诚益眼镜有限公司。日本国株式会社双叶社（以下简称“争议人”）是“蜡笔小新”这一知名的日本卡通形象的真正权利人，对其拥有著作权和商品化权。2005年1月，争议人指称申请人的争议商标系“恶意抢注”，时隔争议商标获得注册已有8年时间，超出了《商标法》规定的5年期限，除非是驰名商标或符合其他商标禁用情形，不受5年限制。

商评委则认为，在争议商标注册了8年后才申请维权，说明争议人怠于行使自己的权利。“蜡笔小新”是著名的漫画作品，其形象在中国未作为商标使用，不构成驰名商标。争议人在1994年开始使用“蜡笔小新”卡通形象，但仅限于日本本国、中国台湾地区和中国香港地区，在中国大陆（内地）的使用和报道要到2003年，晚于争议商标的申请日和注册日。除此之外，争议人还在争议申请中引用了2001年《商标法》第41条第1款的规定，主张争议商标的注册属于以欺骗手段或其他不正当手段取得注册。商评委认为，申请人抢注其他知名商标及注册“蜡笔小新”商标并转让的行为，难以直接证明申请人在申请注册时有恶意，不符合2001年《商标法》第41条第1款规定的情形。因此，驳回了争议人的请求，维持争议商标“蜡笔小新”注册合法有效。争议人不服，诉至法院。二审中，法院认为申请人将“蜡笔小新”文字或形象申请注册商标，具有明显的主观恶意。同时，申请人大批量、规模性抢注他人商标，并进行转卖牟利，情节恶劣，因此认定申请人申请注册争议商标的行为，扰乱了商标注册管理秩序及公共秩序，损害了公共利益，已构成以其他不正当手段取得注册的情形。但法院因申请人未在评审阶段提交相关恶意证据，不便直接改判，故支持了商评委的争议裁定，驳回上诉。需要指出的是，实践中，仅仅抄袭一件商标通常比较难以认定为《商标法》所规定的恶意，而需要证明满足特定的情形：① 与对方有过业务往来，在申请前应知晓对方商标；

46　参见北京市高级人民法院（2006）高行终字第379号行政判决书。

② 具有买卖商标谋取不正当利润的意图；③ 有大量囤积国内外知名商标的情形。

四、影视作品的商品化权保护

知名的影视作品或角色名称如果可以从作品中脱离出来，则可能具有独立的价值，可以赋予创作者从作品的商业利用中获得商业利益的权利，使其创作的成果展现更多的商业价值。作品名称和角色形象商品化可带来巨额的商业利益，在利益驱使下，一些生产商未经权利人许可擅自使用或将知名作品名称、角色名称、角色形象进行商标抢注。由此产生与日俱增的纠纷，知名形象的商品化权益之争此起彼伏，成为社会热点问题，也是司法界的难题。因此，探析商品化权的保护范围和司法救济途径具有现实意义。

（一）商品化权

1. 商品化权的概念

知名角色商品化作为现代法学面对的新课题，至今还没有基本统一的定义。我国现行法律没有明确规定商品化权的民事权利或权益类型，亦即商品化权被认为是非法定权益，目的是保护故事的角色商品，实践中，商品化权可以作为财产性权益获得保护。

1993 年，世界知识产权组织（WIPO）出具的《角色商品化权报告》中，对商品化权做出了定义。简单来说，角色商品化是为引起潜在消费者购买商品或服务的欲望，利用消费者对角色的好感，以此激发消费者的购买欲。商品化权作为无形财产领域出现的一种权利形态，是一种新型的知识产权。WIPO 报告的定义揭示了对角色所具有的公众消费者吸引力的商业性再开发，是角色商品化的本质和基本价值，是商品化权理论发展的重大成就。报告同时认为，保护角色商品所涵盖的主要法律依据包括商标权、著作权、工业外观设计和反不正当竞争法等。[47]

2. 商品化权的起源和发展

商品化权始于传统的人格权中的隐私权，最早起源于美国。商品化权

47 宋海燕：《娱乐法》，北京：商务印书馆 2018 年第 2 版，第 174 页。

制度的确立，始于1953年的Haelan Laboratories，Inc. v. Topps Chewing Gum，Inc. 案[48]，美国联邦第二巡回法院Jerome Frank法官在判词中首次提出了“形象权”这一概念。[49] 1954年，派拉蒙影业公司法律顾问梅维尔·尼莫在其《形象权》一文中指出，形象权是指权利人对所创造而得的形象价值的控制权和获利权。上述二者先后奠定了美国形象权制度的基础。[50]

美国学界所讨论的商品化权并非版权合同用语，而往往和商标商品化、促销商品化、商品化产品交替使用。商标商品化最早出现在1975年的Boston Professional Hockey Association v. Dallas Cap and Emblem Mfg.，Inc. 案[51]，该案原告是队徽的所有人，被告未经许可生产、销售该队队徽。美国联邦第五巡回法院认为，只要被告复制了受保护的商标，并且将其销售给能够将其识别为原告商标的消费者，就满足了商标侵权判定的混淆要件，不必以使消费者对队徽的来源产生混淆为必然条件。这个判决使商标法保护了商业利益，随后受到了很多批评，认为这超出了法律保护的边界。[52] 尽管美国最高法院早在1977年就首次承认了形象权，但是至今美国也没有形象权的联邦法案，只有24个州制定了相关的州法案，有的则表现为包含形象权规定的隐私权法案。反观日本，日本动漫业在20世纪60年代步入黄金时代，因动漫形象而产生的各类侵权纠纷日益增多。为了改善这种状况，日本引入美国法律保护机制，并将“Merchandising Rights”翻译为“商品化权”而使用。

我国在立法上没使用关于商品化权的明确规定，也并未引入商品化权，其权益内容和权益边界均不明确。在学理上，商品化权的定义至今并无定论。从现有文献来看，梅慎实先生在1988年最早提出商品化权是指将著作中的角色作为商品（包括服务）标志使用的权利。[53] 学者郑成思于

---

48 Haelan Laboratories，Inc. v. Topps Chewing Gum，Inc.，202 F. 2d 866（2d Cir. 1953）.

49 李明德：《美国知识产权法》，北京：法律出版社2014年第2版，第696页。

50 Melville B. Nimmer，The Right of Publicity，in Robert Kramer（ed.），Law & Contemporary Problems. Durham：Duke University School of Law，1954，p. 203.

51 Boston Professional Hockey Association v. Dallas Cap and Emblem Mfg.，Inc.，510 F. 2d 1004（5th Cir. 1975）.

52 蒋利玮：《论商品化权的非正当性》，《知识产权》2017年第3期，第29—36页。

53 梅慎实：《试论影视作品中‘虚构角色’商品化权之知识产权法保护》，《版权参考资料》1989年第6期，第44页；《“角色”的权利归属及其商品化权之保护——兼论“济公活佛”角色的权利归属之争》，《法学》1989年第5期，第32页；余峰：《中国娱乐法》，北京：北京大学出版社2017年版，第242页。

1990年提出的观点影响更大，“公开权”、“商品化权”处于人身权、商标权和版权等之间的边缘领域。郑成思将这一领域的权利归纳为形象权，是真人形象、虚构人形象、动物形象等被付诸商业性使用的权利统称。[54]受到郑成思的影响，国内大量文献对商品化权和形象权不作严格区分。近几年，司法实践中对于商品化权保护的相关案例已经存在。司法判决中对商品化权的表述可以理解为：电影作品名称、虚拟角色名称等经过宣传、传播具有知名度，当上述名称与商品或服务相结合时，相关公众会将对名称的情感转移到与之结合的商品或服务上，名称就此产生商业价值，即产生商品化权益。

(二) 影视作品中的商品化权

1. 影视作品商品化权的保护依据

在司法实践中，面对中国法中没使用立法规定的商品化权，司法机关往往因缺乏法律依据而无所适从。有学者认为，商品化权不应该存在。[55]虚构角色名称、作品名称等作为符号用于商品或服务上，其价值在于能够引起相关公众对作品等的联想，吸引相关公众的注意力或者利用其喜爱之情促进商品或服务的销售。但是，这种利益并不应当得到法律保护，理由在于，商品化权未规定为著作权法保护的客体，承认商品化权将会破坏现有法律体系已经确立的规则；商标权中也未明文规定，如果按照商标法对该权利进行保护，相当于比照未注册驰名商标的标识进行淡化保护，但其本身未达驰名商标的程度，容易造成权利的滥用。

随着经济发展，知名作品各要素的商品化开始盛行，激增的现实权益纠纷要求对该权利予以保护并证明保护的现实意义。若将知名电影名称或知名电影人物形象及其名称排斥在受法律保护的民事权益之外，允许其他经营者随意将他人知名电影名称作品、知名电影人物形象及其名称等作为自己商品或服务的标识注册为商标，借此快速占领市场，获取消费者认同，不仅会助长其他经营者搭车抢注商标的行为，而且会损害正常的市场竞争秩序，这显然与商标法的立法目的相违背。

司法已经逐步在判例中认定电影角色的商品化权构成现行的2013年

---

54 郑成思：《版权法》，北京：中国人民大学出版社1997年第2版，第300页。

55 蒋利玮：《论商品化权的非正当性》，《知识产权》2017年第3期，第29—36页。

《商标法》第 32 条规定的“在先权利”[56]，包括电影名称、虚拟角色名称、名人姓名、乐队名称，保护范围涵盖众多商品和服务。在功夫熊猫案中，由美国梦工场动画影片公司（下称“梦工场”）出品的风靡全球的动画电影《功夫熊猫》于 2008 年上映不久后，在中国出现的“KUNG FU PANDA”商标（第 6806482 号）引发了梦工场的不满，双方自 2010 年展开了一场长达 7 年的权属争夺。[57] 一审法院认为，“KUNG FU PANDA”作为梦工厂公司创作作品的名称，其不属于我国《著作权法》关于美术作品的保护范畴，故梦工场公司有关被异议商标的注册损害其在先著作权的理由不成立；商品化权非法律明确保护的民事权益，电影片名也并非商标的一种。因此，被异议商标的申请注册并未违反 2001 年《商标法》第 31 条的规定。[58] 二审法院认为，2001 年《商标法》的“在先权利”也包括现行商标法没有明确规定但受民事法规保护的合法权益，例如商品化权，如果将其排除在外，允许其他经营者随意使用他人的知名电影作品名称、知名电影人物形象及名称作为商品或服务的标识进行注册而放任不管，将会损害正常的市场竞争秩序，助长“搭便车”的不良风气，与商标法的立法目的相违背。最终，法院认定系争商标侵害了梦工场对动画电影名称及相关角色名称“功夫熊猫”（KONG FU PANDA）享有的商品化权。[59] 该案的最大意义是我国法院首次明确提出和廓清了商品化权的概念和侵权判定标准。[60]

2. 商品化权的司法论证逻辑

根据 2017 年 3 月施行的《最高人民法院关于审理商标授权确权行政案件若干问题的规定》（法释〔2017〕2 号）[61]，在判断他人申请注册的商标是否侵害某一商品化权益时，司法认定商品化权保护范围不是无限扩大，而是需要满足一定的条件：① 作品处于著作权保护期限内；② 作品名称、虚拟角色名称具有较高的知名度和商业价值；③ 商标的注册会引

---

56 2013 年《商标法》第 32 条规定：申请商标注册不得损害他人现有的在先权利，也不得以不正当手段抢先注册他人已经使用并有一定影响的商标。

57 参见北京市高级人民法院（2015）高行（知）终字第 1968 号行政判决书。

58 参见北京市第一中级人民法院（2014）一中行（知）初字第 4257 号行政判决书。

59 参见北京市高级人民法院（2015）高行（知）终字第 1969 号行政判决书。

60 宋海燕：《娱乐法》，北京：商务印书馆 2018 年第 2 版，第 178—179 页。

61 《最高人民法院关于审理商标授权确权行政案件若干问题的规定》第 22 条第 2 款规定：对作品名称、作品中的角色名称等予以保护的理由在于避免导致相关公众误认为经过权利人的许可或者与权利人存在特定联系，即避免产生关联混淆。

起混淆和误认。上述标准在“007”、“功夫熊猫”、“驯龙高手”等过往案例中均有充分体现。

首先，从知名度和商业价值要件来判断保护的必要性，看权利人是否投入了大量的劳动、智慧和资本。知名电影名称、电影角色名称作为商品化权的保护范围，须与其知名度及影响力相适应，知名度越高、影响力越强，保护范围越宽，反之亦然。总之，商品化权的保护范围与知名度成正比。丹乔公司的“007”系列电影在世界范围内具有极高的知名度。“007”系列电影的主角“JAMES BOND”也深受广大观众的喜爱，中文译名是“邦德”。该电影角色名称遭遇了组合商标抢注。谢花珍于2002年3月22日向商标局申请注册被异议商标“邦德007 BOND”，指定使用商品为第10类子宫帽、避孕套、非化学避孕用具。丹乔公司针对抢注商标提出了异议，引证商标“007及图”、“JAMES BOND”申请于2001年12月14日，涵盖类别是第28类（玩具等）、第41类（娱乐等），与抢注商标的指定商品不类似。在“邦德007 BOND”商标异议复审行政诉讼案[62]中，法院认为，“007”系列电影的角色名称“JAMES BOND”、“邦德”和代号“007”取得了较高知名度，是为电影作品投入了大量资本和创造性劳动所产生的结晶，由此“007”作为知名角色名称取得商业价值和商业机会，因此，应作为“在先权利”给予保护，撤销了被异议商标的注册。[63]

在梦工场的“KUNG FU PANDA”商标异议复审行政诉讼案中，根据梦工场公司提交的证据可以认定其是动画电影《功夫熊猫》的出品方也是版权人，且在被异议商标申请日前该影片已经在中国大陆进行了广泛的宣传，影片已公映，《功夫熊猫》作为梦工场的知名影片及其中人物形象的名称已为相关公众所了解，具有较高知名度。而且，该知名度的取得是梦工场公司创造性劳动的结晶，其所带来的商业价值和商业机会也是梦工场公司投入大量劳动和资本所获得的。因此，法院认为，《功夫熊猫》作为在先知名的电影名称及其中的人物形象名称应当作为在先商品化权得到保护。[64] 法院在“驯龙高手”商标异议复审行政纠纷[65]中也有类似的表述，商业价值与交易机会的大小与电影名称本身不相关，而是取决于知名电影作品本身的智慧投入与财产付出的多少。

---

62 参见北京市高级人民法院（2011）高行（知）终字第374号行政判决书。

63 宋海燕：《娱乐法》，北京：商务印书馆2018年第2版，第177—178页。

64 宋海燕：《娱乐法》，北京：商务印书馆2018年第2版，第179页。

65 参见北京市第一中级人民法院（2014）一中行（知）初字第8924号行政判决书；北京市高级人民法院（2015）高行（知）终字第1968号行政判决书。

其次，给予在先权利保护应以避免混淆为目的。商标的主要功能在于区分商品或服务的来源，尽量减少与其他商业标志的混淆或误认。在“驯龙高手”商标异议复审行政纠纷中，法院认识到，目前商业环境下，电影作品衍生品已涵盖了很多领域，比如图书音像制品、游戏玩具、文具服装、主题公园等。因此，系争商标指定使用的商品或服务若与知名电影衍生商品或服务交叉，则容易利用该电影的知名度和影响力、获取本应由知名电影作品名称所享有的商业机会和利益，从而侵犯知名电影作品名称的商品化权。支持商品化权的判决在论证过程中，并没有以避免混淆作为依据，但是在确定商品化权保护范围时，则认为应当避免混淆误认的可能性，使商品化权的保护范围与知名度、影响力成正比。

再次，法院从立法本意考量保护商品化权的必要性。为鼓励智慧成果的创作，推动文化产业的繁荣，将知名电影作品名称、知名电影角色名称作为民事权益予以保护，才符合知识产权立法的本意。“ASTROBOY”商标异议复审案[66]中，法院判决认为，在现代社会中，围绕较高知名度的影视作品，产生了大量的衍生产品和服务，如卡通玩偶、网络游戏、主题乐园、服装道具等，并能够形成辐射到关联产品或服务上的产业链，从而产生大量的商业机会和商业价值。这种产业链的形成，源于消费者对影视作品及其虚拟角色的认可和喜爱，对作品创作和推广的资金、智慧投入体现为商业价值和商业机会，是应当受法律保护的民事权益，给予虚拟角色保护，才能保证创作者享有作品、角色带来的商业价值及商业机会，从而保持创作激情，这样才能推动文学、艺术创作的繁荣和健康发展。但是对“商品化权”的保护，要有“度”，不应超出对未驰名商标的保护。为了防止滥用“商品化权”，2016年，司法系统出台了相关的法律解释，[67]只有确定角色的商业化利益属于可受法律保护的利益范围，才能按照“在先权利”给予保护，不应超出未注册驰名商标的保护；审查应当慎重，且必须事先层报审查。

2017年《最高人民法院关于审理商标授权确权行政案件若干问题的规定》对在先商品化权益做出了明确规定，包括具有较高知名度的作品名称、角色名称，这是对商品化权有名化的首次尝试；该司法解释对商品化

---

[66] 蒋利玮：《论商品化权的非正当性》，《知识产权》2017年第3期，第29—36页；另参见北京市第一中级人民法院（2013）一中行（知）初字第1922号行政判决书。

[67] 参见北京市高级人民法院民三庭：《当前知识产权审判中需要注意的若干法律问题（商标）审判信息》，资料来源：http：//www.chinaiprlaw.cn/index.php？id＝4075。更新时间：2016年5月6日。访问时间：2019年3月6日。

权益的规定就保护客体范围、权利构成要件等方面做出了限定。可见，商品化权概念复杂，极难把握，既要保护合法权益，又要避免妨碍社会公共文化资源的正当使用，回应慎重审查的“度”，体现司法的谦抑礼让。

五、对影视作品的多维知识产权保护路径——以迪士尼公司为例进行分析

文化产业的核心资产是内容创新，优质内容和品牌授权放入产业链中滚动升值，带来持续的多渠道营收，知识产权保护铸造成了一道保护核心资产的“防护墙”，以保证权利的保护和产业链的张力。[68] 美国好莱坞动画巨头——迪士尼电影公司（以下简称“迪士尼”）创办至今已有近百年的历史，其巨大的商业成功使之成为衍生品开发和营销的标杆。迪士尼在2016年电影全球票房创下了76亿美元的纪录，2017年回落至60亿美元，2018年则再次突破70亿美元，连续三年成为全球票房冠军。[69] 2015年统计的全球票房最高的10部动画电影，迪士尼及所收购的皮克斯包揽了10部影片中的7部。包括《狮子王》《飞屋环游记》《怪物大学》《海底总动员》《玩具总动员3》《超人总动员》《冰雪奇缘》。[70]

迪士尼的产业链从电影到电视，从图书到音像，从教育到主题公园，品牌与IP授权是其成功营销的关键，[71] 别具一格的知识产权体系的保护和维权策略，在诸多方面对我国文化产业颇具现实的借鉴意义。

（一）迪士尼的卡通形象故事

1. 迪士尼的卡通形象的兴衰

迪士尼拥有57部经典动画长片作品和数以百计的动画形象，获得了

68 金晶：《迪士尼专注力的启示》，《经济日报》2016年6月21日第9版。

69 金投网：《迪士尼票房破70亿 想打破2016年76亿纪录看来很难实现》，资料来源：https://news.cngold.org/c/2018-12-11/c6123268.html。更新时间：2018年12月11日。访问时间：2019年3月11日。

70 排行榜123网：《全球票房最高的10部动画电影》，资料来源：https://www.phb123.com/yule/dianying/4346.html。更新时间：2015年9月14日。访问时间：2019年3月14日。

71 陈焱：《好莱坞模式——美国电影产业研究》，北京：北京联合出版公司2016年第2版，第15—36页。

许多“动画之最”。迪士尼对其版权十分重视，在业内有“版权狂魔”之称。[72] 迪士尼注重知识产权保护的缘由与其成立早期曲折的崛起经历有关。在鼎鼎有名的米老鼠（又称“米奇”）诞生之前，迪士尼在版权方面也是历经波折。迪士尼工作室曾在1923—1927年期间推出过一部将动画与真人结合的电视剧《爱丽丝在卡通国》，这项技术在当时看来非常新奇，也使这部作品大受欢迎。而剧中一只名为朱利叶斯的猫的形象与默片角色菲力猫颇为相似。1922年，著名发行人玛格丽特·温克勒与帕特·苏利文制作公司签署关于菲力猫动画的合同，这部动画随后获得了极大成功。因利益之争，温克勒选择与迪士尼合作，并在《爱丽丝在卡通国》中强行加入和菲力猫非常相近的角色。之后迪士尼工作室便收到来自帕特·苏利文制作公司的版权侵害警告函，被迫从电视剧中取消了这个角色。由于制作成本高昂，在1927年迪士尼终止了电视剧《爱丽丝在卡通国》的制作。无独有偶，迪士尼早期的动画角色幸运兔奥斯华也曾经风靡一时，该角色是因应迪士尼工作室最大的客户——环球影业的需要而创作的。由于后期环球影业与迪士尼的利益冲突，幸运兔奥斯华的制作不再需要迪士尼工作室经手，迪士尼最终选择退出，幸运兔奥斯华的版权落于环球影业之手。

或许正是因为此类事件，迪士尼意识到了紧握角色版权的重要性，并对其出品的动画角色进行全方位的保护。20世纪三四十年代，迪士尼依靠米老鼠卡通形象起家，至今已经苦心经营了近九十年，在全世界发行的版本超过130种语言。经过多年的经营和推广，米老鼠已经从艺术形象再开发成为具有第二含义的品牌形象，具有巨大的号召力和吸引力，更是艺术欣赏和娱乐价值兼备的商业符号。1934年，米老鼠被列入大英百科全书。1978年，米老鼠50岁生日之际，其名字留印于好莱坞星光大道，这也是首个动画明星的名字出现在好莱坞星光大道上。2008年，《时代》将米老鼠列为世界上最能被辨识的“人物”形象之一，甚至超过了圣诞老人。据说每届美国总统选举都会有相当选票投给米老鼠，如果把投票年龄从18周岁降到10周岁，米老鼠可能会当选为虚拟世界的美国总统。[73]

1790年，美国首部版权法问世。截至目前，该法共经历过四次修改。其中，有两次都是因为米老鼠的版权即将过期，迪士尼通过游说国会修改

---

[72] 法治周末：《迪士尼版权垄断几时休》，资料来源：http://wemedia.ifeng.com/92581438/wemedia.shtml。更新时间：2018年12月12日。访问时间：2019年1月12日。

[73] 金晶：《迪士尼专注力的启示》，《经济日报》2016年6月21日第9版。

版权法，给它续了命。由迪士尼创造的“米老鼠”卡通形象诞生于1928年，依据1909年美国版权法，版权保护期限为56年，即米老鼠的版权将于1984年12月31日进入公共领域。第一次延长是1976年，在迪士尼等公司强力游说下，美国国会延长米老鼠的版权期限为作品问世后75年，亦即增加了19年的保护期，于2003年12月31日版权保护到期。在1998年，迪士尼第二次游说国会，令公司的版权期限延长到作品问世后95年，于是米老鼠版权将于2023年12月31日到期。这么算来，5年后米老鼠将再一次面临进入公共创作领域，成为社会共有财产，任何人可以生产带有米老鼠的商品，而无须支付版权许可费。[74]

2. 迪士尼的米老鼠卡通形象的商业价值

知名角色具有巨大的公众吸引力和号召力。2003年，米老鼠入选美国《福布斯》杂志的“虚构形象富豪榜”，估值58亿美元。[75] 日进斗金之余，米老鼠还具有救助能力。1929年，一家电动火车制造商在法庭上申请破产，然后取得了米老鼠的商标授权，在4个月内卖出了几十万辆玩具火车，迅速化解了破产危机。1933年，一家濒临破产的手表公司找到了迪士尼，并制造了米老鼠手表。之后，它一天卖出1万只手表，直接拯救了这家手表公司。并且，该公司还从300人扩大到3000人，仅一年就销售了200万只米老鼠手表。2014年4月，设计师品牌集成店开业典礼，以米老鼠为主题的《威利号汽船》，推出与迪士尼联合命名的时装系列。其中一件红色米老鼠毛衣，被《美国好声音》的指导老师偶然穿上了节目现场，之后很快售罄。2015年，优衣库与米老鼠联名后，在1天内竟然完成了3天的销售额。

时至今日，迪士尼这个强大的公司仍然宣称：米老鼠是我们的品牌形象。迪士尼的主题公园和度假村，无论是扩张的还是扩建的，依然以米老鼠的名字命名。从电影到电视，从书籍到杂志，从电子游戏到网络游戏，从吃到用，从物质拥有到精神影响……在过去的近90年里，迪士尼将米老鼠的IP价值发挥到了极致。

---

[74] 姜旭：《迪士尼米老鼠版权将到期，再续命还是被娱乐至死?》，资料来源：http：//www.sohu.com/a/276832259_229954。更新时间：2018年11月21日。访问时间：2019年2月11日。

[75] 参见西安电视剧版权交易中心：《米老鼠迎90岁生日，将面临版权到期困扰》，资料来源：http：//www.sohu.com/a/277447594_279374。更新时间：2018年11月23日。访问时间：2019年2月23日。

（二）迪士尼对角色形象的知识产权保护部署

众所周知，知识产权包括专利权、商标权和版权。其中，专利权包括发明专利、实用新型和外观设计。与影视作品相关联的是外观设计，但是外观设计保护的是有创意的造型，平面形象不属于其保护范畴。版权对作品的保护有期限的局限性，给予作者创作激情和盈利空间一定的保护，还要避免作者对人类知识文化结晶长时间垄断，版权过期后，作品进入公共领域。专利的外观设计保护也设置了类似的保护期限。商标则与之不同，商标一经注册，自商标获得注册之日起拥有10年的有效期（美国、中国），期满可以续展，从而再拥有10年的保护，且续展次数没有限制，因而可以永久有效。考虑到商标从申请到取得注册证需要大概一年的时间（审查6个月，公告期3个月，发注册证1～2个月），版权和外观设计的取得相对较快，因此，权利人为了保护市场利益最大化，在条件允许的情况下可以同时进行。这样在取得商标专用权这样最强有力、最长久的权利之前，对于不法行为可以依据版权或者外观设计专利权进行维权。待角色形象取得知名度后，亦可主张商品化权的保护。

迪士尼对米老鼠作品形象进行的是知识产权“三剑客”的多重权利叠加保护，将米老鼠的形象作为图形商标进行注册，作为美术作品予以版权保护，对米老鼠周边产品如玩偶、摆件等产品的立体造型进行专利外观设计的保护。以商标为例，迪士尼将米老鼠的文字和图形在世界范围内进行商标注册。早在1986年，迪士尼便对在中国的米老鼠的英文、中文和图形同时进行注册，商品保护范围涵盖45个类别。这样，即便在版权过期后，迪士尼仍可基于商标注册，阻止其他人使用米老鼠文字和形象。据笔者粗略统计，迪士尼目前在中国拥有的商标数量达4000多件。

迪士尼针对米老鼠角色形象的侵权行为采取“零容忍”的维权态度。曾经有一个笑话：在你落难荒岛时不必恐慌，在海滩上画一只米老鼠，第二天就会有直升机来接你，把你带上最近的法庭！

1. 迪士尼对角色形象的版权维权

《公约》采用自动保护原则和国民待遇原则，这在我国《著作权法》第2条中亦有所体现，著作权人在中国可以依据《著作权法》第47条，对侵权行为提出救济。

迪士尼是米老鼠系列美术作品的权利人。从1928年开始，作者华特·迪士尼（Walter E. Disney）在美国著作权登记司办理了著作权登记，包括连环漫画、卡通作品等多项作品，随后将其版权转让给了迪士尼公司。作者于1966年去世，迪士尼公司对米老鼠形象进行了改编，于1999年在美国就改编后的卡通形象办理了版权登记，该作品版权保护地域范围包括中国。

迪士尼依法在中国基于版权多次针对侵权行为提出诉讼并获成功。例如，2011年深圳米某乐公司（下称“被告”）生产、销售带有米老鼠形象的儿童服装，且已持续了6年之久，迪士尼遂以米老鼠权利人的身份，依据《著作权法》对被告未经合法授权的非法使用提出抗议，要求被告对原告声誉和商业利益的损害做出赔偿。中国法院最终判决被告赔偿经济损失10万元。

2. 迪士尼对影视作品名称、角色名称的商标权维权

我国《商标法》规定，商标注册人享有商标专用权，受法律保护，商标权利人可以依据其在先权利对在后的与之构成冲突的权利提出异议、争议（又称“无效”）。在迪士尼诉开心米奇案中，开心米奇（福建）儿童用品有限公司（下称“申请人”）在第25类“服装、鞋等”商品上拥有第3758428号“百变米奇”商标（下称“争议商标”），是经由一个自然人申请转让获得的。迪士尼引证同类商品上在先注册并使用的“米老鼠”、“MICKEY MOUSE”商标（下称“引证商标”）对争议商标提出商标争议。商评委认定争议商标与引证商标构成近似商标，部分商品构成类似商品，裁定撤销争议商标在“服装、鞋、袜等”等冲突商品上的注册，仅维持在非类似商品“婴儿套衣、游泳衣”上的注册。[76]

开心米奇（福建）儿童用品有限公司不服，提起上诉，该案进入行政诉讼阶段。一审法院判决维持商评委的裁定后，开心米奇公司再次提起上诉。北京市高级人民法院经审理认为，争议商标为“百变米奇”文字商标，其中的“米奇”与引证商标“MICKEY”发音近似，对于中国相关公众而言，“米奇”与“米老鼠”、“MICKEY MOUSE”均指代同一卡通形象。争议商标中的“百变”仅对“米奇”起到修饰作用，不足以使争议商标的含义与“米老鼠”、“MICKEY MOUSE”产生实质差异。当争议商标与引证商标使用在相同或者类似商品上时易使消费者造成混淆，二者已经

---

[76] 《“百变米奇”商标注册遭“米老鼠”主人诉讼》，资料来源：http://news.gbicom.cn/wz/28399.html。更新时间：2013年12月6日。访问时间：2019年1月6日。

构成使用在相同或者类似商品上的近似商标。据此，二审法院终审维持一审判决，商评委的裁定获得维持。

在先商标权利人除了通过行政程序可以对在后商标权进行维权之外，还可以对侵权产品进行打击，以达到停止使用和获取经济赔偿的效果。据统计，迪士尼依靠其在中国拥有的上千件在先权利，每年因侵权受理的案件达600～700件，即使这样，山寨的“米老鼠同款”依然不少。

3. 迪士尼对角色形象的商品化权维权

以米老鼠为代表的具有较高知名度的作品名称、角色名称会带来巨大的商业价值。在过去近90年中，迪士尼以米老鼠为主打卡通形象基础上营造了覆盖影视、出版、教育、游乐园和卡通产品的全球娱乐帝国。迪士尼将米老鼠形象印在各种产品上，这种商业模式令米老鼠变身“摇钱树”，亦推高了米老鼠系列的人气。米老鼠及高飞等经典角色商品是迪士尼最吸金的“金蛋”，每年至少带来32亿美元收入，这还未包括迪士尼商品或主题乐园的收入。1934年，米老鼠的相关商品每年大约产生收入60万美元。1948年，米老鼠的授权许可费就已经达到1亿美元。到2008年，迪士尼每年40%的授权费仍然来自米老鼠。[7] 迪士尼可以将米老鼠作品名称、角色名称、角色形象注册为商标，以自行使用或者许可他人使用的方式，构成可受保护的一种合法权益。但是，迪士尼不可能穷尽所有45个商品与服务的类别进行注册，因为商标注册满3年，任何人可以基于停止3年未使用进行撤销，商标一旦被撤销则视为丧失商标权。考虑到商标申请和维持注册（进行3年不使用撤销答辩）的高昂费用，迪士尼会挑选最为核心的品牌在核心类别上进行注册，包括既是商号也是商标的“迪士尼”文字、“米老鼠形象”的图形商标、“米老鼠”文字商标等。假设“米老鼠”的名字“米奇”没有注册成为商标或者在有些类别上没有进行商标注册，但是如果有人用“米奇”两字印在儿童背心上或者儿童玩具上进行出售，迪士尼可以主张商品化权保护。

（三）迪士尼的角色形象的知识产权保护战略总结

正是由于迪士尼对卡通形象采取“版权＋商标权＋专利权＋商品化

---

[7] 搜狐网：《迪士尼版权危机：身价百亿的米奇将到期，这棵“摇钱树”如何挽救!?》，资料来源：http：//www.sohu.com/a/281389642_455238。更新时间：2018年12月12日。访问时间：2018年12月22日。

权”的“混合型”保护战略，才可以让“米老鼠”形象“永葆青春”。同时，也可以随时随地对侵权行为展开维权行动。对迪士尼的知识产权保护策略初步归纳总结如下。

其一，对全产业链中的“创意表达”进行全方位保护。迪士尼会在作品的上下游产业中都及时将电影版权保护进行落实，就上游的电影剧本、片段进行保护，就中游的电影作品中的虚拟角色名称、卡通形象进行保护，也会将下游衍生品（图书音像、游戏、服装、玩具等）所涉及的角色名称、角色形象纳入保护范围。

其二，尽可能延长重要动画角色形象的版权保护。迪士尼持续不断推出米老鼠系列作品，并对角色形象进行改良，每次就改良的角色形象进行版权登记，借此延长版权保护期限。迪士尼还通过游说美国国会修改版权法案来延长版权的保护期限，用尽一切手段为米老鼠形象续命。

其三，利用版权、商标、外观设计等多种手段对影视作品名称、角色名称、角色形象进行保护。迪士尼对其知名的影视作品名称、重要的虚拟角色名称及形象进行全方位的保护，平衡多种权利的特点，将各自的优势与劣势相互弥补，给予作品不同层次的叠加保护，最大限度地优化保护的维度和最大化保护的力度。

其四，利用已有的商标权、版权、商品化权进行维权，对于侵权行为采取“零容忍”的态度，及时采取维权措施，以防止侵权行为对迪士尼的经济利益造成的损害和对市场份额的瓜分。

六、中国影视作品的知识产权保护建议及展望（代结论）

古人云：“不以规矩，不能成方圆。”如今的中国娱乐业呈现蓬勃发展之势，但令人遗憾的是，与其相关的法律制度并不健全。我国迫切需要完善和加强现有的知识产权体系，以更适合娱乐产业的发展。

（一）对加强中国影视作品的法律保护的立法、执法展望

在经济全球化的大环境下，中国娱乐产业的发展可以说是机遇与挑战并存。娱乐产业的发展要求不断进步的娱乐法，层出不穷的纠纷促进娱乐产业法规的强化。我国应结合中国娱乐法的本土问题，借鉴美国娱乐法发展的经验和丰富的案例，形成一套较为完备的娱乐法体系。

电影作为文化产业的重要内容，发展势头迅猛，早期由于缺少法律依据，导致电影行业乱象丛生，阻碍我国电影产业的健康发展。1997 年，《电影管理条例》正式实施；2003 年，国家广电总局开始起草《电影产业促进法》；2017 年《电影产业促进法》出台，是中国电影第一法。[78]《电影产业促进法》有利于增强事中、事后的行政监管，保证统一开放、公平竞争的市场秩序，促进电影产业的健康发展。

娱乐法随着娱乐产业的变迁而产生，并应随着娱乐行业的自我创新和发展进行不断丰富和完善，以确保娱乐产业的盈利空间以及娱乐行业在高度商业化的环境下生存和发展。从立法来看，娱乐法的根本目的是保护娱乐参与者的权益，促进娱乐产业和资源的可持续发展。我国与娱乐产业相关的知识产权法尚存在漏洞，有一定的修改空间。现行《商标法》对恶意抢注的立法依据尚不明确，在真正权利人缺乏在先权利和驰名商标认定的情况下，对于“恶意”，现行的《商标法》仅有少数几个抽象条款可以引用，而这几个条款在司法上存在争议。2019 年初，商标局发布了征求《商标法》修改建议，机构、学者、企业、律师纷纷提出了关于遏制恶意抢注的修改意见，希望借此机会可以将恶意商标申请的概念明确在《商标法》实体条款中，并在《商标法实施细则》中细化和穷尽构成恶意申请的具体情形，为商标审查提供明确的法律法规标准。2019 年 4 月，《商标法》进行了第 3 次修订，将第四条“诚实信用原则”纳入实质审查条款，待 2019 年 11 月 1 日生效后，会为商标局、商标评审部门提供更多审理商标恶意申请的切实依据。

我国的《著作权法》自 2001 年至今，仅进行过两次修订，未进行实质性的修改，法条不够与时俱进，使侵权人有空子可钻。在数字技术和经济全球化的背景下，新媒体技术的发展，给娱乐产业带来了翻天覆地的变化，也给传统的版权理论提出了挑战。《著作权法》第三次修改草案将“电影作品和以类似摄制电影的方法创作的作品”改为国际社会普遍使用的“视听作品”，同时在相关权部分取消了“录像制品”的规定。[79] 多是因为“录像制品”已经逐渐被时代所淘汰，而现有的定义无法将互动电影式游戏纳入著作权保护的作品范围，因此“视听作品”的提法更广一些，可以将新兴的传统电影、电视、游戏、音乐以外的作品纳入其中。另外，

---

[78] 武玉辉、刘承韪、刘毅：《娱乐法律法规汇编》，北京：中国电影出版社 2018 年版，第 4 页。

[79] 刘晓怡：《聚焦〈著作权法〉第三次修改》，资料来源：http：//www. nipso. cn/onews. asp? id=26266。更新时间：2015 年 6 月 3 日。访问时间：2018 年 11 月 11 日。

随着 CG 技术、VR 技术的开发，影视作品的呈现有了新的形式，以及互动电影式游戏产品的降临，给大众带来全新的感官体验，对于新型的、复杂的影视、游戏等视听作品的版权保护显得尤为重要，迫切要求对现有的《著作权法》进行修改以适应影视产业发展带来的诸多变化。

另外，需要确立商品化权的概念。目前，影视作品名称和角色名称，按照我国《著作权法》的规定，通常不能受到《著作权法》的保护，《著作权法》只能保护到角色形象。目前，在司法实践中，对于可以证明有较高知名度和商业价值的影视作品名称和角色名称，可以通过《商标法》第 32 条中的“在先权利”，或者在能证明抢注人行为有害社会风尚、具有抢注恶意的情况下，分别可以依据《商标法》第 10 条第 1 款、第 44 条第 1 款的“欺骗手段取得”予以保护，但是在适用上有一定的限制和考量要件，且司法程序通常比较漫长、结果不确定。

近些年来，与影视作品相关的一系列知识产权纠纷，一来让社会大众看到了知识产权带来的巨大商业利益，二来也让国人的知识产权保护意识得到了普遍提高。在目前的商业环境下，电影作品衍生品涉及多个领域，但商品化权的保护范围仅仅局限于与电影衍生品密切相关的商品和服务类别，而不是全部商品和服务类别，这是考虑了混淆要件，认为侵权人在与之相关的商品上更容易利用电影的知名度及影响力获取商业信誉及交易机会，抢占市场优势地位和交易机会，对其他不相关的商品则不会达到这样的效果。从实践来看，这样的保护范围相对于影视作品的高额投入是不对等、不充分的，不利于鼓励文学作品创作和商业经济繁荣。为了更好地保护文化产业的发展，有必要厘清商品化权的概念和范畴，对其予以明确的法律定位和保护。

国外的商品化权制度发端于人格权保护，可以认为是不证自明的自然权利，而作品虚拟形象则不能享有这种自然权利属性，与所谓商品化权不合，不能因为存在利益就设置权利。我国作为成文法国家，适用商品化权制度保护作品虚构形象，还有待专门颁布相关法律对商品化权的保护范畴予以明确。比如，可尝试就现行的《商标法》的“在先权利”范畴进行限定和列举，将影视作品中的角色商品化权纳入其中，明确适用的情形和保护的范围；或创设一种新的权利类型，并与既存的各种民事权利体系能够和谐共存。只有这样才能使作品及作品角色得到恰到好处的保护，令其使用及有关的交易顺畅进行。

对于中国电影产业来说，抑制盗版侵权将会是一场持久战和攻坚战。有关部门需要加大法制宣传力度，联合社会公众共同抵制和打击不正当竞争行为，形成遵法守法的良好社会氛围。从执法来看，行政机关的监管需要继续加强，并对违法行为进行严惩。

在近两年国家版权局公布的年度打击侵权盗版十大案件中，侵犯电影著作权的行政处罚案件均有上榜。对于那些尚不触及刑事处罚的盗版侵权行为，如果符合我国《著作权法》《信息网络传播权保护条例》的有关规定而构成违法行为，则由行政部门（广电部门、版权局等有权执法部门）给予行政处罚。但是，有关行政部门还应更积极地查处盗版，并加大处罚力度，以使市场形成有序竞争的规则。

综上所述，娱乐产业相关的法律法规的完善，需要合法、合理地平衡权益，不过分扩大权益，同时为维护合法权益提供救济途径，让法治为娱乐产业的可持续发展保驾护航。

（二）对中国影视行业参与者提高影视作品保护壁垒的建议

伴随着经济全球化和贸易自由化以及文化内容创新的自由化和商业化，知识产权已成为文化产业竞争中重要的武器和盾牌。加强知识产权保护，形成有序的竞争秩序，已经成为必修课，是每个娱乐行业参与者不容忽视的问题。

与西方国家相比，我国企业对知识产权的重视程度还存在着较大差距。中国企业在筹备电影的前期，应当对剧本版权的归属进行明确的约定，落实为合同，尊重他人的版权，如有涉及应及时向前版权人申请授权许可；同时也要对自己的原创版权及时进行登记注册，对电影作品名称、角色名称、卡通形象进行必要范围内的商标保护，为今后衍生品的推广提前建立知识产权壁垒，以免遭遇他人抢注，影响正常的商业运作。

在完备的知识产权保护策略方面，可效仿好莱坞的几家大型电影公司，对影视作品提前部署知识产权壁垒。具体而言，在电影投入宣传之前，将虚拟角色进行分解，通过不同的法律对角色姓名、形象、外形乃至声音等要素进行保护，对角色姓名和主要形象可以进行商标保护，对角色的主要形象和不同的外形、姿态可以作为系列美术作品进行版权保护，对非常有特点的声音可予以声音商标保护。总之，需要建立一张权利的网络，将抢注、抄袭尽量阻挡在网络之外。迪士尼公司凭借庞大而完善的知识产权保护机制，在行业内保持着常胜将军、不可撼动的赢家地位，这些值得我们借鉴。诚然，资金问题、产业链的设计也需要纳入考量范围。对于创新型企业来说，预算紧张，不可能全方位地保护，这就需要平衡风险与收益，设计适当的知识产权保护策略。例如，先就核心品牌优先进行注册保护，随后可以随着业务的发展，分阶段地扩大品牌保护的范围和丰富保护的权利形态。

（三）培养专业的娱乐法人才

这几年，中美合拍片引领电影热潮，但是以中国本土为基础提供跨国法律服务的人才相对稀缺。我们急需培养既深谙中国法律又精通美国娱乐法和好莱坞规则的法律人才，协助中美双方的影视团队进行谈判，协助合作过程中的法律事务。

娱乐产业的特殊性决定了娱乐法律服务的专门性。一个不了解娱乐产业惯例的律师，无论其专业知识如何娴熟，都很难适应娱乐法律服务市场的需要。由于娱乐法所涉及的法律，既有公法的内容，又有私法的内容，还有国际法的成分，并且设计多个部门，为娱乐产业提供高质量法律服务并不是一件轻松的任务，需要具备扎实的娱乐产业、娱乐法的相关知识。

希望中国的娱乐产业可以吸引更多法律人士踊跃参与到娱乐法治的事业中来，为娱乐行业参与者提供专业的法律建议，预防和解决娱乐产业中出现的种种法律纠纷，针对侵犯合法权利的不法行为提供专业的法律解决方案。同时，也希望随着实践和案件的陆续积累，更多具有专业知识的、审理娱乐法相关案件的专业法官和执法人员能够善于发现法律保护的漏洞，提出法律修改的专业建议，共同推动娱乐法制度的不断完善以及适用的不断深化，推动娱乐产业向更高更强发展。

Intellectual Property Strategy for IP assets in Movie Artworks from the Point of View of Entertainment Law

Wen Ya

Abstract: In recent years, China's entertainment industry is experiencing a vigorous development, accompanied with increasing numbers of legal issues and disputes which are challenging the current legal system for entertainment. In the era of commercialization of entertainment industry, the forefront of entertainment and fashion are film and television works, behind which lie huge commercial interests. Exploring the legal protection of intellectual property rights in film and television works has become a primary task, which helps to protect content innovation, the core intangible assets of the work, and also facilitates the protection of the core IP assets of the industrial chain.

This paper studied the entertainment law theories and cases of Chinese and of American, from the perspective of intellectual property protection, especially those in relation to movies and TV works. Learning from Hollywood giant Disney Company who devised and implemented multi-dimensional intellectual property protection strategy globally, this paper tries to devise an intellectual property protection strategy with its own feature complying with the Chinese market to tackle the local problems in the field of film industry in China. The purpose of the strategy is to fully protect the films and key role images being as core IP assets through copyright and trademark, so as to ensure the long-term and stable commercial incomes in the diversified industry chain. At the same time, based on the results of the study, this paper provides specific suggestions on the protection of intellectual property rights for the entertainment industry in China and brings up proposals for the improvement of the entertainment law system in China. A healthy entertainment law system and legal environment is in need to ensure a better future of China's entertainment industry in an all-round way.

Keywords: Entertainment Law; Intellectual Property; Copyright; Trademark Right; Merchandising Right

解密美国影视产业基石：好莱坞工会制度

曹　代

摘　　要：一提到电影大片，人们脱口而出的便是好莱坞电影。美国作为全球最大的电影出口国家，其对世界电影市场的统治性地位也毋庸置疑。在笔者看来，成就好莱坞产业最为重要的原因就是其已经形成的一套完整电影产业链条——不仅包括完备的法律制度，还有着完备的拍摄、制作、发行及利益回收体系。而维持体系链条运作的核心则是好莱坞发展多年形成的工会制度——好莱坞工会制度。本文将从美国最重要的三大工会（美国导演工会、美国演员工会、美国编剧工会）谈起，为读者们细说好莱坞工会制度，并希望读者可以借此了解美国影视产业工业化的具体流程，同时希望也为国内娱乐产业的规范化和优化提出域外视角。

关 键 词：好莱坞；影视产业；工业化；美国导演工会；美国演员工会；美国编剧工会；基础协议；集体谈判；制片公司

作者简介[1]：曹代（1994—　），北京金诚同达律师事务所周俊武娱乐法团队律师助理，硕士，毕业于美国南加州大学。主要研究方向：娱乐法。

1　本文部分内容，郭馨亦有贡献，特此感谢。郭馨，毕业于北京大学国际法学院（美国法法律博士、中国法法律硕士），现任北京仲裁委员会仲裁秘书。

目　　次

前言

一、好莱坞工会概况

（一）好莱坞工会是什么

（二）好莱坞工会的作用

（三）工会在好莱坞产业中的地位

（四）小结

二、美国演员工会

（一）演员工会的入会资格

（二）加入工会好处多多

（三）小结

三、美国导演工会

（一）导演工会的入会资格

（二）核心权利：导演剪辑权 vs 最终剪辑权

（三）好莱坞导演的署名权

（四）小结

四、美国编剧工会

（一）入会资格

（二）工会能带来什么

（三）小结

五、结语

前言

美国作为全球最大的电影出口国家，为何好莱坞的大片就可以风靡全球呢？在好莱坞，电影不仅是在出口数量上领先世界，其质量也确实有保障——演员水平高、导演水平高、编剧水平高，就连特效也是世界级一流水平。那么美国电影又是如何做到保质又保量的呢？

在笔者看来，成就好莱坞产业最为重要的原因就是其已经形成的一套完整电影产业链条。其以规范的工业管理方式将影视制作水准维持在高水平上，并通过明晰权责让整个体系内的人与物都处于一个高效而有序的状态。

那么，好莱坞又是如何形成影视产业的高工业水准的呢？维持好莱坞体系链条运作的核心是其发展多年形成的工会制度（以下简称“好莱坞工会制度”）。通过各个工会，各个部门将整个电影产业链上的所有人有机地整合起来，使之相互密切配合，明晰权责。

本文将从美国最重要的三大工会（美国演员工会、美国导演工会、美国编剧工会）谈起，为读者细说好莱坞工会制度，并希望借此让读者了解到美国影视产业工业化的具体流程，同时希望能为国内娱乐产业的规范化和优化提出域外视角。

从内容上看，笔者将以介绍的方式展现三大工会制度中的具体规定，初看本文具有很强的“实用主义”色彩，但正是这些深入到影视环节中的不为人重视的细节与合同条款所揭示的“权利保障”与“制度规则”才正是工业化的核心内容，其背后是好莱坞各大工会在历史“集体谈判”斗争中孕育出的“成果”，抑或是影视娱乐行业习惯、行业流程与行业模式的总结。最终通过各方所签订的“基础协议”固定下来，这些合同条款都是经过时间的积淀所沉积下来的智慧精华与成熟经验，值得我们深入学习。

一、好莱坞工会概况

（一）好莱坞工会是什么

所谓好莱坞工会，是指由演员、导演、编剧等各大工种的成员所各自组成的联盟，该联盟旨在让工会成员获得相对规范、公平的行业环境。

这些组织能充分发挥集体优势，以集体谈判方式与制片方沟通，为工会成员谈定工资、工作条件等方面的权益。

实际上，美国电影从业人员有几十万人之众，工种的分类往细了说有上百种，几乎每一个工种都能找到对应的工会，以保障成员的权益。[2] 目前美国影视行业汇集了大约140个工会（或称行会、协会、联盟等）。根据好莱坞行业习惯与会计术语，好莱坞工会可以分为两类，即线上（above-the-line）工会与线下（below-the-line）工会。

所谓线，是指好莱坞制片预算表中的一条分隔线，即区分影视项目在开拍之前的预算费用与开拍之后的预算费用的区隔线。[3]

线上成本指开拍前的费用，主要指跟电影创意相关的元素的开销，包括演职人员（演员、导演、编剧等）酬劳、故事版权费等。

线下成本（below-the-line costs）指开拍后的事项开销，包括主要摄制人员（例如摄影师、剪辑师、配音、服装师、发型师、化妆师、舞台督导、灯光师、特技指导）支出以及交通运输、器材、布景、道具等方面的支出。

1. 好莱坞线上工会

线上成员主要指参与创作、叙事以及表演的人，包括但不限于编剧、制片人、导演和演员等。这些人员的费用开支通常在电影正式开拍前就已经协商或承诺好了。由线上成员组成的工会即线上工会。

线上工会有很多，涉及影视项目创意核心的三大线上工会是演员工会、导演工会以及编剧工会，具体见表1。

表1　三大主要“线上”工会

SAG-AFTRA ONE UNION	美国演员工会（SAG-AFTRA）由演员、播音员、记者、舞蹈家、DJ、新闻编辑、节目主持人、录音艺术家、歌手、特技表演者、画外音艺术家及其他媒体专业人士加入，是好莱坞较有影响力的工会之一

2　David P. White, High stakes—Negotiations for the Guilds and Studios are locked in a showdown over the allocation of new media revenues. 30-May L. A. Law. 22, 24 (2007).

3　〔美〕哈罗德·L. 沃格尔：《娱乐产业经济学之财务分析指南》，支庭荣、陈致中译，北京：中国人民大学出版社2013年第8版，第93页。

续表

	美国导演工会（DGA）代表着从事电影、电视、广告、纪录片、新闻和新媒体等工作的导演成员的权益
	美国编剧工会（WGA），一个由众多编剧组成的工会，他们为电视节目、电影、新闻节目、纪录片、动画、互联网和手机（新媒体）等撰写内容

2. 好莱坞线下工会

线下成员主要是指在电影拍摄的前期、拍摄期以及后期制作阶段进行操作的人员，包括但不限于摄影师、剪辑师、配音工作者、服装师、发型师、化妆师、舞台督导、灯光师、特技指导等。由线下分别组成的工会即线下工会。

线下工会成员众多，他们联合起来成立了大联盟，即国际戏剧舞台雇员联盟（IATSE），[4] 其全称是 International Alliance of Theatrical Stage Employees，Moving Picture Technicians，Artists and Allied Crafts of the United States，Its Territories and Canada，直译即“戏剧舞台雇员、影视技术人员、艺术剧组人员在美国及加拿大地区之国际联盟”。IATSE是针对整个线下工会组织的联盟体，成员人数共有14万之多。据IATSE的官方说法，好莱坞线下工种的从业人员中有95%都是该联盟成员。

而针对不同的工种，IATSE又建立了分组织（Local），最为知名的三个分组织是：国际电影摄影师协会（ICG）、电影剪辑协会（MPEG）以及动画协会（Animation Guild），具体见表2。

4　国际戏剧舞台雇员联盟（IATSE），联盟成立于1893年，当时在11个城市工作的代表人在纽约聚会，并承诺彼此支持与协助，以为其成员确定公平的工资和工作条件而努力。联盟代表着艺术总监、服装设计师、化妆师、发型师、照明技师、剧本监督员等众多文艺事业工作人员的权益。

表 2　三大主要“线下”公会

	国际电影摄影师协会（ICG）代表着世界上最有才华的摄影专业人士，约有 8400 名成员经批准加入。他们遍布于美国、加拿大等地，担任电影、电视剧项目中的摄影导演、摄影师、视觉特效总监等。ICG 是大屏幕、电视屏幕和电脑屏幕上视觉图像的创造者
	电影剪辑协会是（MPEG）代表着超过 7200 名从事以剪辑为主的后期制作专业人士。MPEG 也是世界上首屈一指的工艺协会，为后期制作行业树立了卓越的标准。MPEG 所制定的协会准入标准，认证了剪辑工作的最高水平以及剪辑领域的专业性
	动画协会（Animation Guild）是一个代表动画和视觉效果艺术家的劳工组织。动画协会以集体发声的力量为整个动画协会的成员不断谋求福利

（二）好莱坞工会的作用

囊括了好莱坞各个工种的工会制度是如何发挥作用的？为什么说好莱坞工会制度是美国影视行业称霸全球的关键？要深刻理解好莱坞工会的作用，就必须了解两个关键词——“集体谈判”（Collective Bargaining）和“基础协议”（Basic Agreement）。这二者关系密切：如果工会没有集体谈判的力量，就不可能达成基础协议；而基础协议恰恰是好莱坞工会制度之精髓。[5]

1. 集体谈判的由来

好莱坞的电影工业是集体创作型的工作，好莱坞电影的高品质靠的不

5　Robert Lind，Mel Simensky，Tom Selz/Patrcia Acton，Entertainment Law 3d：Legal Concepts and Business Practices，2000，pp. 9-14.

仅仅是一个好演员或一个好导演，而需要从剧本、表演、拍摄、导演到后期特效、配乐等各个专业从业人员的配合与协助。

工业化创作的好处，是专业的细分能够确保影片质量，但坏处是诸多工种的从业人员各自掌握自己的专业，他们虽然人数众多，但力量相对分散，而所有工种的从业人员有一个共同的相对方，那就是拥有大量资本和资源的制片方（又称“制片人”）。因此，如果从业人员只是各自单兵行动，则力量非常有限，很难与制片方达成双方利益平衡的合同。

实际上，在工会制度形成之前的大片场时代，制片方占据绝对优势地位。因此，在片方与演员、导演、编剧等工作人员所签订的合同中，不仅签约经常是一签好多年，而且工作时间也没有限制，全部由制片方说了算。在制片方垄断下，从业人员在合同条款的制定和签署上并没有话语权。[6]

长此以往，剧院的工作人员、演员们都无法忍受制片方的垄断，开始集体罢工。他们联合起来，以“集体谈判”代表的身份向制片方发出反抗的声音，工会恰恰就是在此过程中应运而生的。工会通过集体谈判的力量，一步步为自己的工会成员争取更好的待遇。[7]

到后来1948年的派拉蒙案[8]，美国最高法院更是正式以一纸判决终结了大制片方垄断时代。

因此，正是通过工会制度凝聚的集体谈判之力量，让制片方无法再忽视团结在一起的众多工会成员们。工会得以借助集体的力量，代表全部工会成员与制片方进行集体谈判，这样才有可能与制片方平等洽谈涉及工作条件、报酬等的合同条款，为美国影视行业的所有参与者提供规范、平等、合法的创作环境。这就是所谓集体谈判的力量。

2. 工会制度的灵魂：基础协议

如前所述，集体谈判的最大意义，就是用来和制片方达成基础协议（见图1）。

---

6 Gail Frommer，Hooray for... Toronto? Hollywood，collective bargaining，and extraterritorial union rules in an era of globalization，6 U. Pa. J. Lab. & Emp. L. 55，72 (2003).

7 Emily C. Chi，Star quality and job security：The role of the performers' unions in controlling access to the acting profession，18 Cardozo Arts&Ent. L. J. 1，31f. (2000).

8 United States v. Paramount，334 U.S. 131 (1948).

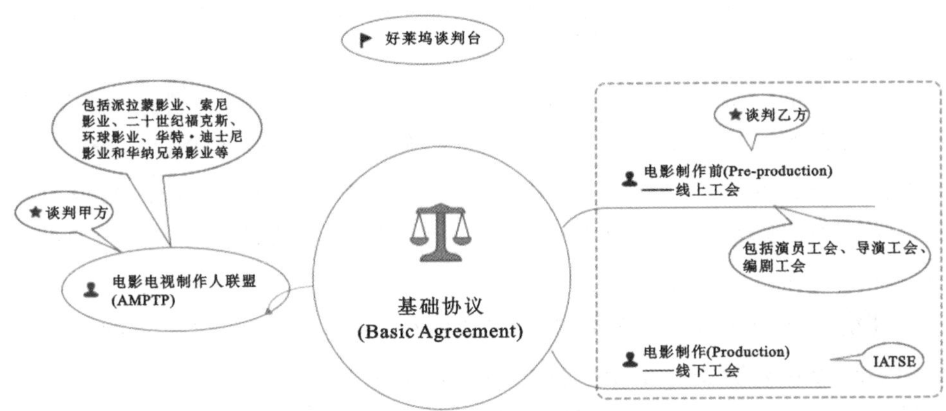

图1　好莱坞集体谈判示意图

在工会化的好莱坞，各大好莱坞工会最重要的任务之一就是代表工会成员与制片方谈判基础协议（Basic Agreement），而所有雇佣了工会成员的制片方都必须采用基础协议与工会成员签约。[9]

而基础协议的核心条款就是涉及雇佣工会成员工作时的最低工资标准、最长工作时间限制与社会保障等内容。有了这些条款，就能真正保证工会成员在规范、良好的工作环境中工作和创造，让他们的才华得以充分发挥。

与此同时，制片方（包括传统的制片公司、网络平台、电视台等）其实也组成了一个联盟，即电影和电视制作人联盟（AMPTP），[10] 该联盟统筹各大制片方，并形成话语一致的“官方”代表，与工会谈判[11]。

这样一来，工作人员和制片方能够平等地坐在谈判桌两侧，有充分的机会谈判出令好莱坞各方都能满意且广泛适用的基础协议。而基础协议在好莱坞影视项目中可谓作用多多。

首先，基础协议可大幅降低沟通成本，提高行业效率。基础协议是从业人员和制片方两大利益团体经充分谈判而达成的一致意见，是双方利益均衡状态下的固化成果。在好莱坞，因为大量的演员、导演以及编剧都属

9　Robert Lind，Mel Simensky，Tom Selz，Patricia Acton，Entertainment Law 3d：Legal Concepts and Business Practices，2000，pp. 8 -14.

10　电影电视制作人联盟（AMPTP）是娱乐业的官方集体谈判代表，代表 350 多家电影和电视制作人（成员公司包括大型影视公司、工作室、广播网络、有线电视网络和独立制片人的制作实体）协商约 80 项全行业集体谈判协议，一直负责与其他所有行业协会及工会谈判。

11　Jillian N. Morphis，Negotiations between the WGA and AMPTP：How to avoid strikes and still promote members' needs，12 Pepp. Disp. Resol. L. J. 525，526（2012）.

于工会，其都与制片公司签署基础协议，因此制片方签署重要人员的过程将会非常高效。[12]

与国内情形不同的是，好莱坞的个人很少直接与单个制片方直接谈判、签署合同，往往是在制片方雇佣相关人员时，只需要拿着工会的基础协议去谈，就可以一口气直接签下大批工作人员。这样一来，比起国内耗时短则几天长则数月的谈判签约过程，好莱坞的签约效率当然高了很多，项目的推进速度也就更快了。

其次，基础协议能够提供更加规范的行业环境。好莱坞工会的源起正是为了防止强势雇主以不断压低报酬的方式换得低价劳动力，而基础协议的最低工资标准与最长工作时间限制等内容的存在恰恰使得这样的目标得以实现，为美国打造出更规范的娱乐行业从业环境。[13]

与此同时，加入各大工会的成员也需做出保证，即加入工会之后不再以个人签署合同的方式背弃工会的基础协议，以确保和尊重集体谈判成果。基础协议的存在，让好莱坞从业人员可以在确保“面包与黄油”得以满足的情况下，去追逐“诗与远方”，使得好莱坞从业人员发挥其潜能。

美国娱乐业的集体谈判协议模式与工会模式为美国影视行业的规范化和高效运转提供了集体解决方案。而当下的中国娱乐产业也急需更规范、更高效的运转机制和行业环境，或许我们可以从好莱坞工会制度中得到一些启迪。

3. 好莱坞制片人

前文了解到电影电视制作人联盟（AMPTP）是三大工会的共同谈判对象，是代表各大制片公司签署“基础协议”的谈判方。AMPTP 代表超过 350 家制片公司，包括迪士尼、索尼、派拉蒙、华纳、环球等，也包括很多独立制片公司。但这一联盟仅是一个官方代表，要知道在拍摄影片过程中，真正的负责人其实是好莱坞制片人。

---

[12] Gail Frommer, Hooray for... Toronto? Hollywood, collective bargaining, and extraterritorial union rules in an era of globalization, 6 U. Pa. J. Lab. & Emp. L. 55, 72 (2003).

[13] Gail Frommer, Hooray for... Toronto? Hollywood, collective bargaining, and extraterritorial union rules in an era of globalization, 6 U. Pa. J. Lab. & Emp. L. 55, 72 (2003).

好莱坞制片人是一个影视作品计划的中心人物——他构思并选定影片的雏形，然后将其卖给制片公司（或独立制片人[14]自行筹备资金）；他与制片公司协同选定编剧、指导剧本协助；他选择导演，并与选角导演、制片方协同确定主演与一支听命于己的核心工作团队；他制定预算，监督剧目制作以及控制成本；他处理后期制作直到影视作品杀青；即使这一切都完工了，他们还需继续完成市场运作中的宣传与发行。

在这一漫长而复杂的过程中，制片人始终要确保摄制的影视作品与其最初设想的故事及创建初衷保持一致，同时还要进行时间、资本与人员之间的协调，以最大限度地利用资源。行业中有人将制片人比作“艺术与商业十字路口的交警”真的是再贴切不过了。还有人说，制片人是一个充满责任感的头衔，因为 Producer 这个词汇，是制造者的意思。因此，制片人应是企业家和艺术家的结合，也是保证电影工业和艺术积累的中流砥柱。

同时需要明确的是，美国的制片人往往受聘于资方（一般是制片公司），并代表着制片公司，其制片人的权威也总是与制片公司分享（或服从于制片公司）。所谓的制片人中心制，其实质含义是好莱坞资方话语权最大。制片人代表资方将项目的核心控制权集中在自己手中，掌握导演、剧组和作品质量，控制财务、创作、宣发、销售等全产业链，通过科学的制片流程，最大限度地实现影片的商业价值。

想要了解好莱坞的制片人的工作，就一定离不开对以规范制片人行业为宗旨的美国制片人工会的解读。从行业角度看，美国制片人工会在规范与管理整个行业过程中所发挥的具体作用很值得我们关注。1999 年，为了给制片人的责任设立标准并且给制片人合理身份，美国制片人工会曾公布一份完整的影视制片人职责表（见表 3）。[15]

工会将制片人的工作划分到四个阶段，即筹备期、影视制作前期、影视制作期以及影视制作后期：

---

14 独立制片人是美国影视娱乐行业的一个专有名词，指的是影视娱乐项目的独立运行者，对项目的盈亏自担责任。参见余锋：《中国娱乐法》，北京：北京大学出版社 2017 年版，第 275 页。

15 美国制片人工会官方关于 Theatrical Motion Picture 剧场影片类别中的职责介绍，https：//www. producersguild. org/page/coc _ tmp。访问时间：2019 年 7 月 1 日。

表 3 美国制片人工会公布的影视制片人职责表

筹备期
·通盘考虑整部影片的创作概念、选择影片类型。 ·选择影片所基于的素材（真人真事、小说等），并获得必要许可权。 ·选择编剧。 ·确保融资、启动资金投入，联系制片公司或独立制片人。 ·监督整个筹备过程
影视制作前期
·选择联合制片人、制作经理与制片主任等。 ·选择主要演员与导演。 ·选择摄影师，主要制作设计师、剪辑师和视觉效果公司。 ·确定最终拍摄地点。 ·监督初步预算的编制，并与制片公司协商使之批准并签署最终预算。 ·审核并签署最终的分镜头剧本。 ·审核并签署拍摄日程表
影视制作期
·综观全局，审核拍摄过程中的主要构成元素。 ·监督制片主任工作。 ·与导演、主要演员、制作设计师等进行沟通。 ·与摄影师进行沟通，监督现场并持续监督制作团队和整个拍摄公司的日常运作。 ·批准每周费用报告，查看每日开销，并与导演、编剧、制片公司和/或担保公司进行沟通。 ·选择作曲家以及影片音乐等。 ·管理摄制组的日常运作，与技术人员沟通，在拍摄场地进行协调管理等
影视制作后期
·参与视觉效果制作以及监督视觉效果展示。 ·在与导演协商后选择作曲家，并与作曲家和导演一起参与音乐制作。 ·查看并品评导演剪辑版影视作品，参与并审核影片的最终剪辑工作。 ·监督影片的音响录制和音效合成。 ·确定影片名称以及参加影片试映会。 ·监督拷贝制作，与剪辑师沟通。 ·完成影片发行与宣传计划，进行宣传工作及后期二级市场的多元开发与利用

（三）工会在好莱坞产业中的地位

前文介绍了好莱坞各大工会的基本概况，接下来将从全局及历史的视角来介绍工会在好莱坞各方及影视产业中的地位。

1．“三权分立”中的重要一级

好莱坞制度中有三方（见图 2）是整个制度的核心——经纪代理公司[16]、买方[17]和各大工会。与中国只有电影公司与经纪代理公司的电影市场局面不同，在好莱坞，工会作为“三权分立”中的一极，在整个市场中发挥重要作用。

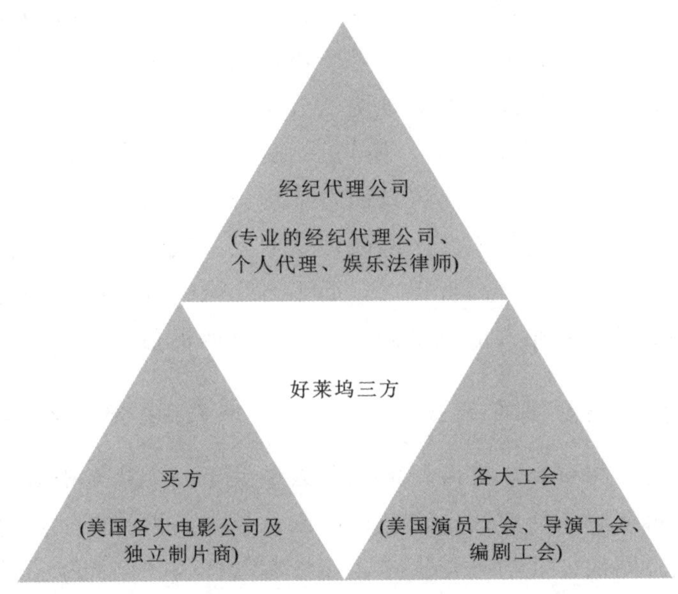

图 2　好莱坞三方示意图

20 世纪中期是好莱坞电影公司发展的黄金期。当时，规模较大的电影公司通过迅速扩张，掌握了从影片制作到发行及影院放映的一整套产业链条。然而，此种局面并没有维持太久。[18] 1948 年，美国最高法院在审理

16　经纪代理公司（Talent Agent）的主要任务是为其代理的客户（包括演员、作家、导演、制片人）寻找合适的工作机会。

17　在好莱坞，电影素材的主要买方是美国各大电影公司或称制片公司，包括迪士尼、索尼、派拉蒙、华纳、环球等，也包括很多独立的制片公司。前文中所提及的制片公司也是买家的核心组成部分，其代表联盟为电影电视制作人联盟（AMPTP），是各大公司签署基础协议时的谈判的一方。

18　Michael Conant，Antitrust in Motion Picture Industry，1960，pp. 202-203.

“美国司法部诉派拉蒙电影公司”[19] 一案（简称“派拉蒙案”）中，认定派拉蒙电影公司固定价格、垄断影片发行的行为违反了谢尔曼法的规定，从而结束了电影公司统揽影片的制作、发行与放映的大一统时代。[20]

经过多年的发展，如今工会的作用早已不仅是帮助演员获得更好的合同这一简单的主旨了，从基础谈判、利益与工作环境争取，发展到帮助好莱坞从业人员收回酬劳，以及给予好莱坞从业人员相关法律保护，甚至帮助他们找工作等。对于好莱坞的从业人员来说，各大工会就像是他们的家长，自己在外面受欺负了或者不满了，全都可以让工会为自己出头。

由此看来，美国的影视娱乐行业像是一个在工会制度的大伞保护下的自由贸易市场。影视公司不再与好莱坞从业人员直接签署长期经纪合同，而是让他们独立于影视公司之外，基于不同的电影项目签署项目合同。此种安排任务的模式不但能够有效地降低公司成本，而且扩大了每部影片选择参与到项目中的人员的范围。换句话说，影视公司除了公司旗下的演员、编剧或导演可供挑选，还可按照每部影视作品的需要，从整个行业中选择更加符合剧中角色的人才。同时，从业人员实际上可以向行业内所有的电影公司兜售自己，价高者得之，而不再受限于合同中的固定薪酬。由此，前往好莱坞的从业人员也得到了更多的发展机会。

2. 好莱坞经纪制度简述——经纪代理人 vs 演艺经理人

从前文的介绍可知，好莱坞的从业人员处于一个相对松散的管理模式下，他们不再依附于特定的电影公司或制片公司，以签署“卖身契”一般的长期雇佣合同的方式与公司绑定。而没有这样的“雇佣”关系的弊端其实也非常明显，这意味着从业人员没有了稳定的薪酬与“铁饭碗”。

因此，在从业人员为谋取工作与生存机会而急需获得制片公司信息的整合以及包装自己的需求下，好莱坞的经纪制度也应运而生。经纪行业从业人员需要为其代理的演员、导演、编剧等客户需求工作机会，代表他们参加合同的谈判，为他们争取利益最大化。此外，好莱坞从业人员还需要专业人士为他们的形象与作品进行包装与宣传。

---

19 United States v. Paramount，334 U. S. 131 (1948).

20 United States v. Paramount，334 U. S. 131 (1948)；Michael Conant，Antitrust in the Motion Picture Industry，1960，pp. 202-203.

在好莱坞，演艺经纪行业的完整工作内容由经纪代理人和演艺经理人共同承担。

以美国加州法律及行业工会的规定为例，经纪代理人与经理人可以说是有着泾渭分明的权利划分——经纪代理人可以为好莱坞从业人员获取工作机会，其工作就是尽可能多地为从业人员达成取得工作的交易。经理人的职责则是设计、规划好莱坞从业人员的职业生涯，打造他们的职业路径。经理人负责决定从业人员的职业生涯应该怎样规划，每一单工作是否对其规划有帮助。没有帮助或者认为某份工作与其设计的形象有所不符的话，经理人就会拒绝这一单工作，尽管有时这单工作可能会给演员（导演、编剧）带来巨大的物质报酬。换句话说，经纪代理人给演员（导演、编剧）提供就业机会，而经理人则建议演员（导演、编剧）应该接受哪些机会。

由于要极端深入地参与演员（导演、编剧）的工作，一名演艺经理人往往只会“带”很少量的艺人，所以基本上都是以个人为主体自行开展业务，并且不需要取得专业的执照，也很少抱团组建公司。这一点与经纪代理人有着很大的不同。

在美国，经纪代理人的入行门槛相当高。以美国加州为例，经纪代理人需获得专门的许可方可从事该工作。根据美国加州劳动法第1700章[21]的规定，也称《人才经纪法案》（以下简称TAA），经纪代理需交付价值5万美金的担保，提供指纹及各式推荐信，方可获得经纪代理的资格。[22] 取得资格后，大多数经纪代理人都会选择加入美国经纪代理协会（Association of Talent Agents）——一个由从事演艺经纪业的公司组成的非营利性行业联盟。[23] 美国经纪代理协会作为经纪代理的工会组织，负责协调其成员与演员协会、导演协会及编剧协会等工会的关系，商定经纪代理的规章制度及薪酬办法等。就从商业化角度能够为艺人提供的服务而言，美国的专业化水准可能比其他国家都要高。

此外，加州《人才经纪法案》还通过一系列条款去保护艺人免受其代理人在商业实践过程中的侵害，比如禁止经纪人为客户提供有关其工作机

---

21 Section 1700，the California Labor Code，also known as the California Talent Agency Act.

22 美国经纪代理协会（The Association of Talent Agents，ATA）关于会员资格的内容参见 www. Agentassociation. com。访问时间：2019年7月1日。

23 美国经纪代理协会官网，https：//www. agentassociation. com/index. php。访问时间：2019年7月1日。

会的错误或误导信息[24]；禁止派艺人去不安全的地方工作[25]；禁止经纪公司雇佣“妓女、赌徒、酗酒者”[26]；禁止给少数族裔提供非法的工作机会[27]；禁止与客户的雇主分享佣金等。[28]

由此可见，美国的经纪人制度已经颇具规模与体系化，行业规范和法律制度也更加健全。反观国内的经纪人市场，无论是在组织形式、活动范围、经营方式上都仍有进步的空间。

（四）小结

上文简述了好莱坞工会的制度，介绍了好莱坞各方与工会形成的关系。了解全局将会更有利于我们接下来了解工会是如何在各方之间进行权利的制约与平衡的。带着这样的“全局视角”，将更有利于我们深入了解工会如何推动整个好莱坞影视行业，以及如何以制度的方式打造了美国电影工业。接下来，由于篇幅所限，笔者将着重介绍美国好莱坞的三大主要工会，即美国演员工会、美国导演工会以及美国编剧工会。

以上三大工会的入会资格都有不同的要求，事实上，很多工会并不容易加入，因为工会的主要职责之一就是通过限制他们所接纳新成员的数量来保护现有成员的权益。尽管入会资格都有不同的要求，却有非常多的共性，例如：几大工会在管理上都呈现出严格的体系，分类细致；三大工会的核心目标在于促进成员之间的就业机会、保证福利报酬；三大工会都是与共同的美国电影电视制作人联盟进行劳资协定谈判。接下来笔者针对各工会的特征进行具体解读。

---

[24] Section 1700. 32，the California Labor Code，also known as the California Talent Agency Act.

[25] Section 1700. 9，the California Labor Code，also known as the California Talent A-gency Act.

[26] Section 1700. 35，the California Labor Code，also known as the California Talent Agency Act.

[27] Section 1700. 37，the California Labor Code，also known as the California Talent Agency Act.

[28] Section 1700. 25，the California Labor Code，also known as the California Talent Agency Act.

二、美国演员工会

美国演员工会（SAG）是好莱坞历史最悠久，也是美国最具影响力的工会组织，目前有20多万名注册演员，有知名演员，也有小演员加入其中，几乎囊括全美大大小小的演员，而这些演员主演、参与的电影电视作品高达16万部。目前，美国演员工会已与美国电视与广播艺人联合会（AFTRA）合并，简称SAG-AFTRA。[29] 合并后的美国演员工会有着更为强大的能力与谈判筹码去为表演艺术家们争取更大的权益。

（一）演员工会的入会资格

简单来说，演员工会的入会“不难但很贵”。可以加入的方式有：在与工会签署过合同的电影、广告、电视剧作品中担任过主要演员，并且薪酬达到了工会标准；在同等标准的制作中工作30天，且在这30天内提出加入工会的申请。此外，还要提交一位著名演员的推荐信或由3位演员联名推荐。[30]

此外，对于临时演员来说，如果有3个独立工作日参与工会认可制作的凭证，同时附上收入证明，也就有了入会申请资格。但其申请的范围只限于担任临时演员的类别（X类）。

非常值得一提的是，美国演员工会的演员分类（由A类到X类）[31]，所有演员类别的分类都是依照演员们的擅长领域与其所拿到的薪酬而定的。薪酬的级别每年会在合同年度结束时进行评定。此外，上述分类并没有绝对严格的界限，一个演员在电影A中可以签署为合同类演员，在电影B中也可以成为舞蹈类演员等。

取得申请资格之后需要缴纳会费。以洛杉矶、纽约和迈阿密为例，这些地区的入会费是3000美元，加上前半年的手续费58美元，入会则需缴纳3058美元。此后每年的会费会根据会员的收入情况有所变化，最高可达每年6566美元。

---

29 SAG -AFTRA 网站：www. sagaftra. org。访问时间：2019年7月5日。

30 美国演员工会的官方网站，https：//www. sagaftra. org/membership-benefits/steps-join。访问时间：2019年4月1日。

31 A类——按日签约的演员；B类与C类——兼职按周签约的演员；D类——多场景出现的演员；E类与F类——合同制演员；G类——专业歌唱演员；H类——特技演员；I类——飞行演员；J类——舞蹈演员；K类——特技辅助演员；X类——临时演员。

（二）加入工会好处多多

演员加入工会后就会受到工会保护，并会启用由工会与制片方统一谈判好的工会协议。笔者谈及的加入工会的诸多好处，均在工会协议的核心条款中有所体现。

1. 演员工会最低薪资标准

加入演员工会意味着最低薪资有保障。根据美国演员工会自2014年7月1日起适用的合同条件，目前（2018年7月1日至2019年6月30日期间）出演电影和电视剧的演员日薪不得低于980美元。针对每集时长在半小时至一小时之间的电视剧，普通演员每3日的薪酬不得低于2483美元，特效演员则不得低于2681美元。而主演们的最低薪酬另有额外加成。关于加成后的片酬一般是参考演员近期参演相似类型影片时取得的片酬，并根据演员的劳务性质以及演员的社会热度等因素进行协商。此外，也有很多演员为了与他们所钦佩的导演或制片人共事而放弃高片酬。

2. 工会权益保障

美国演员工会也非常重视演员的休息权益和工作环境。根据演员工会条例，工会演员每工作12至14小时，就必须休息10小时。法定节假日要休息，8个小时以上算加班。演员工会协议还规定其成员在演出开始后6小时内享有不少于30分钟的用餐时间，而且每隔6小时就要安排用餐一次。对于违反上述基本规定的制片方，演员工会一般会通过财产性罚款的方式以保证工会制度的实施。

此外，对于服装清洗、住宿条件、养老金等方面，工会也设有规定，可以说是事无巨细了。

3. 支付或参与条款

“支付或参与条款”[32]，又称“立即付款条款”，这一条款对好莱坞从业人员非常有利。简单来讲，这一条款要求制片方“要么付款，要么让演员或导演继续工作”。该条款一方面赋予了制片公司无条件解除演员协议的权利，无论是因为演员与导演关系不和或者制片公司不满意演员表演等原因都不受限制，但另一方面该条款也确保了在演员或导演被制片公司替

---

32 演员工会、导演工会的基础协议中均有类似规定。

换后，依然可以要求制片方去支付该条款中约定好的片酬。这一条款在协议中的一般表述为“若任何时候制片人不再让演员继续提供演员劳务，制片人仍完整地履行支付演员固定报酬的义务”[33]。当演员与制片人签署了该条款，无论是否实际参演电影，或者更换演员，制片人都必须支付完片酬。这一条款保障了制片人不会轻易更换演员。

在这样一个收入有保障、接戏靠专业的制度下，一个追求演技而非流量的行业氛围也就不难建立了，也正是这样的制度才会为演员们提供职业上的信念感。

（三）小结

演员工会制度正是美国影视行业专业化和规范化的一个重要表现，用演员的专业促进行业的专业，而行业的专业又反过来继续支持演员的发展，形成真正的良性循环。在演员工会制度的规范下，演员的片酬不会过低，也不会畸高。比起中国目前动辄演员片酬占总投资的50％至70％之高的情况，好莱坞片场上，演员总片酬在总投资中一般比例可能是10％至30％。

相比之下，国内的剧组更多只是一个临时性组织，这就导致了演员们（尤其是群演和小演员们）对自己的职业缺乏安全感和尊严感，片酬低不说，也难以和片方谈判取得和知名演员一样的保障。在这样的情况下，演员们自然很难建立起踏踏实实演戏的职业信念，更多想到的是一夜成名和一夜暴富。而美国演员工会模式最根本的竞争力就在于，它为所有的会员（不仅是大明星们）提供了基本保障，令演员们敢于追求职业理想，演员们的职业精神也成为美国影视行业规范化和专业化的重要推动力。

三、美国导演工会

美国导演工会成立于1936年，前身为银幕导演工会，发展至今涵盖了电影、电视剧、舞台剧、广告、游戏等行业，目前共有约1.45万名会员。

导演工会与演员工会、编剧工会一样，其首要职责就是保障导演的各

[33] 〔美〕戴娜·阿普尔顿、丹尼尔·扬科利维兹：《好莱坞怎样谈生意——电影、电视及新媒体的谈判技巧与合同模板》，刘莐译，北京：北京联合出版公司2016年版，第157页。

项权益。导演工会与其他工会的目标设置在这方面并无不同，对于导演们而言，自然是加入工会好处多多，体现在工作时限、最低薪酬、差旅标准、社会保险等诸多方面。实际上，导演工会通过了超 600 页的基础协议来保障导演们在工作中的各项权益。

（一）导演工会的入会资格

如果你梦想成为美国导演工会的会员，那么可以从一名第二助理导演开始做起，而最好的方法就是参加导演工会官方举办的培训项目，如西海岸为期 400 天的培训以及纽约为期 350 天的培训。[34] 这两项培训都包括在职培训、研讨班和专业任务三大部分。参加培训的人员会被分配到片场，在导演工会成员的指导下工作。导演工会每年会严格限制参加培训的人数与申请人的质量，一般来说需要有在美国工作的权利以及在影视行业的相关经验，包括有认证资质大学的学位证明（或在读证明）或相关领域的两年以上的全职带薪工作经验证明等。[35]

此外，不参加培训的话可以通过“区域资格登记”的方式成为工会成员，提交相关申请材料以证明自己在相关领域的资质，包括影视公司的聘用合同、拍摄作品等。[36]

（二）核心权利：导演剪辑权 vs 最终剪辑权

成为工会成员后的最核心的权利就是享受工会为成员争取到的权益。在导演工会从制片方手中为导演们争取到的诸多权利中，最为重要的应当是导演参与、主导电影的剪辑工作的权利，就是所谓的导演剪辑权。这很大程度上保障了导演对其电影创作的把控力，帮助导演守住了其作为电影创作核心角色的地位。

1. 好莱坞的电影工业流程

谈及导演剪辑权，就不得不从好莱坞大片的制作流程说起。从好莱坞

---

34 洛杉矶培训官方网站，www.trainlingplan.org；纽约培训官方网站，www.dgatrainningprogram.org。

35 〔美〕Eve Light Honthaner：《完全制片手册》，蒲剑译，北京：人民邮电出版社 2014 年版，第 198—199 页。

36 〔美〕Eve Light Honthaner：《完全制片手册》，蒲剑译，北京：人民邮电出版社 2014 年版，第 199 页。

大片的制作流程来看，大致可分为五个阶段（见图 3）。

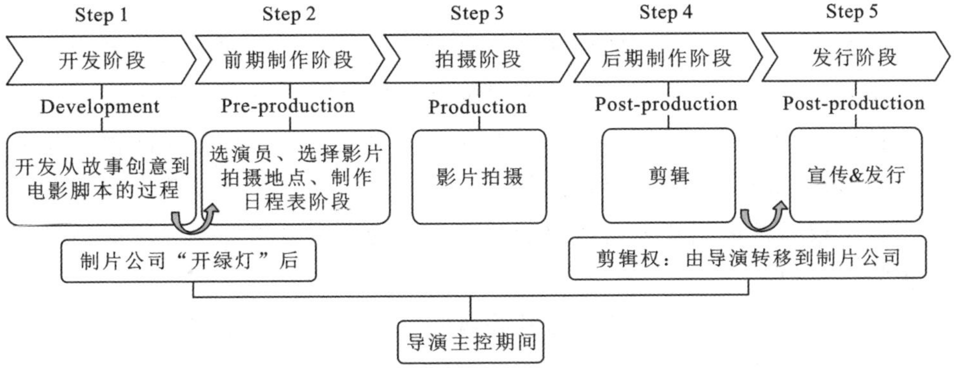

图 3　好莱坞大片的制作流程

一般来说，在第一个阶段“开发阶段”——一个电影项目的故事开发被制片公司审批通过（“开绿灯”）之后，就会进入第二个阶段“前期制作阶段”(一般是导演开机的前 8 周)。在第二个阶段，制片公司就基本上锁定某位导演来进行电影的创作和摄制，并正式聘任其为该影片的导演。在此期间，导演需要配合完成选角、布景、制作拍摄脚本等工作。[37]

随后，影片的制作进入第三阶段“拍摄阶段”，导演按照其与片方签订的导演合同完成影片拍摄的劳务服务。而在影片的拍摄结束后，导演的工作也没有结束，在第四阶段“后期制作阶段”，导演还需与剪辑师共同完成对影片的编辑和混剪工作。

因此，在上述的第二、三、四阶段，导演都是整个项目的核心控制人。

最后一个阶段是“发行阶段”，在此阶段的最开始，导演需要将影片转交给制片公司，此时，制片公司就有机会在导演提交的影片版本基础上，按制片公司的市场需求对影片做出修改和剪辑，这就是所谓的最终剪辑权。

通常，作为资方的片方会将最终剪辑权掌握在自己手中，以便其对导演基于艺术导向创作的影片做出市场导向的调整。在资本导向的好莱坞，最终剪辑权留给了制片公司也并不难理解。但导演工会发挥的作用是在最大限度内为导演争取到导演剪辑权。

37　黛娜·阿普尔顿、丹尼尔·扬科利维兹：《好莱坞怎样谈生意——电影、电视及新媒体的谈判技巧与合同模板》，刘莞译，北京：北京联合出版公司 2016 年版，第 106—111 页。

2. 导演剪辑权

所谓的导演剪辑权，即导演可在其权限内尽其所能展现出其理想中的艺术作品，不受外界干预。在完成导演剪辑版之后，制片公司才能行使最终剪辑权。换言之，尽管导演不拥有最终剪辑权，但至少在导演提交作品给制片公司之前，导演对自己的作品有充分的控制权。导演剪辑权能够在最终剪辑权通常由制片公司取得的情况下，最大限度地确保导演对其创作过程的自主权。

此外，对于在行业中那些被认为既有艺术眼光又备受市场追逐的少数好莱坞大师级别导演（如库布里克、斯皮尔伯格等）而言，其也有可能从制片方手中拿到最终剪辑权。如果导演被授予最终剪辑权，那么制片公司拿到导演剪辑版的影片后，就只有两个选择：要么直接发行，要么将影片搁置。

上述关于导演的权利都由导演工会的创作权利委员会写进了《美国导演协会创作权利手册》[38]之中，该手册不仅便于导演了解他们的权利，而且也被雇佣他们的制片公司所使用。

（三）好莱坞导演的署名权

由于制片方往往享有最终剪辑权，即有权更改导演剪辑版影片，甚至可以在导演反对的情况下重新拍摄或剪辑，因此，在署名问题上，导演工会也为成员争取了充分的权利。导演当然有在影片署名的权利，但是，既然影片的最终上映版本可能被制片方剪辑修改，制片方剪辑后的版本也就不一定符合导演艺术创作的初衷，那么导演也有不署名或选择其他方式署名的自由。

1. 署名的权利范畴

由于制片方在最终剪辑权方面的强势规定，导演一方在谈判中也曾反驳道，如果最终剪辑版本并不令其满意，电影上映时却将导演名字署在影片上，则会导致导演对自己的内心与艺术的认知无法做出真实的交代，这对导演而言是难以忍受的。因此，导演工会与美国电影电视制作人联盟（AMPTP）商讨导演与片方签署的基础协议时，便将署名权变更为导演

---

[38] https：//www.dga.org/～/media/Files/Contracts/DGA_CreativeRightsHandbook_201417n.ashx。访问时间：2019年5月1日。

有权选择是否署名。[39]

2. 显著署名位置

对于愿意署名的导演而言，导演工会还洽谈了对导演不拒绝署名情况下片方应该如何为导演署名的条件。一般而言，导演姓名必须作为最后一个署名出现在片头字幕中。如果没有片头字幕，那么导演署名必须是片尾署名的第一个。发展到现在，这几乎已经成为导演署名的惯例，现在的电影无论是不是工会电影，都遵循了这样的惯例。

除了位置外，导演的署名还需单独在屏幕上显示。关于署名的字体大小与颜色，导演工会也都为导演们在基础协议中争取到了细致的约定，从而能够最大限度地保证导演署名权的实现。[40]

（四）小结

想要成为一个作家，你需要一支笔。想要成为一个音乐家，你需要一个乐器。但要成为一个导演，必须将所有人的工作进行整合并呈现在屏幕之上。

面对如此庞杂的电影制作工程，高度发达的好莱坞将电影不仅仅看作艺术，更看作工业。好莱坞将整个电影产业链条上的所有人在不同阶段与流程上明确权与责。而被认为在电影创作中具备最重要地位的灵魂人物——导演，其重要地位也是经由导演工会和片方的谈判而确保的。那些明确写在手册和合同中的对于导演和片方的权利义务约定，不仅仅是文字，更是契约精神和产业规范的具体体现。

四、美国编剧工会

美国编剧工会（WGA）的成员主要为在电影、电视剧及真人秀、游戏节目、动画、独立电影等领域提供文字内容的编剧。[41]

---

39 〔美〕Eve Light Honthaner：《完全制片手册》，蒲剑译，北京：人民邮电出版社2014年版，第117—118页。

40 〔美〕Eve Light Honthaner：《完全制片手册》，蒲剑译，北京：人民邮电出版社2014年版，第118页。

41 美国编剧工会官方网站，www.wga.org。访问时间：2019年6月1日。

（一）入会资格

要取得编剧工会的会员资格，也有一定的门槛。一方面，入会申请资格按作者在3年内受雇工作折合成的绩点统计，24点以上的作者可以申请。在具体标准上，举例而言，一部院线影片的剧本可计24点，90分钟以上的广播剧或电视剧剧本可计12点，30至60分钟的广播剧或电视剧剧本可计8点（非黄金时段则计4点）。这项标准实际上保证了只有在一线工作的编剧才能加入工会。

除了要保证有质量的产出外，缴纳会费也是获取会员资格的必要条件。根据现有标准，在最终取得会员资格时，编剧需要缴纳2500美元作为会费。

目前，全美约有55%的编剧为工会成员。不可否认的是，相较于演员工会，编剧工会的成员覆盖率明显偏低。事实上，在20世纪80年代中期，编剧工会成员一度占据了美国影视行业95%的编剧岗位。而如今覆盖率大幅降低的根本原因在于，考虑到成本问题，部分好莱坞影视公司开始使用非工会编剧来创作动画片和真人秀节目。

（二）工会能带来什么

1. 薪酬福利

与其他工会相类似，通过集体谈判向资方争取来的薪酬和福利待遇也是美国编剧工会基础协议中的核心内容。基础协议对各项薪酬的最低标准进行了规定。在编剧工会的管辖范围内，所有低于《基础协议》标准的个人合同条款都将归于无效，并适用基础协议的标准。根据2017年版的基础协议，高预算（预算在500万美元以上）电影的最低固定费用标准如下：“除了最低薪金，工会编剧还享有养老金和医疗保险等福利。并且，公司在雇佣编剧写作时，直接支付养老金和医疗保险到该基金的编剧账户，由编剧自己选择医疗保险和福利的类别。”[42]

2. 署名保护

保护会员的署名权也是工会非常重要的职能。在我国，编剧争的可能

---

[42] https：//www. wga. org/contracts/contracts/mba。访问时间：2019年6月1日。

只是署名本身，但在好莱坞制度下，署名还意味着后期的票房分红。在拍摄电影的过程中，有时导演会对剧本进行再次修改。这就产生了一个问题，对最终版本的剧本有一定贡献的导演，是否也享有署名权呢？对于这一问题，根据工会规定，只有对剧本贡献超过 30％的编剧才享有署名权。因此，好莱坞电影的编剧署名不会超过 3 个。

关于署名的方式，一般行业内是按照编剧工会的规定，双方对于署名条款没有协商的需要。一般来说，在试播剧中的署名是“编剧”或“原著”，而在正式播出的剧目中则使用“制作”。

3. 法律支持

编剧工会还具有强大的法律支持能力。当会员与其他方面发生纠纷时，工会能够提供仲裁程序和其他法律程序支持。根据编剧工会 2018 年的财务年报，2018 年工会法律部门共接手 531 个案件，赢得各类赔偿共计约 320 万美元。在 2014 年，这项数额一度高达 1621 万美元。在编剧个体处于劣势地位的情况下，能够帮助会员追讨稿费，维护合法权益，确实体现了工会对于整个编剧行业的实际意义。

（三）小结

目前我国已经成为全球生产电视剧数量最多的国家，但“剧本荒”仍然是整个影视剧制作过程中尤为突出的问题。“时人不识凌云木，直待凌云始道高”，对编剧人才的不重视必然会对我国的影视文化原创力造成负面影响。笔者真心期待我国影视行业能够通过制度建设，为编剧界的“凌云之木”们提供更肥沃的土壤。

五、结语

不得不说好莱坞工会的一大核心作用就是细致地划分了导演、编剧以及演员等职业权益归属，使整个产业有制度、有规范可循。好莱坞的电影工业是集体创作型工业，好莱坞电影的高品质靠的不仅仅是一个好演员或一个好导演，而需要从剧本、表演、拍摄、导演到后期特效、配乐等各个专业从业人员的配合与协助。

虽然国内的优质创意并不比好莱坞少，但将“创意影视化”的制片能力与制度流程等无法匹配。因此，若“100 分的创意”没有“100 分的执行力”去还原的话，那么展现给世人的就仅仅是“80分的作品”。中国有很多优质的创意，甚至好莱坞也需从中国元素中获得灵感与滋养，但是为何我们100分的创意却做不出100分的作品呢？可见提高我国影视制作团队的执行力与行业规范是重中之重。在“内容为王”的今天，观众可能不需要10个“80分”的作品，而需要优质的“100分”作品，为了让创意不打折，提高中国影视制片的规范，我们真的可以从好莱坞学到很多。

如今，中国电影市场已经稳居全球第二，银幕数量也跃居全球第一，部分中国电影的票房更是能跟好莱坞大片分庭抗礼。因此，我们更需要加强中国电影产业化发展，以制度化的方式去打造“中国制片”，才会使得中国创意更有保障，走得更远。当下的中国，影视产业仍处于飞速发展的阶段，互联网、新科技以及新媒体的层出不穷与多元结合，无疑给电影产业增加了更多的想象空间，但其背后所根植于产业的法律制度与行业规则、惯例都是密不可分的。因此，中国影视产业的发展需要向美国好莱坞成熟的管理与制度模式学习经验，本文旨在提供域外视角以实现中国影视娱乐产业早日走出自己的发展道路，实现我国的文化繁荣与创新。

Deciphering the Cornerstone of the U. S. Film Industry: the Hollywood Union System

Cao Dai

Abstract: When it comes to movie blockbusters, people blurt out Hollywood movies. As the world's largest film exporter, the United States has no doubt about its dominant position in the world movie market. In my opinion, the most important reason for the achievement of the Hollywood industry is the complete set of film industry chains that have been formed—not only the complete legal system, but also a complete system of shooting, production, distribution and profit recovery. The core of maintaining the operation of the movie system chain is the union system formed by Hollywood—the Hollywood Union System. This article will introduce the Hollywood union system through the Top three important unions in the United States—Screen Actors Guild—American Federation of Television and Radio Artists (SAG-AFTRA), Directors Guild of America (DGA), Writers Guild of America (WGA). By understanding the three major Hollywood unions, to understand the specific process of industrialization of the U. S. film industry, I hope to provide an extraterritorial perspective for the standardization and optimization of the domestic entertainment industry.

Keywords: Hollywood; Film and Television Industry; Industrialization; Screen Actors Guild-American Federation of Television and Radio Artists (SAG-AFTRA); Directors Guild of America (DGA); Writers Guild of America (WGA); Basic Agreement; Collective Bargaining

美国电影检查制度建立与废除的宗教动因

王生智

摘　　要：美国是宗教化程度很高的发达国家，有94%～96%的美国人信仰宗教。宗教是美国文明之源，对美国政治、法律、文化和外交等发挥着重要影响。宗教也是美国电影检查制度的建立和废除的重要动力，主要表现在三个方面：清教对镍币电影的检查；天主教促成《海斯规范》的制定和对违反天主教教义的电影的检查；联邦最高法院对被控亵渎宗教的电影《奇迹》的判决直接推动电影检查制度的废除。《海斯规范》与电影检查制度是历史的产物，对美国进步运动发挥着一定的推动作用，在一定程度上维护了美国价值观，在20世纪30—40年代对于防止美国电影受宗教和政府的检查发挥着一定的避风港作用，但是在20世纪60年代则成为美国电影发展的障碍。

关 键 词：清教；天主教；《海斯规范》；美国电影检查；美国进步运动；《奇迹》案

作者简介：王生智（1973—　），法学博士，南京航空航天大学副教授、硕士生导师，主要研究方向：法学理论、娱乐法、影视法。

目　　次

一、电影检查研究的宗教维度

二、美国的公民宗教

三、电影检查的社会背景：美国进步运动

四、清教与镍币电影审查

五、天主教与《海斯规范》

六、“《奇迹》案”与电影检查制度的废除

七、小结

“不了解宗教问题就不可能理解美国的政治”[1]。美国的文明建立在基督教的基础之上，基督教对美国的政治、经济、法律、社会和外交等方面发挥着巨大的影响。[2] 基督教在美国电影检查制度的建立与发展中不仅未曾缺席，反而发挥一定的作用，给美国电影法制打上了宗教烙印。作为一种艺术，电影主要肇始于法国、美国等国家；作为一种商业，电影则主要发端于美国。美国率先在法律框架内对电影进行伦理检查或法律规制。从法律渊源的角度看，美国电影检查的伦理、法律和判例都属于广义上的法律。因此，本文拟从伯尔曼的“法律研究的宗教维度”出发，对美国电影检查制度的建立和发展中的宗教动力加以分析。

一、电影检查研究的宗教维度

由受迫害的清教徒建立的美国一直是世界上最为基督教化的国家。基督教对美国政治、法律、社会、文化、教育和道德等方面发挥着重要影响，这种影响力确立于清教徒踏上北美大陆之时，形成于清教主义盛行之际，最后表现为以 WASP[3] 为特征的民族认同。[4] 20 世纪 50 年代以后，带着 WASP 烙印的美国文化表现为 PCJ 模式后，WASP 模式被 PCJ 模式所取代。P（Protestant）代表基督教新教，C（Catholic）代表天主教，J（Judaism）代表犹太教。虽然天主教和犹太教逐渐影响美国宗教甚至文化传统，但基督教 WASP 系统的核心文化价值始终未受到真正冲击。[5]

在美国历史上，基督教曾经发起过四次宗教大觉醒运动。虽然每次大觉醒运动的具体内容、持续时间、影响程度不尽相同，但是每一次都被认为是对基督教新教改革精神的延续。在殖民地时期，大觉醒运动使殖民地

---

1 艾伦 D. 赫茨克：《在华盛顿代表上帝——宗教游说在美国政体中的作用》，徐以骅等译，上海：上海人民出版社 2003 年版，第 162 页。

2 徐其森：《当代美国基督教的新发展及其影响》，《国际关系研究》2013 年第 4 期。

3 WASP 是 White、Anglo-Saxon、Protestant 的缩写，指“白种的盎格鲁-撒克逊新教徒”。WASP 又与“黄蜂”（wasp）的字母相同，所以该词具有讽刺性。详见威尔·金里卡著：《当代政治哲学》，刘莘译，上海：上海三联书店 2004 年版，第 489 页。

4 董小川：《20 世纪美国宗教与政治》，北京：人民出版社 2002 年版，第 239 页。

5 彭朝花：《美国宗教发展态势及宗教事务管理探析》，《统战理论与实践》2017 年第 4 期。

各宗教间增进了解，加速了殖民地的宗教信仰民主化进程。在建国之后，大觉醒运动使得美国的社会风气和政治导向发生深刻的变化，爆发了很多社会改革运动，例如禁酒运动、废奴运动、抨击政府腐败行为、呼吁建立义务教育机制以及寻求女性的政治解放等等。[6]

有“法律宗教学之父”之称的美国著名法学家哈罗德·J. 伯尔曼认为，在西方历史中，宗教是法律的有益资源，对法律的废、改、立发挥积极作用：[7]“法律与宗教是彼此相关的，是社会经验的两个向度——在所有社会，尤其是在西方社会，特别是在今天的美国社会，都是如此。尽管这两方面之间存在紧张，但任何一方的繁盛发达都离不开另外一方。没有（我所谓）宗教的法律，会退化成一种机械的法条主义。没有（我所谓）法律的宗教，则会丧失其社会有效性。”[8] 伯尔曼在他的著作《法律与宗教》中创造性地使用“宗教的法律维度”“法律的宗教维度”的研究视角。

在西方，法律研究的宗教维度并非信口开河。西方文明源自雅典和耶路撒冷，前者诉诸理性与理智，以逻辑和论证为方法，追求的是实在性真理；后者诉诸信仰与情感，以直觉和经验来把握，追求的是启示性真理。而犹太-基督教信仰则坚信上帝是最终的权威，上帝所启示的律法是人类法律的超验的标准，这弥补了希罗文明之短板。二者在公元一世纪的罗马帝国交汇，脱胎于犹太教的基督教逐渐发展为西方文明的精神内核，而希腊哲学和罗马法在中世纪晚期的复兴之后也更深刻地嵌入西方文明，于是西方文明逐渐形成希腊-罗马传统与犹太-基督教传统。正是基于这个逻辑前提，伯尔曼强调西方历史上宗教系统与法律系统间的交流互动，提出西方法律研究的宗教视角和维度。[9] 据伯尔曼的学生、美国法律史学家维特教授 2012 年报告，在西方，人们已经把宗教作为“法律、政治和社会的重要资源”，“是法律和政治讨论中的合法的声音”。[10]

---

6 谢荣谦：《基督教传统对美国政治、社会的认知及影响》，《世界宗教文化》2011 年第 4 期。

7 钟瑞华：《哈罗德·J. 伯尔曼：美国当代法律宗教学之父》，《比较法研究》2017 年第 5 期。

8 伯尔曼：《法律与宗教》，梁治平译，北京：商务印书馆 2015 年版，导言第 1 页。

9 钟瑞华：《哈罗德·J. 伯尔曼：美国当代法律宗教学之父》，《比较法研究》2017 年第 5 期。

10 John Witte，The Study of Law and Religion in the United States：An Interim Report（2012），14 Ecc. L. J. 327.

二、美国的公民宗教

美国是笃信宗教的国家。目前，美国有2000多个独立的宗教机构[11]，有94%～96%的美国人信仰宗教，[12] 其中信仰基督教的人数最多。根据皮尤研究中心2015年发布的调查报告，到2014年，70.6%的美国人信仰基督教，大约7/10的美国人依然认同基督教信仰的某些派别。[13] 基督教可分为罗马天主教、东正教与新教三大分支。新教是美国宗教中最重要的因素。[14] 50%的美国人认为自己属于新教，新教有1000多个不同宗教机构。有20%的人认为自己属于天主教，余下的人信奉其他宗教。[15]

宗教不仅是美国人的信仰寄托，而且成为美国人的精神支柱。美元上印着"我们信仰上帝"，美国的国歌里有"上帝保佑美国"的歌词，国会参众两院的每一届会议都是以国会牧师主持的祈祷开始。到2014年，美国43位总统中有39位是基督教徒，其余4位也与教会关系密切。[16] 结婚、死亡等人生重要事件中都不乏基督教成分，如在教堂举行婚礼或葬礼等，连总统、法官等任职时也要手按《圣经》宣誓。

美国有1200多家宗教广播电台播放宗教节目，每12家电视台中就有一家是宗教电视台。在20世纪的最后十年里，美国宗教节目增加75%。美国的宗教报纸杂志有5000多种，《圣经新约》在美国的印数超过一亿册，宗教音乐的音像制品销售量远远超过爵士乐、古典音乐及其他各种流行音乐。[17] 美国的大学里有大量的学生宗教团体。美国85%以上私立中小学校的学生就读于教会学校。"美国人的价值观和凝聚力是以强大的宗教道德为基础的，美国不是以神权为中心的宗教国家，但离开宗教很难想象会有今天的美国。"[18]

---

[11] 黄陵渝：《当代美国宗教状况》，《国外社会科学》2002年第2期。

[12] 朱丽华：《当今美国社会宗教的特点》，《中国宗教》2014年第11期。

[13] 转引自皮尤研究中心：《变化中的美国宗教图景》，王卓宇译，《国际研究参考》2016年第5期。

[14] 李其荣：《宗教对当代美国社会的影响》，《学术界》2008年第6期。

[15] 黄陵渝：《当代美国宗教状况》，《国外社会科学》2002年第2期。

[16] 朱丽华：《当今美国社会宗教的特点》，《中国宗教》2014年第11期。

[17] 刘澎：《当代美国宗教》，北京：社会科学出版社2001年版，第3页。

[18] 雷雨田：《上帝与美国人——基督教与美国社会》，上海：上海人民出版社1994年版，第1页。

在美国，之所以信教者众，主要有几个原因：第一，美国有信仰宗教的历史传统；第二，美国宗教自由受宪法保护；第三，人们坚信，信仰宗教能够获得灵魂救赎；第四，宗教机构提供了大量就业岗位，为人们提供了慈善服务。美国教会拥有雄厚的资产，20 世纪 70 年代约为 795 亿美元。美国教会理事会 20 世纪 80 年代的资料显示，美国教会的神职人员共有约 50 万名，加上所属机构的秘书与雇员等，总计约为 80 万人。这 80 万人的收入都来自教会。[19]

美国宪法第一修正案规定不得确立国教，在政教之间立起了一道分离之墙[20]，确立了政教分离的原则，并在 1962 年的恩格尔诉瓦伊塔尔案的判决中得以体现和重申。英文里的"政"为 state，"教"为 church，即"政"和"教"分别指国家/政府与教会。换言之，所谓"政教分离"是指"国家/政府"与"教会"的分离，而不是说政治与宗教的分离，更不是说政治与宗教的绝缘。纵观美国历史，宗教团体出于各方面的原因一直以积极的姿态参与着美国的政治进程，成为美国公共政策决策过程的直接或间接的参与者。[21] 与法国让国家免受宗教影响相反，美国的政教分离是让宗教免受国家的干涉；与法国试图将宗教逐出公共领域不同，美国的宗教在公民社会和公众生活领域扮演极其重要的角色。因此，美国国家人文科学奖得主罗伯特·N. 贝拉用"公民宗教"一词概括美国世俗政治与宗教信仰相融汇的社会现实。[22] 具体而言，美国宗教组织主要通过直接开展公共行动、游说政府、参与竞选活动及向政府机构渗透等四种方式影响公共政策。[23]

三、电影检查的社会背景：美国进步运动

从内战到 20 世纪初，受社会达尔文主义观念的影响，美国社会巨变，工业化、商业化、都市化高度发展，由农业社会转变为工业社会，由自由竞争资本主义转变为垄断资本主义，并在 1894 年成为世界第一经济实体。

---

19 李其荣：《宗教对当代美国社会的影响》，《学术界》2008 年第 6 期。

20 任东来等：《美国宪政历程：影响美国的 25 个司法大案》，北京：中国法制出版社 2005 年版，第 209—210 页。

21 王恩铭：《宗教与美国公共政策》，《太平洋学报》2011 年第 10 期。

22 李峰：《罗伯特·贝拉的宗教社会学思想述评》，《华东师范大学学报》（哲学社会科学版）2011 年第 5 期。

23 王恩铭：《宗教与美国公共政策》，《太平洋学报》2011 年第 10 期。

经济的迅速增长导致经济竞争的加剧，托拉斯、卡特尔、大型垄断公司逐渐在经济中占据主导地位。金融资本与工业资本相融合，形成摩根、洛克菲勒、库恩-罗比、梅隆、杜邦、芝加哥、克利夫兰与波士顿等八大财团。[24] 这些垄断财团通过资本与权力的结合向政府寻租，不仅寻求资本扩张，而且通过资助总统候选人以及亲自担任政府要职等方式干预政治。[25]

政治腐败与资本垄断带来的是社会道德败坏、富人生活糜烂、人们沉迷享乐、财富分配不公、贫富悬殊巨大等复杂的社会矛盾和深刻的社会危机，引起民众极大不满，人们借用马克·吐温小说作品中的词语“镀金时代”指称这个时期。[26] 面对危机和民众抗议，从 1880 年起一些行业纷纷成立地区和全国性商会或行业工会，试图通过合作来解决无序竞争带来的混乱。[27]

受工业化、城市化和商业化的驱动，美国在“镀金时代”涌现了一股巨大的平民消费浪潮。家用电器得以大规模使用，汽车得以廉价出售，商店通过分期付款刺激民众的消费欲望。在消费浪潮的裹挟之下，社会道德受到冲击，社会面貌发生变化，人们的价值观和生活方式也随之改变。汽车的使用打破了“闭塞的小镇原有的规则”。电影人物成为青少年的模仿对象，并“劝告中年男女要及时行乐”。广告改造着城市中心的面貌，“突出商品的迷人魅力”，传授消费观念和购物方法。销售活动变成“当代美国最主要的事业”，鼓励讲排场。在这种情况下，“人们嘲笑传统道德观，嘲笑电影男女主角不合时宜的善良，追求物质享受”。在这场物质攀比浪潮中，不仅 19 世纪开发西部时期的淳朴社会风气开始消逝，就连作为美国立国根本的新教伦理也发生动摇。[28]

为了维护经济秩序、社会公正和社会风尚，美国社会各界和政府共同发起了进步运动。进步运动的发起者以国家主义、新个人主义与实用主义为指导思想，一致批判社会达尔文主义。进步运动的参与者认识到，为了革故鼎新，必须依靠政府的强制力和权威性，政府必须由“消极政府”转

---

24 刘绪贻等：《美国通史》（第 4 卷），北京：人民出版社 2001 年版，第 59 页。

25 王衡：《超越“左”与“右”——国家自主性视角下的美国进步主义运动》，《天津行政学院学报》2013 年第 4 期。

26 王生团：《赫伯特·斯宾塞的思想对镀金时代美国社会影响研究》，东北师范大学博士论文，2017 年。

27 王春来：《转型、困惑与出路——“美国进步主义运动”略论》，《华东师范大学学报》（哲学社会科学版），2003 年第 9 期。

28 邹穗：《新福音派与 20 世纪美国基督教复兴运动》，《中国政法大学学报》2008 年第 5 期。

变为“积极政府”，在民主政治框架中和“中立”基础上实现政府的行政权力扩张，主动对市场与社会道德等进行干预。[29]

这场社会变革从18世纪末持续到19世纪初，通过对资本主义的调控来消除社会弊病，取得了一系列实质性的社会进步，同时统治秩序也得到一定程度的巩固与加强[30]，为美国工业化时期政治、经济和社会的转型与健康发展奠定了基础，开启了汉密尔顿联邦主义道路的大幕。[31] 在进步运动中，法律共同体也进行了改革，出现了以霍姆斯、格雷、卢埃林、弗兰克等为代表人物的现实主义法学。现实主义法学区分法律的“实然”与“应然”状态，强调法律应该是“行动中的法”，必须适应并随着社会的变化而变化。[32] 现实主义法学给持保守主义和司法克制主义的法院带来压力，为此后沃伦法院时期的司法能动主义[33]提供了理论基础，使司法能动主义逐渐成为主导美国最高法院的司法理念。[34]

四、清教与镍币电影审查

1895年，法国卢米埃尔兄弟二人在巴黎大咖啡馆的地下室放映了10部短片，开启了世界电影史的序幕。卢氏兄弟的电影实验给远在美国的爱迪生很大触动。经过爱迪生等美国第一批电影人的努力，后来居上的美国成为世界电影的主阵地。美国电影发展的第一个高潮是20世纪初期的镍币电影院的勃兴。所谓镍币电影院，是指放映廉价电影的临时剧场，这些剧场房屋和设施陈旧，空间逼仄，通常由当铺、小商店或饭馆改建而成，一般能容纳200人以下，门票通常为五分钱的镍币。镍币电影院的数量从1904年的几家，增长到1907年的2000家、1910年的10000多家。1910年每周到镍币电影院看电影的人数约有2600万，占当时的美国成人

---

29 王涵：《美国进步时代的政府治理：1890—1920》，复旦大学博士论文，2009年。

30 邓超：《进步主义改革对美国社会主义运动的影响》，《当代世界与社会主义》2012年第1期。

31 谭融、游腾飞：《论进步主义运动时期美国政治的发展》，《南开学报》（哲学社会科学版）2011年第5期。

32 张文显：《二十世纪西方法哲学思潮研究》，北京：法律出版社1996年版，第135—136页。

33 莫顿·J. 霍维茨：《沃伦法院对正义的追求》，信春鹰、张志铭译，北京：中国政法大学出版社2003年版。

34 韩蕾：《论沃伦法院的司法能动主义》，南京师范大学硕士论文，2010年。

的 1/5，总收入达到千万美元。[35]

镍币电影院的蓬勃发展是美国“镀金时代”的一个表征。20 世纪初，美国机器大工业的发展催生出大量的产业工人，城市化的发展带来大量的市民。机器大工业的生产流水线和细密分工为产业工人带来一定的收入和闲暇，加上镍币电影价格低廉，所以数量剧增的产业工人和市民成为镍币电影院的常客，导致镍币电影院数量呈几何级数增长，带来了美国电影业的第一个巅峰。

为了留住老观众，吸引新观众，镍币电影院开始播放性、谋杀、暴力等影片，这引起清教教会和其他进步运动的参与者的担忧与不满。他们认为这些电影会把年轻人引入歧途，他们甚至把镍币电影院看成卖淫和抢劫的训练场[36]，由此引发了清教组织对镍币电影的谴责和推动地方政府的电影检查。

清教是 16 世纪宗教改革之后从新教分离出来的一个教派。清教是美国文化最主要的源头。美国最早的英国移民就是一批清教徒。清教徒构成当时北美移民的主体，在新英格兰北部更是清一色的清教徒。清教主义成为当时人们共同的价值观。[37] 美国“清教思想研究之父”[38] 佩里 · 米勒认为，“清教是西方智性的主要表现形式之一，创造了美国文化所必需的一整套系统的概念综合”[39]，“（清教）在美国思想中的角色几乎一直都是主导性的，因为清教徒的后代们至少把先辈们的思维习惯贯彻到各式各样的追求之中，把影响扩大到整个国家范围之内并在许多活动中起着主要作用”[40]。

清教的基本教义是“人性本恶”，此理念发轫于加尔文主义的“原罪”说。[41] 因此，清教主张人的原罪论和命定论，即人生来就是罪恶的，人的

---

35 道格拉斯 · 戈梅里、克拉拉 · 帕福-奥维尔顿：《世界电影史》，秦喜清译，北京：中国电影出版社 2016 年版，第 16—17 页。

36 大卫 · 波德维尔、克里斯汀 · 汤普森：《世界电影史》，范倍译，北京：北京大学出版社 2014 年版，第 56 页。

37 柴惠庭：《英国清教》，上海：上海社会科学院出版社 1994 年版，第 212—297 页。

38 Robert Middlekauff, “Perry Miller,” in Marcus Cunliffe &Robin W. Winks, eds., Pastmasters: Some Essays on American Historians . Conn.: Greenwood Press, Publisher , 1969, p. 189.

39 张孟媛：《美国清教研究百年述评》，《美国研究》2006 年第 1 期。

40 Perry Miller, ed., The American Puritans: Their Prose and Poetry. New York , 1956, p. 9.

41 张孟媛：《关于美国民主的清教渊源》，《世界历史》2007 年第 6 期。

命运在出生时就由上帝决定了。上帝预定大部分人死后下地狱，而另外一些人通过自己的虔诚和努力获得心灵救赎，从而成为上帝的选民。选民的心灵要经历从罪恶到神圣的升华。因此，清教主张自律和内省，主张虔敬、谦卑、严肃、诚实、勤勉与节俭，反对放纵与奢靡，主张虔诚的教徒要阅读《圣经》，通过上帝与个人的联系获得灵魂的救赎。

镍币电影繁荣的时候恰逢美国进步运动时期。进步运动的改革目标之一就是改良社会道德，这为清教教会批评和审查镍币电影提供了道德正当性和民意支撑。1896 年，电影《欧文和莱斯之吻》因为演员的接吻受到清教组织的谴责。1897 年，由于影片《法蒂玛》中有女舞蹈演员面对观众跳舞的动作，清教教会发动社区民众拒绝观看。制片公司做出妥协，放映时在画面上用白色条纹遮挡女舞蹈演员的某些身体部位。[42] 清教教会认为这些电影不仅违背清教教义，而且导致道德败坏。女权主义者批评这些电影是对女性的冒犯，教师和家长则认为这些镜头会诱导学生和其他青少年犯罪。经清教教会与女权主义群体等社会力量的抗议，纽约市长于 1908 年底关闭该市所有的镍币电影院，其他城市和小镇甚至成立了镍币电影审查委员会。[43]

美国早期的电影检查主要是由清教组织向地方政府施加压力，由地方政府执行，联邦政府不干预。从发生的时间起点看，美国电影检查的出现稍晚于美国进步运动。在电影检查出现之前，美国联邦政府对电影内容和电影从业者的道德表现基本不干预，这主要有以下三个原因。

其一，进步运动之前和初期，美国奉行的是有限政府的政治理念。美国早期的政治理念源于清教的“人性本恶”论。清教主张人类的本性是自私的，具有自私自利本性的统治者也难免滥用权力。因此，统治者权力的行使要依照既定的基本法，政府之存在源于被统治者自愿订立的契约，具体到世俗政治就是实行有限政府。[44]

其二，是治理能力有限的被动选择。在进步运动之前，美国资本主义处于自由竞争阶段，实行自由放任主义经济政策；政治上实行有限政府理念，对社会、经济和道德采取的是不干预或少干预的策略。在进步运动早期，西奥多·罗斯福总统推行“新国家主义”，伍德罗·威尔逊总统提出

---

42 Gerald Mast, A Short History of the Movies (6th edition), Allyn and Bacon Press, 1996, p. 113.

43 大卫·波德维尔、克里斯汀·汤普森：《世界电影史》，范倍译，北京：北京大学出版社 2014 年版，第 56 页。

44 张孟媛：《关于美国民主的清教渊源》，《世界历史》2007 年第 6 期。

"新自由主义"[45]，政治理念从有限政府转变为积极政府[46]。但是，由于社会矛盾和危机集中爆发，民众抗议日趋激烈，而联邦政府治理经验和能力有限，只能将矛盾和危机进行分类，根据轻重缓急区别对待，电影检查不是迫切需要解决的重点。另外，美国早期的电影检查中，各州对电影中的色情、淫秽、暴力与亵渎宗教等内容的认定标准各不相同，立法进程也不一致。[47] 所以，在出现电影检查之前和之后不久，政府对电影也基本采取自由放任的不干预或少干预的态度。

正是出于上述原因，当时的清教组织主要向州及其以下政府提出政治诉求和电影检查的要求。相当长的一段时间里，儿童福利、监狱改革、教育、禁酒、禁赌等重大问题都归属州和州以下政府管辖，与联邦政府关系不大。[48]

进步运动前后，民众对政治腐败、道德败坏、贫富悬殊等积弊发起声势浩大的抗议。清教教会与女权主义群体等也是进步运动的参与者与发起者，这些团体势力强大。处于矛盾旋涡中的政府不愿也不敢违逆民意。所以，迫于清教教会的巨大压力，从进步运动中期开始，政府开始改变此前的自由放任的态度，支持清教对电影的谴责和批评，积极行使行政权力，对违反清教教义的电影进行检查。

在进步运动的压力下，经清教教会的推动，美国法院也一改司法克制主义，实行司法能动主义，以此配合进步运动对垄断经济、市场垄断、政治腐败、道德败坏等的治理，发挥司法审查权和宪法解释权。[49] 美国法院司法理念转变的一个标志就是开始受理电影诉讼。1915 年，美国联邦最高法院审理了美国电影史上的第一例里程碑式案件：共同制片公司诉俄亥俄州工业委员会（Mutual Film Corp. v. Industrial Commission of Ohio）。[50] 该案的关键争端是电影性质的认定，大法官麦肯纳撰写多数意见，

---

45 邓超：《进步主义改革对美国社会主义运动的影响》，《当代世界与社会主义》2012 年第 1 期。

46 谭融、游腾飞：《论进步主义运动时期美国政治的发展》，《南开学报》（哲学社会科学版）2011 年第 5 期。

47 详见 Jeremy Geltzer，Film Censorship in America，a State-by-State History，North Carolina：McFarland & Company，Inc.，Publishers，2017.

48 王恩铭：《宗教与美国公共政策》，《太平洋学报》2011 年第 10 期。

49 王生团：《赫伯特·斯宾塞的思想对镀金时代美国社会影响研究》，东北师范大学博士论文，2017 年。

50 236 U. S. 230 (1915).

裁定电影公司是“纯粹的商业”(a business pure and simple)[51]，不属于宪法第一修正案规定的言论，因而不受宪法保护。该案的判决第一次就电影的法律属性表达了三个观点：其一，电影的主要功能是娱乐，而非表达观点；其二，电影是为获取利润而存在的彻头彻尾的商业；其三，电影具有特殊的腐化能力。[52] 在美国，电影的法律属性一直是电影检查派与反检查派诉争的关键。这个裁决终结了这些争论，为清教徒推动电影检查扫除了法律障碍，电影检查成为常态，电影检查机构激增。到 1920 年，全美电影审查机构增至 200 多个。这些机构将电影中的色情、淫秽、暴力等均认定为“有违道德风化”，并禁止在全国播放。[53]

五、天主教与《海斯规范》

天主教是美国第二大宗教。根据皮尤研究中心的统计，到 2014 年，美国信仰天主教的人数占总人口的 20.8%。[54] 天主教主张苦行主义和十诫，包括反对肉欲、洁身自好、宽恕和好、爱护仇人、臻于至善、诚实守信，“不可杀人”“不可奸淫”“是就说是”等。

与清教经由向地方政府施压的方式对电影进行间接检查不同，天主教在 20 世纪 20 年代以后通过道德检查与宗教抗议等对电影进行直接检查。

对于美国而言，20 世纪 20 年代是“咆哮的 20 年代”。[55] 在进步运动与女权主义运动[56]的推动下，美国颁行宪法第 18 修正案即沃尔斯特禁酒法

---

51 Pure and simple，用于所指名词后，表示“纯粹的、十足的”。国内一些中文论著中将其误译为“单纯而简单的”。

52 Richard S. Randall，Censorship of the Movies. Wisconsin：The University of Wiscoin Press，Ltd.，1968，pp. 18-21.

53 孙绍谊：《从审查到分类——读解美国电影分级制度》，《世界电影》2005 年第 3 期。

54 转引自皮尤研究中心：《变化中的美国宗教图景》，王卓宇译，《国际研究参考》2016 年第 5 期。

55 裴孝贤：《宗教在美国社会中的地位》，《美国研究》1998 年第 4 期。

56 在 19 世纪上半叶，女权主义者之所以参加禁酒运动，是由于她们认为男性酗酒是造成家庭暴力的主要原因。她们主张禁酒既能防止家暴，保护孩子的成长与女性的权益，也有利于在家庭内实现男女平等。基督教妇女禁酒联合会是当时最大的妇女组织，该组织将禁酒推向高潮。

案。[57] 宪法规定销售酒精类饮品是非法的，但是对于销售酿酒原料是否合法却未做规定，留下法律漏洞。酒精销售的正规市场被禁止，但是地下市场却繁荣。到非法经营的酒吧饮酒或者参加狂放的酒会成为时尚，女性流行剪短发、穿短裙、跳查尔斯顿舞或抽烟。[58] 与此同时，好莱坞电影制片工厂体系形成。好莱坞电影工厂在演员的形象包装与推广方面不计成本，并且提供丰厚片酬，明星演员收入有巨大增长。一些富裕起来的电影演员开始过上吸毒、酗酒与性放纵等生活。1920 年，有“美国甜心”之称的女演员玛丽 · 璧克福与丈夫欧文 · 莫尔离婚后，3 周内即与搭档道格拉斯 · 范朋克成婚，这违背了天主教的婚姻观，触怒了天主教会。天主教把婚姻当成圣事与承诺，结婚和独身被看作是两种不同的侍奉上帝的方式。婚姻是不可分离的，天主教徒只能结一次婚。只有在下述情况下方可离婚：无生育能力，通奸，一方死亡，存在禁婚范围内的亲属关系。寡妇再嫁也受限制。[59]

无独有偶。好莱坞喜剧演员罗斯科 · 阿巴克尔的私生活丑闻也暴露出来了。1917 与 1921 年，阿巴克尔各参加一次私人聚会。1917 年的聚会后，马萨诸塞州一名检察官收下阿巴克尔送的价值 10 万美元的礼物。1921 年的聚会结束后，阿巴克尔邀请的一名女客人被发现死于宾馆，阿巴克尔被列为嫌疑人。经过三审判决，阿巴克尔获无罪释放。

另外一起丑闻发生在导演威廉 · 德斯蒙德 · 泰勒身上。1922 年，威廉在与几名知名女演员发生性关系时死亡。天主教对这几起事件中的演员和导演的放纵和不端提出批评，认为这是电影界的堕落，是对崇尚节俭、节制、清贫、诚实、自省等天主教教规的违背，要求电影检查机构查禁。

由于演员私德堕落，电影中“伤风败俗”的内容增加，天主教与电影界的矛盾日趋激烈，电影行业受到进步运动拯救道德的巨大压力。为了避免联邦政府的干预，好莱坞片商行业公会抢先一步，成立美国电影制片人暨发行人协会（MPPDA），聘请美国邮政部部长威尔 · 哈里森 · 海斯担任会长，因此这个协会也称海斯办公室。电影制片人协会寄希望于海斯在

57　美国宪法第 18 修正案：“自本条批准一年以后，凡在合众国及其管辖土地境内，酒类饮料的制造、售卖或转运均应禁止，其输出或输入于合众国及其管辖的领地，亦应禁止。”1933 年，美国宪法第 21 修正案宣布废止第 18 修正案，废除禁酒令。

58　大卫 · 波德维尔、克里斯汀 · 汤普森：《世界电影史》，范倍译，北京：北京大学出版社 2014 年版，第 189 页。

59　张佳生：《基督教伦理与西方世界的兴起》，《南华大学学报》（社会科学版）2008 年第 1 期。

天主教与联邦政府之间斡旋，消除矛盾。海斯在政教两界交游甚广，是美国基督教长老会长老，与时任哈丁总统交游甚多，曾担任哈丁的竞选负责人。

1927年，海斯办公室针对电影开列了“禁止与注意事项”清单，清单包括禁止拍摄非法毒品交易，禁止拍摄清晰或朦胧的裸体，电影中不准出现亵渎神职人员的内容，谨慎拍摄标志残暴或恐怖的形象，谨慎展示走私的方法，谨慎表现勾引女性等。[60]

1930年，海斯任命天主教徒马丁·奎克利与耶稣会牧师丹尼尔成立调查小组，调查天主教徒们对电影界的哪些道德问题不满。由于马丁·奎克利是天主教会创办的《电影先驱报》的发行人，所以这次调查主要通过《电影先驱报》展开。调查结束后，海斯办公室根据调查结果起草了《海斯规范》，即《1930年电影制作规范》。[61]

从文本属性看，尽管《海斯规范》是美国电影制片人暨发行人协会的行业自治规范，对电影界具有行业约束力，但是这并不妨碍它构成广义上的法律。在现代法学界，法律渊源的含义一直比较模糊，这一点得到英国早期分析法学家霍兰德[62]与纯粹法学代表人物汉斯·凯尔森[63]的肯定。究其实质，法律渊源有广义与狭义之分，广义上指法学意义上的法律渊源，狭义上指法律意义上的法律渊源。出于研究的便利，法学意义上的法律渊源可以不予统一或严格界定。法律意义上的法律渊源的概念含义必须清晰，界定标准必须统一。换个角度看，法律渊源也有正式与非正式之分。正式法律渊源指由国家制定或认可的成文法和不成文法，非正式法律渊源指习惯、法理、道德、政策等。《布莱克法律词典》将法律渊源解释为“宪法、条约、成文法或习惯，它们的作用是为立法和司法判决提供权威。”[64]

如果把1930年的《海斯规范》与1927年的“禁止与注意事项”清单加以比较的话，二者从性质上都是海斯办公室起草的行业规范，都有行业

---

60 大卫·波德维尔、克里斯汀·汤普森：《世界电影史》，范倍译，北京：北京大学出版社2014年版，第193页。

61 该规范的中译本参见曹怡平：《1930年美国电影法典》，《世界电影》2009年第1期。

62 Thomas Ersking Holand, Jurisprudence, 13th, ed., Oxford University Press, 1924, p. 55.

63 凯尔森：《法与国家的一般理论》，沈宗灵译，北京：中国大百科全书出版社1996年版，第149页。

64 郭忠：《法律渊源含义辨析》，《法治论丛》2007年第5期。

约束力；从体例和宗旨看，二者是一致的，以主动的姿态对电影内容进行道德约束，避免联邦政府的行政干预；从内容看，《海斯规范》将清单增至11种“禁止事项”与25种“谨慎对待”的事项。11种“禁止事项”的内容包括“明显的淫秽、放荡，朦胧的身体裸露，非法运送毒品”等，25种“谨慎对待”的情况包括“国际关系，枪炮的使用，暴力，恐怖”等。除此之外，《海斯规范》增加了一条，即由天主教会良风团依据天主教教规对电影内容的道德水平进行定级，合格者方可摄制或播放。[65]

虽然《海斯规范》施行之际，进步运动已经结束[66]，但是政府、宗教组织、女权组织和新闻媒体对社会道德状态仍然高度关注，州与联邦政府的行政权力继续扩张，对经济、社会和道德继续保持积极干预的治理方式。因此，在政府与宗教、女权、媒体等组织的环伺之下，中小电影制片公司和演员不敢懈怠，自觉对照《海斯规范》进行自我审查，主动配合检查官的严苛的二次检查，并在电影片尾附上一个“道德说教”的尾巴，以“狗尾续貂”的方式向检查机构妥协。

一些制片人甚至将检查程序提前至拍摄阶段，请检查官直接到摄影棚对每个环节进行审查。进入摄影棚后，检查官将检查权发挥到极致，事无巨细均不遗漏，连女演员裙子的长短都要过问，要求电影中的体面夫妻都必须表现为分床而卧，演员的台词稍有亵渎宗教即被禁止。1939年拍摄《乱世佳人》时，经过电影公司的强烈要求，检查官才准许饰演商人白瑞德的男演员克拉克·盖博[67]在电影中说出那句著名的台词“亲爱的，坦白说，我他妈不在乎”，但在电影播放后，还是被海斯办公室罚款5000美元。[68]

---

[65] 当时因为含有性、暴力、犯罪等违反宗教教义而被审查的电影为数众多。例如：《国民公敌》(1931)、《小凯撒》(1930)与《疤面人》(1932)被宗教团体认为是美化犯罪；《娃娃脸》(1933)、《红发女郎》(1932)、《血溅后街》(1932)被指责为赞同婚外性关系，违背了婚姻的忠贞；《性》(1926)、《依本多情》(1933)与《九十岁的美女》(1934)等被认为涉及性。

[66] 关于美国在19世纪末20世纪初发生的这场社会改革运动的时间起止点，有多种看法。详见：赵辉兵《美国进步运动研究评述》，《史学集刊》2006年第1期；王春来：《转型、困惑与出路——“美国进步主义运动”略论》，《华东师范大学学报》（哲学社会科学版）2003年第9期。

[67] 克拉克·盖博，美国电影男演员。1939年，克拉克·盖博与费雯·丽合作出演电影《乱世佳人》，克拉克·盖博凭借饰演的白瑞德一角获得第十二届奥斯卡奖最佳男主角提名。

[68] 大卫·波德维尔、克里斯汀·汤普森：《世界电影史》，范倍译，北京：北京大学出版社2014年版，第283页。

面对电影检查，中小电影公司主动就范，而八个垄断电影公司则阳奉阴违。因此天主教与这八个垄断公司之间的检查与反检查的斗争激烈，但是由于以下原因，垄断公司很快占下风，被迫接受电影检查：其一，当时正处于进步运动中，垄断资本已经成为众矢之的，联邦政府开始控制垄断资本；其二，天主教是美国第二大宗教，信徒约占美国人口的 1/5；其三，天主教对教徒有强大的号召力。

在 20 世纪三四十年代，美国电影由八个电影公司控制格局，即五大（派拉蒙、米高梅、二十世纪福克斯、华纳兄弟、雷电华）与三小（环球、哥伦比亚、联艺），这八个电影公司都有垄断大财团的支持。这些垄断资本凭借雄厚的实力左右政府，操纵电影市场，抗拒检查。海斯办公室对此也是有心无力，只好睁一只眼闭一只眼。有着巨大宗教影响力的天主教却态度坚决，不断抗议并施压。天主教的组织结构呈纵向型，权力高度集中，教会最高机构拥有决策权。根据美国天主教的教规，由天主教联合会决定教徒对社会问题应采取的态度和立场，再经各教区的主教向本教区内的教徒传达。根据这种自上而下的组织结构，可预测的结果是，如果天主教徒们都认同天主教联合会的决定，那么天主教教会就可以形成一股巨大的力量去影响公共政策。[69]

1933 年，费城大主教谴责在其教区内播放的电影僭越了天主教教义，号召教徒抵制这些电影。芝加哥天主教的 50 万名女教徒甚至发起反对好莱坞电影的“圣战”。为了对“僭越”教义的电影形成强大的宗教和道德压力，1934 年美国天主教成立天主教正派操守协会。全美天主教组织授权这个操守协会检查电影内容和电影演员的生活，给违反天主教教义者贴上“应受谴责”的标签。

天主教对电影的道德和宗教谴责在教内外均有巨大号召力，不仅能够左右半官方背景的海斯办公室，也能影响金融界和企业界对电影的投资与贷款，影响电影观众人数和票房收入。

天主教这一轮“围追堵截”给海斯办公室和电影界都造成很大压力。面对强大的天主教和垄断资本之间的激烈对抗，海斯办公室被迫发挥中间人角色，调停二者之间的对峙。在天主教声势浩大的抗议之下，海斯办公室成立电影制作规范执行局（PCA），职责是监督《海斯规范》的执行情况，由天主教徒约瑟夫·布林任总干事。布林上任后即下令：所有电影开机拍摄之前要将剧本送审，拍摄必须严格按照审查合格的剧本，摄制完成

69 王恩铭：《宗教与美国公共政策》，《太平洋学报》2011 年第 10 期。

后须再次送审，也就是说电影要经过拍前审和拍后审两轮检查，未审先摄、未审先映者要罚 2.5 万美元的罚款。

1956 年，天主教谴责著名导演艾利亚·卡赞投拍的《婴儿玩偶》有女性穿着过于暴露的镜头，下令纽约州奥伯尼地区的教徒在 6 个月内不得进入放映过这部电影的电影院。

1957 年，法语电影《上帝创造了女人》在纽约州放映后，当地天主教组织要求一家电影院停止放映。被电影院拒绝后，教会也号召教徒 6 个月内不得进入这个电影院。[70]

经典影片《卡萨布兰卡》在投拍时，电影制作规范执行局（PCA）总干事布林反对在剧中提及女主角伊尔莎和情人里克曾在巴黎同居，以及雷诺上尉向恳求发放护照的女人索取性贿赂。布林还要求，由于伊尔莎已经订婚，而《海斯规范》禁止表现婚外情的情节，所以《卡萨布兰卡》的结局不能是男主角维克多与女主角伊尔莎“有情人终成眷属”。

20 世纪 30 至 40 年代，美国先后发生经济大危机、罗斯福新政、日本偷袭珍珠港与美国参加二战等重大事件，电影市场起伏不定，电影公司之间竞争激烈。因此，电影界被迫服从检查，1934 年到 1967 年，有 5 部电影因为不遵守天主教教义而被天主教正派操守协会贴上“应受谴责”的标签。[71]

六、“《奇迹》案”与电影检查制度的废除

“成也萧何，败也萧何”。清教和天主教等宗教力量促成美国电影检查制度的确立，也是导致美国废除电影检查、建立分级制度的因素之一。

1950 年，意大利著名导演罗伯托·罗西里尼的影片《奇迹》在美国上映。这部电影讲的是一个智力迟钝的农妇的故事。在山路边被一个陌生人强奸后，这个农妇坚信陌生人是使徒圣约瑟。宗教机构谴责这个情节是对上帝的亵渎。纽约州首先禁止放映这部电影。以侵犯表达自由为诉求，发行商约瑟夫·伯斯汀起诉纽约电影审查机构，此即“《奇迹》案”[72]。纽约州法院一审判决伯斯汀败诉。

---

[70] Richard S. Randall，Censorship of the Movies：the Social and Political Control of a Mass Medium，University of Wisconsin Press，1968. p. 161.

[71] Stephen Farber，The Movie Rating Game，Public Affairs Press. 1972，p. 5.

[72] 343 U. S. 495 (1952).

1952年5月，联邦最高法院改判伯斯汀胜诉。大法官克拉克撰写多数意见，做出三个重要裁定：其一，裁定电影是“传播观点的重要媒体”，受宪法第一、四修正案保护，这种法律属性不会因为它具有娱乐或者腐化能力而受到丝毫影响；其二，只有在特殊情况下，各州方可对电影实施播出前限制，并且由各州承担举证责任；其三，根据第一、四修正案，各州不得以亵渎宗教为理由查禁电影。[73] 这个判决否定了联邦最高法院1915年的共同电影公司案（Mutual Film Corp. v. Industrial Commission of Ohio）的判决，为电影公司反抗电影检查提供了宪法依据，对美国电影的发展意义重大。

另外一起与“《奇迹》案”同时发生的案件也推动了电影检查制度的废除。1951年，奥托·普莱明戈把百老汇舞台剧《月亮是蓝色的》改编成电影。影片讲述两个花花公子和一个漂亮女孩的故事。电影制作规则执行局总干事布林认为，“剧本对于非法的性关系及角色间的相互调情等情节的处理过于轻率，并有着鼓励的意味”，这违反了《海斯规范》与天主教教义。但是，普莱明戈不仅拒绝修改剧本，反而未审先映。当他准备在堪萨斯、俄亥俄、马里兰放映该片时，被3个州禁止，普莱明戈和投资方遂把马里兰州审查机构告上该州法院。马里兰州法院以“《奇迹》案”为审判先例，判决普莱明戈胜诉。此后，普莱明戈相继拍摄了涉及毒品题材的《金臂人》与关注强奸问题的《一个凶杀案的解析》，均未送审，却获奥斯卡奖项。普莱明戈对《海斯规范》与电影检查制度的挑战引起众多电影公司的效仿。至此，《海斯规范》和电影检查制度已经名存实亡。

在推动《海斯规范》与电影检查制度的废除的诸多力量中，如果说“《奇迹》案”的判决是法律动力，那么20世纪60年代美国的社会变革则是社会动力。

20世纪60年代，随着世俗化进程的加剧和青年反主流文化运动的兴起，美国社会进入一个动荡不安的时代，宗教复兴也一度转入低潮。1962年，美国最高法院在“恩格尔诉维塔案”中裁决在公立学校“举行强制性祷告仪式”违宪，1963年又裁决在公立学校诵读《圣经》违宪，这两次裁决促使美国教育体制迅速向世俗化方向发展，成为20世纪60年代大规模青年运动的诱因之一。[74] 与此同时，美国文化迅速走向享乐主义，“注

---

[73] Laura Wittern-Keller，Raymond J. Haberski Jr. The Miracle Case，University Press of Kansas，2008，pp. 109-114.

[74] 邹穗：《新福音派与20世纪美国基督教复兴运动》，《中国政法大学学报》2008年第5期。

重游玩、娱乐、炫耀和快乐”，“充斥着时装、摄影、广告、电视和旅行”。随着《花花公子》等色情杂志的畅销（1970年其发行量达600万份），对情欲的崇拜取代20年代对金钱的崇拜。[75] 在世俗化浪潮的猛烈冲击下，从1958年到1972年，每周都去教会的人数从约49%降低到40%。[76]

欧洲先锋电影的前卫和大胆也从外部冲击了保守的《海斯规范》。1966年，迈克·尼科尔斯的处女作《谁害怕弗吉尼亚·伍尔芙》中虽然有大量的污言秽语，但是经过与海斯办公室的几个回合的拉锯战，最终未加删改原样放映。

其间，海斯办公室内部也有人事变动。1945年海斯退休，由其担任会长的美国电影制片人暨发行人协会改名为美国电影协会（MPAA）。1956年，担任电影制作规范执行局总干事一职长达23年的布林退休。

1968年，时任美国电影协会主席的杰克·瓦伦蒂认识到《海斯规范》已经不能顺应时代，电影检查制度也受到多方挑战，便因时顺势，提出电影分级制度的构想并逐步实行，《海斯规范》与电影检查制度正式退出历史舞台。此后，关于电影的立法逐渐完备，美国电影管理开始走上法治之路。

七、小结

从1896年爱迪生在美国播放电影[77]，到20世纪60年代《海斯规范》和电影检查制度废除，联邦政府、议会和法院对电影这个新事物的关注度不高。在此期间，美国电影管理主要有以下特征。

其一，尚无专门的电影立法，《海斯规范》是政府、宗教机构和其他社会群体评价电影的道德性与社会影响的主要标准。从这个角度看，《海斯规范》对于统一电影评价发挥着一定的历史作用。

其二，由于电影立法的滞后性，在州和联邦两个层级均无电影立法。在进步运动的大环境中，在宗教机构的施压之下，《海斯规范》不可能不对参与电影诉讼的陪审团与法官产生影响，而《海斯规范》侧重于道德评

[75] 丹尼尔·贝尔：《资本主义文化矛盾》，赵一凡、薄隆、任晓晋译，北京：生活·读书·新知三联书店1989年版，第118页。

[76] Andrew M. Greeley, Religious Change in America, Harvard University Press, 1989, p. 43.

[77] 黄文达：《外国电影史教程》，上海：复旦大学出版社2013年版，第11页。

价，且用语模糊。这些因素导致各州法院对电影诉讼的审理标准不统一。

其三，从 1896 年到 20 世纪 60 年代，美国发生了美西战争、美菲战争、两次世界大战、朝鲜战争、越南战争和经济大危机、罗斯福新政、进步运动、女权运动等重大事件，联邦政府无暇顾及电影检查。在这几十年间，发起和执行电影检查的主导力量不是联邦政府，而是宗教机构和州政府等。

从历史的角度看，《海斯规范》与电影检查制度大体上与美国进步运动同步发生，在一定程度上配合和促进了美国进步运动的发展，对美国电影业的发展功过各半。

在 20 世纪 30 至 40 年代，《海斯规范》和电影检查有限地维护了清教与天主教等宗教团体的利益，有限度地促进美国社会道德的提升，有限度地维护了美国的价值观，为处于起步阶段的电影规避政府和宗教机构的压力提供了避风港。在“《奇迹》案”之后，《海斯规范》与电影检查已失去法律正当性。到 20 世纪 60 年代，对于已经高度托拉斯化的大电影公司来说，《海斯规范》与电影检查已经成为其扩大市场的障碍。历史之于《海斯规范》与电影检查制度，既是摇篮，也是坟墓。

Role of Religion in the Establishment and Repeal of Film Censorship in America

Wang Shengzhi

Abstract: Religion is not only the belief of 94%～96% of Gross Americans but also the source of American civilization that plays a vital role in the course of foundation and development of the United States of America. Religion is also one of the important impetus towards the establishment and repeal of American film censorship in terms of three aspects, i. e., nickel film censorship by Puritans, the imposition of Hays Code and movie censorship exerted by the Catholic church and the verdict of Miracle case. Film censorship promoted Progressive Movement and American film to a certain extent in the 1930s but hindered American movie in the 1960s.

Keywords: Puritans; Catholicism; Hays Code 1930; Film Censorship in America; Progressive Movement; Mutual Film Corp. v. Industrial Commission of Ohio, 1915; Joseph Burstyn, Inc. v. Wilson, 1952

名家访谈

“影视行业税收法律问题研讨会”实录[1]

演讲人：刘剑文（北京大学法学院教授）
郭维真（中央财经大学法学院副教授）
贺燕（首都经贸大学法学院讲师）
张军（北京市东卫律师事务所高级顾问）
与谈人：王秀海（北京市法学会研究部主任）
王国骞（中国文联权益保护部副主任）
张光磊（竞天公诚律师事务所合伙人）
刘承韪（中国政法大学教授）
主持人：刘毅（北京理工大学法学院教授）
时　间：2019 年 4 月 13 日下午 2：00—5：00
地　点：北京理工大学中心教学楼

刘毅（主持人）：各位老师、会员朋友，下午好！由北京市影视娱乐法学会主办、北京理工大学法学院及法治研究中心承办的“影视行业税收法律问题研讨会”现在开始。

首先请允许我代表主办方介绍一下今天来参会的专家学者。第一位是

1 “影视行业税收法律问题研讨会”系由北京市影视娱乐法学会主办、北京理工大学法学院及法治研究中心承办的闭门研讨会，旨在使专家学者与从业人员相互交流观点，凝聚共识，一道为解决影视行业法律问题贡献力量。本文系由研讨会上专家的发言整理而成。

北京大学法学院刘剑文教授，他是北京大学财经法研究中心主任、财税法学研究会会长，应该说是我国财税法领域的顶级权威专家，非常感谢他的到来。第二位是我们学会的上级领导单位北京市法学会研究部王秀海主任。第三位是我们的特邀嘉宾，来自中国文联权益保护部的王国骞副主任。第四位是来自中央党校《行政管理改革》杂志的谢庆副主编，以及她的同事刘翠霞编辑。然后是来自中央财经大学的郭维真副教授、首都经贸大学法学院的贺燕老师、北京市东卫律师事务所高级顾问张军律师以及竞天公诚律师事务所合伙人张光磊律师。接下来还有我们学会的两位副会长，中国政法大学刘承韪教授和北京市里仁律师事务所主任武玉辉律师。最后做一下自我介绍，我是刘毅，北京市影视娱乐法学会的副会长兼秘书长，也是北理工大学法治研究中心的负责人。最后，我代表北京理工大学法学院向各位嘉宾、各位老师的到来表示热烈欢迎，谢谢大家！

那我们就开门见山直奔主题了。大家都知道"影视行业税收风波"自去年以来到今年仍然是一个很热门的问题。它既是一个热门的社会话题，也是一个很专业的法律问题。这个领域去年发生了很多知名的事件，这样的一些事件，到现在为止对行业仍存在较大影响。我们特邀的一些影视业内专业人士来旁听参会并参与讨论，也是对这个主题特别感兴趣。我们今天有幸请到了几位专家，都是财税法领域非常权威的专家，相信他们会给我们分享非常有价值的观点。

那么第一位先邀请我国著名的财税法专家刘剑文教授来为我们做主题发言，大家欢迎。

刘剑文：对于影视行业税收的问题，社会确实是高度关注的。今年2月份，新华社发文通报了国家各层面对于过去影视行业税收问题的整顿情况，给了社会一个交代。上面可以看到我接受采访时的一段发言。对于这个问题，我想应该从"影视行业的税法问题"与"税法视角中的影视行业问题"这两个维度去谈。

从中共十八届三中全会以来，中央对于财政税收立法问题是高度关注的。从中共十八届三中全会明确提出落实税收法定原则开始，国家整个税收立法的步伐在大大加速。这个速度可能超出很多人的预期。在我们国家整个法治体系里面，财税立法是很缓慢的。这一方面是因为有关部门可能不重视，另一方面则是因为它太重要，因为它涉及财产问题。按照我国《立法法》和《宪法》的规定，税收立法权由全国人大和全国人大常委会来行使。在1984年和1985年，为了经济体制改革和对外开放，把税收立法权授予国务院。这是一个概括性的授权。30多年过去了，国务院迟迟没有还这个权力。为什么不愿意还？这个权力太重要了，它涉及财产问题。如果对政府税收立法权不加以限制的话，很多时候就是“无法无天”，想怎么立法就怎么立法。这就发生在我们生活里面，大家印象很深刻的一个例子是 2007 年，当时为了抑制股市上涨，财政部 2007 年 5 月 30 日深夜 12 点把印花税的税率调整了。这在当时引起轩然大波，也造成股市大跌。2014 年的 12 月到 2015 年的 1 月，成品油消费税三次提升。一个税种的税率在一个半月里调整过三次，这在哪个国家都不敢想象。我们可以看到中央高层对财税问题的定位为“财税体制”是“实现国家长治久安的制度保障”。大家其实可以看一看，人类社会的变迁史，在某种意义上来讲，就是一个税收制度的演变史。像英国的光荣革命、法国大革命和美国的独立战争都是因为税引发的。中国历史上多少次农民起义也是因为老百姓不满当局的苛捐杂税揭竿而起的。这说明当时税收制度的不科学、不合理、不规范。所以新一代领导人高屋建瓴，意识到财税制度对国家的重要。上述观点提出以后，在近几年的全国人大立法规划里面，有将近十个税种的立法将在两三年里推出来。

在我国税收立法步伐大大加快之时，人们的税收法制观念也在不断提高。既要提高纳税人对税法的满意度，同时要提高纳税人对税法的遵从度。满意度和遵从度是并行的。特别是在 2016 年，中共中央深化改革领导小组在《深化国税、地税征管体制改革方案》中明确提出了两个度：满意度和遵从度。立法的步伐在加快，税收的执法也需要不断调整。法治要求既要科学立法，又要严格执法，还要公正司法以及全民守法。随着立法步伐的加快和法治观念的提升，在执法过程中可能形成影视娱乐业征税问题受到大家特别关注的局面。

在前段时间，我写了一篇评论，题目叫《法治时代更应该重视公众人物的社会影响》，是对×冰冰事件的一个点评。我认为，在法治时代，影视娱乐行业的明星们在某种意义上来讲代表社会的一个形象。这个形象从社会的角度来讲，我们都希望是正面的。一个负面形象给整个社会所带来的影响是非常大的。所以公众人物引发的事件会引起很多人的争论。比如说这个事件发生以后，我们其实很多人对于×冰冰事件的处理有不同的看法，比如很多人说：“为什么不追究刑事责任而仅仅处以罚款?”如果是一般人，你逃税 100 万元可能判刑，她为什么没有判刑？这就涉及从法律上去思考，是不是在放纵他们，是不是对他们过于宽容？我想对于这一问题应该还是要回归到法律程序去理解。从《刑法修正案（七）》来看，对于逃税问题的处理跟过去相比发生了很大的改变。《刑法修正案（七）》有一个很重要的内容就是，对于初犯，补税加滞纳金和罚款的，可以免于刑事处罚。这符合我们所讲的罪刑法定主义。人类社会法治文明的两大基石，一大基石叫罪刑法定主义，一大基石叫税收法定主义。我们知道罪刑法定主义有两句话：第一句话是你构不构成犯罪由法律规定；第二句话是你构成犯罪要不要追究法律责任由法律规定。从罪刑法定主义来看，我们可以理解为，对×冰冰没有追究刑事责任并没有否定其犯罪问题，这是罪刑法定主义的一个要求。但《刑法修正案（七）》里规定了行政前置程序，你只要补税了，交了滞纳金和罚款，就不追究你的刑事责任。这样规定的合理性就在于贯穿了人道主义精神、人文关怀精神。此外，如果说没有这样的规定，那 8.8 亿元税款加滞纳金和罚款也不能很快进入国库。因为其为了免于刑事处罚，必定会想方设法把税交上去。这就是《刑法修正案（七）》里这一规定的魅力。后来我记得在一次案件论证会上，当时参与了制定这款规定的一位法官就曾提出，是否可以考虑以后经济犯罪都采用这种模式。所以我想强调说，当时对于×冰冰的处理是有法律依据的，不是法外开恩。这并非仅仅针对×冰冰，而是针对所有的人。

这个案件发生后，我们其实在思考法治建设新 16 字方针中的“全民守法”的问题。对于影视行业的明星而言，他们的形象对整个社会的影响是潜移默化的。好的形象可以带动整个社会的风气向良好的方向发展。如果其形象不好，给整个社会带来的负面影响也是很大的，一定程度上可能会败坏社会风气。所以在国家加强税收法制的这样一个年代，在强调纳税人权利保护的过程中，我们每一个公民如何来提高自己的税法遵从度？特别是一些有影响的人，其如何在社会上树立良好的公众形象？这就是我们需要去思考的问题。在国外，不管是电影明星、电视明星、体育明星还是其他明星，都有专门的税法部门规制。我们如何让中介机构更好地为娱乐行业提供法律服务，使我们取得的收入合法，不会受法律追究？

我想提出这样一个概念，即“纳税是公民财富安全的通行证”。当今社会，随着社会财富的不断增长，除了对税法的遵从度外，我们如何有一种安全感？这种安全感一方面来自良法善治，另一方面来自我们遵守法律以获得法律的保护。这个问题很重要。所以我想强调以下几个方面。首先，在整个社会需要树立这样一种观念：只有依法纳税才能获得财务安全。对于每个人而言，当你的财富没有纳税之前，你不能说这财富是你的，因为这里涉及你和国家或者与社会公众的利益分配问题。只有你缴了税以后的财产，你才能说财产是你的。很多人质疑说：“为什么要我缴税呢?”因为我们每个人财富的获得，都是以国家提供大量的公共物品和公共服务为基础的。比如说对外要防御、要有军队，对内要有维护治安的警察为纳税人服务。还有道路交通桥梁以及政府机构都是为大家服务的。对于影视行业来说，如果说没有这种公共物品和公共服务，从业者很难创造这么多的财富。正是因为国家现在有一个稳定的法治环境，给大家提供了创造财富的机会。

因此，我们还是应该回到一个基点，就是遵守规则、遵守法律。要做到这一点的话，第一，要在影视行业对税法进行普及，对影视明星进行教育。这方面的事例应该不少，20 世纪 80 至 90 年代，当时的毛阿敏、刘晓庆都让人印象很深刻。税法是相当复杂的。在今天，影视明星里的每一种少缴税的方案是不是合法？是避税还是逃税？可能有些人有些时候不太懂法律，就给你出个方案，这种方案其实是用逃税的。另外，有的地方政府宣传说你到我这里来，我给你税收优惠。所以我想说影视明星的逃税现象也受到了社会环境的影响。事实上，在我们国家，中央税的税收减免是由国务院决定的，地方税的税收减免权是由省级政府来行使的。除此之外，所有地方政府都是无权的。现在国家正在清理地方混乱的税收优惠政策问题。

总之，从影视行业来说，从业人员需要树立纳税是公民财富安全的通行证的观点。从税法的角度，怎么来看待影视行业？我们知道税法是一把双刃剑，税法能够起到维护影视明星的合法权益、保护行业发展的作用。只要是在法律允许的范围内从事的活动，就不会有太多的风险。另外，我们也可以考虑，影视行业的税法如何更加规范。这里面也需要大量的中介服务人员，包括律师，包括税务师，还包括社会共同的深入思考。我们要定期对影视明星进行法律普及。因为影视明星不是一般人，而是社会公众人物，应该给社会带来正面的形象。我今天就说这些。

刘毅（主持人）：好。非常感谢刘老师这番高屋建瓴、全面透彻的分析。他提出了一些很重要的观点。首先我就记住了这样一个口号，“纳税是公民财富安全的通行证”。然后他从税法的角度看影视行业和从影视行业的角度看税法，提出税法是对影视行业以及影视明星权益的保护。关于一些具体问题，他提出了罪刑法定和税收法定这两个重要的法治原则，以及在这样的原则之下，一些涉及工作室的问题，涉及地方政府的税收优惠的问题。他给我们影视行业从业者提出了一个很好的建议：不管是明星也好，还是公司也好，以后可能需要有更多精通税务和法律的专业顾问为影视行业和明星们保驾护航。这样看来，本次对影视行业税收行为的规范整顿很可能为今后影视行业税收方面的法治化提供一个很好的契机。

好，那么接下来就有请来自中央财经大学法学院的郭维真老师从她的角度谈一谈，可以是对刘老师发言的继续发挥，也可以有不同意见，欢迎。

郭维真：剑文老师刚才高屋建瓴的分析给了我很多启发。我在来之前对这个问题做了简单的准备，但是发言并不限于×冰冰事件。刚刚剑文老师也提到地方政府的税收优惠问题，所以我想继续和大家讨论，如果从立法者或者说从国家治理的角度，首先要问：为什么会有这么多的案子出来？或者说为什么一开始大家都跑到霍尔果斯去注册，结果（×冰冰）事件发生后大家又纷纷注销？

大家蜂拥而至去霍尔果斯注册公司是基于税收优惠政策。根据我的了解，这些地区的税收优惠政策，最早是国务院的国发〔2011〕33号文（简称"33号文"）提出对喀什、霍尔果斯支持开发区建设的意见。新疆地区政府逐层发文对33号文的政策予以具体落实。但我们会发现地方政府其实并不是简单予以落实。像刘老师所说的，省级政府有制定优惠政策的权限。因此政府提出政策称在优惠目录之内，免征五年企业所得税之后，再予以免征企业五年的所得税地方分享部分。换句话说，其实地方也有很大的权力。政府除了免征地方分享部分，还安排补助资金，也就是说从税收优惠到财政补助两方面都给了喀什和霍尔果斯特别好的政策支持。

但这种政策支持一定要有非常大的财力来支撑。新疆在2019年的均衡性转移支付是626.5亿元，位居全国第九。我们知道新疆虽然地域面积很大，但是人口有限，626.5亿元的转移支付数据在全国比较靠前。2017年新疆的财政自给率只有31.78%，从数据来看，其收入是1000多亿元，但是它的预算支出是4000多亿元。2018年新疆的公共预算收入只有1500多亿元，它的上级补助收入达到了3000多亿元。换句话说，那么大规模的税收优惠和财政补贴的钱是来自哪里？我们说地方政府是可以用归属于地方的税收所得来给予优惠。但是我们这种优惠政策到底是自己来支撑还是靠中央来支撑？如果说靠中央来支撑的话，那全国其他经济发达的省（区、市）实际上都承担了输血功能。

大家都在讲霍尔果斯，但是其实对霍尔果斯的开发与喀什是并列的。为什么大家全都跑到霍尔果斯？因为每个地方所支持的产业目录是不一样的，霍尔果斯的重点鼓励发展产业目录里就涉及广播影视。广播影视是一个非常大的概念，它的产业链上可能有扮演不同角色、具有不同功能的从业者。广播影视相较于优惠目录里的其他产业来看，几乎是全环节的，涉及制作、发行、交易、播映、出版以及衍生品开发。我们说一个跟广播影视比较相近的行业，比如说广告，广告也涉及设计、制作、策划、发布等环节。广告的优惠政策在产业链上不同环节是不一样的。比如说在重点鼓励发展产业目录里，它的广告优惠政策就不包括广告的发布，但是广播影视是涵盖了全部。所以说一种税收优惠，政府有没有给到全环节，或者说给在哪个环节，不给在哪个环节，实际上体现了政府的政策导向。比如政策的目的是希望促进某些环节的发展，或者说希望产业的价值链向某些优惠环节来集中。所以我们在理解这样的优惠政策的时候，就要去看政策背后想要达到什么目的，而不是说只看到表面内容就蜂拥而至。此外，这种优惠政策是有阶段性的。在一个阶段内，这些优惠政策实际上是不是达到了其想要的效果也需要评估。我们希望这种评估也能够由总局牵头和地方政府来共同落实，以便能给整个产业一种预期导向。

另外，为什么大家都能跑到霍尔果斯？我大概去查了一下数据，说霍尔果斯在大家纷纷注销之前，已经有2000多家影视公司成立。它那么容易成立公司实际上是通过“一址多照”的形式实现的。其实，在一年前，新疆的工商局就已经暂停“一址多照”政策。但是政策的制定和执行，为什么中间有一个那么大的断档？这从政策执行者的角度来说，也是一个严格性和严肃性的问题。最近很多红圈律所纷纷在自己的微信公众号中讲开曼的经济实质法。其实去一个税收洼地设立一个基于避税目的而成立的公司在目前的中国很常见。那么从政策制定者或从主管当局的角度来说，我们有没有可能根据国内法从税收优惠角度也去考察一些企业有没有一种经济实质？我们当然希望企业在当地要有实体，要有人员，要有管理活动，要产生营运开支，因为其实我们一开始给这些地方这么大的税收优惠就是本着推动当地发展的目的。但是现在如果不去考察经济实质，税收优惠给当地带来的效益可能并不能够匹配优惠政策力度。所以这也是我觉得可能需要考虑所谓“经济实质”的原因。

刚刚讲的是从国家层面需要关注的。那么从税法的遵从者，从个人、企业或影视行业来说，现在会看到的几个比较大的法律风险，我来简单梳理一下。

其中，一个是来自现金交易的法律风险。我们对现金交易的理解，不能再局限于特别狭窄的“钞票”的范围。像微信、支付宝这种私对私的转账是非常普遍的现象，这种转账不是一个公对公的行为。通过这样一种私对私的方式，很可能没有发票，进而导致财务上无法证明进项。增值税就是一个很典型的以票控税的税种。因此在征缴增值税时就会面临很多麻烦。此外还有一个代扣代缴的问题。新的个人所得税法里规定有一些情形之一，纳税人应当办理纳税申报。那这些情形已经比过去的扩张了很多。其中很重要的一个就是取得应税所得，扣缴义务人未扣缴税款。最高人民法院在2002年的时候有一个司法解释，规定，扣缴义务人书面承诺代纳税人支付税款的，应当认定扣缴义务人"已扣、已收税款"。[2] 如果说合同已经这么约定了，那这个时候纳税人到底需不需要依法办理纳税申报？当然我们说没有办理纳税申报有很多法律责任，只不过实践中尚未落实。实践当中还会存在扣缴义务人已扣未缴，甚至未扣未缴。那么纳税人的法律风险到底怎么去评估？除此之外，还存在企业出于避税目的要求员工以发票报销工资。这种操作看上去很好，但实际上很容易被查到。比如说企业的燃油费特别多，但是单位的固定资产中没有那么多的车辆信息。因此，只有税务合规才是最安全的。各种各样的税收筹划，可能最后不但面临经济上的得不偿失，也会承担其他的法律风险和责任。

除此之外，关于×冰冰这个案子还是涉及"罪与非罪"的问题。其实在考虑刑法之前存在一个行政处罚，或者说税收征管法上的责任。但是新的税收征管法现在尚未出台。我们目前的税收征管法还保留"偷税"的表述，但刑法上已经改成了"逃税"。这件事情我们怎么去认定，税收征管法在修改过程当中，我们怎么让税收征管法与其他相关法律更好地衔接，这也是一个比较重要的问题。比如和行政处罚法的衔接，行政处罚法之前在第27条规定从轻或者是减轻行政处罚。但是现在当你发生逃漏税行为之后，你主动去申报纳税了，是不是就应该认定为属于主动消除或者是减轻的违法行为的危害后果，应依法从轻或者是减轻行政处罚？违法行为轻微，同时因为你自己报缴税款也没有造成严重危害的，那就不应该予以行政处罚。但是因为你故意逃漏税金额重大，之后你又主动申报缴纳税款，那么在行政处罚上其实存在一个疏漏。所以修改征管法需要与刑法的衔接，并对行政处罚法予以补漏。

另外，相关部门出台的限酬规定，比如个人片酬不能超过总片酬的70%等，这类规定从某种程度上来说属于"核定"。这种核定可能是对民商事交易的干预。这种干预背后的法理依据是什么？刚刚剑文老师就讲得特别好，比如说公众人物能够创造价值的所有机会，实际上都是建立在国家提供的公共服务和公共物品的基础之上。在某种程度上公众人物的所有受众，实际上它背后所靠的也都是国家的公共物品和公共服务。在这样的

2　参见《最高人民法院关于审理偷税抗税刑事案件具体应用法律若干问题的解释》法释〔2002〕33号。

一个视角之下，这种合同就不再简单地属于民商事私法类的契约，理所当然地要受到一些公法上的规制。

很多人关注影视行业，是在关注影视行业背后所代表的资本。其实资本和劳动报酬在个税法上都看得很清楚。我们大家都知道劳动报酬是对付出和投入的回报。不管是劳务费、工薪，哪怕是特权使用费，前期也有一些投入和付出。新修的个税法进步很大，但它实际上仍然无法解决资本性收入和劳动性收入不匹配的问题。目前在世界各国都面临着资本的稀缺，哪怕是中国现在能够有那么多利好政策去吸收各类资本进来，但资本仍然是稀缺的。所以我觉得从业者大可不必认为整顿是对其背后资本的一个冲击。整顿反而可以通过更具确定性的税法来实现“谁更合规谁的春天可能就越繁盛”的局面。谢谢大家！

刘毅（主持人）：郭老师以非常具体和细致的分析，从政策、规则、社会现象三个维度，对影视行业税收法制问题展开了很详细的探讨。第一个层面是从政策方面，对于以霍尔果斯为代表的地方政府税收优惠的实际效果提出了反思。从规则方面，她分析了一些可能存在的法律风险，以及税收征管法与行政处罚法、刑法的衔接问题。最后论证了影视行业行政干预的合法性，并提到了合规的重要性，总结非常到位。

那么接下来就是来自首都经贸大学的贺燕老师发言。首都经贸大学法学院是我们学会的发起单位之一，对我们学会工作支持很大。另外，我们也知道首都经贸大学法学的特点与经济贸易结合得非常紧密。接下来欢迎贺燕老师发言。

贺燕：我特别荣幸能够参加本次研讨会。我就×冰冰这个案件准备的发言可能稍微偏向法学理论。但在介绍之前，我想先就剑文教授他们提出的问题，分享一些自己的想法。

首先，在×冰冰案件出来之后，我对于地方性税收优惠的第一个思考为：现在这种地方性的税收优惠其实可能处在一种新的竞争中。根据税收法定原则，按说税收的任何减免都只能由法律来规定，或者至少是由中央层面来规定，但是很多地方政府利用支配地方性税收的权力，或者用财政返还的方式来变相提供政策优惠。这主要可能还是基于GDP的考虑，希望能吸引投资、带动就业，再进一步增加税收。但是在这个过程中，国家层面没有对这种税收竞争进行规范，结果就形成了一种“奔向底部”的竞争局面。因为你在这里弄了一个洼地，别人可能也得制造洼地，否则，他的投资就会流到你这里来。这其实是一个整体利益的损失。对于这种竞争，我们目前在国家层面没有类似的规范或者规制的办法。但是像欧盟有专门的规则来防止成员国进行这种有害的税收竞争。比如卢森堡、荷兰、爱尔兰15%的税率一直受到质疑，因为它们的所得税税率比其他成员国低得多。这是一个关于税收优惠的问题。

关于增值税的抵扣机制，我想到其实影视行业有一些避税的冲动也好，或者是逃税的做法也好，有时是跟咱们现行的税法制度有关。我了解到一些影视公司经营成本很高。现在营改增之后，根据增值税抵扣机制，如果要实现进项抵扣，得要有费用的发票。但很多投入没有办法取得专票，所以只能去给艺人成立工作室来去取得一般增值税纳税人的主体资格，从而可以开专票，以便拿到税款的抵扣。但这种税款的抵扣，可能也会衍生出一些其他问题。这就不限于影视行业了，我了解到，在废旧物资回收行业，由于行业性质，进项很少，但是销项的税率很高。因此从业者往往采取各种方式，比如设立空壳公司的方式，或者去有税收优惠或财政补贴的地方设立主体。但这些做法是有隐患的，因为如果实体没有在当地，但在当地开具专票，可能会构成虚开增值税专发票。虚开增值税专用发票是很多行业头上的一把利剑。

关于总局文件涉及溯及适用的问题。首先，对于核定征收，现有的问题是我们在适用核定征收的时候，并非核定完成之后就完全只是按照核定的定量或定率去征收。它一般有核定的基础，如果你的收入规模超过这个核定基础，你肯定有去如实纳税申报的义务。但是可能有一些影视公司或从业人员没有意识到核定征收的这种前提，以为仅按照核定的标准纳税之后就是完全合法的收入。实际上核定征收的制度不是这样运行的，它存在一个核定的基础，比如说工作室如果一年收入200万元可以参照这个税率，但是实际上它的收入远远超过200万元，这里就很显然存在法律风险。

其次，对于总局文件有没有涉及溯及调整的问题，我正好有一个课题在专门研究溯及课税的命题。我们讲税收法定原则，我们要将税法规范层级上升到法律。可是法其实是有很多维度的，它有时间维度，也有地理维度。那么时间维度其实就涉及税收法律的生效时间可否向前，或效力可否向后溯及。目前税法研究对这个问题的关注不是很多，但是就我的观察，现有的税收立法，还有财政部、税务总局发布的文件在发布的时候没有充分考虑到新的规则出来之后，对既有的法律行为、经济的行为、投资行为到底会有什么样的调整效果。因为投资活动等经济行为具有长期性、持续性。哪怕有一些文件在拟好的时候规定了实施日期，在发布的时候却没有考虑到之前行为的持续性，从而产生溯及调整效果。

溯及调整效果其实跟刚才刘剑文老师提及的安全感是有关系的。为什么现在的经济形势似乎没有那么好？为什么虽然重大利好的政策出台了这么多，经济上的回应没有期待中那么好？可能是因为我们的政策法规太易变了。企业或者整个市场没有办法产生一种稳定的预期。面对新出台的优惠政策，企业的业务布局和整个市场的产业链条布局没有那么快去根据政策实现调整。所以整个税收制度的易变性以及伴随的溯及调整效果，给市场带来了稳定性预期的负担。从制度经济学的角度来讲，这可能也是一种制度成本。它可能也是法治的成本，因为我们法律要求安定性。从纳税的角度来说，纳税人对自己税负的稳定预期是非常重要的，因为税收负担构成了企业的经济负担里很核心的一大部分。另外，政策或法律溯及调整效果也涉及信赖利益保护的问题。原来地方政府有一些优惠，现在马上就取消了，这对纳税人的所谓信赖利益有没有影响？到底纳税人有没有信赖利益，他的信赖利益值不值得保护？以后有机会我再给大家做一个专门的交流。

最后谈一点体会，我觉得现在的社会热点问题能够引起社会这么广泛的关注和讨论，说明我们的法律意识的确是增强了很多。普通个人不愿意去交更多的税，更倾向于把自己的税负降低，这当然是一种可以理解的利益冲动。但是如果我们去坐公交车逃票了的话，我们肯定会有一种愧疚感或不道德感。其实税收的这种支出本身也是对政府提供的公共服务，以及别人所享受的社会福利、社会救助的成本。这种成本应该是每个人都应当去承担的，这不仅仅是一种法律义务，其实也是一种道德义务和社会责任。希望通过这个事件，大家能对税的认识有所改观，改变以前那种“征税就是把我的财产无偿地拿走”的观念。此外，我认为影视行业的确还要更多考虑合规的问题。我从博士到现在主要的研究主题其实就是反避税，我发现其实我们现在很多的所谓“税收筹划”，很难说是避税，而可能构成逃税了。避税和逃税的界限怎么去把握，这个界限对于中介机构、行业来说可能还是需要深入思考的。

刘毅（主持人）：感谢贺燕老师以很真诚的方式谈到了一些很真实的问题。我想其中有一些也是站在行业的立场上的一种心声。也谈了很多学理上的分析，特别是对于最近这些税收风潮以来关于法律规制的溯及力问题，以及涉及法治的安全性、稳定性的问题，还有法理学上信赖利益保护的问题。这些问题都是接下来我们可以深入探讨的。接下来有请来自北京市东卫律师事务所的张军律师。张军律师在执业之前是资深检察官，他曾在最高人民检察院处理过很多国家级的刑事大案。他本人对娱乐文化行业方面的问题，包括税收法治问题也有很多独到的心得和研究。接下来有请张军律师！

张军：谢谢主持人，谢谢学会的邀请。我处理过很多刑事案件，所以我想从刑事的角度探讨×冰冰案件引发的税收刑事问题，而不限于影视娱乐业。我一直在考虑这个问题，×冰冰最后是以刑法第201条逃税罪里面规定的初犯免责没有被追究刑事责任。最近我一直在想，如果说她没有补交税款，或者说不是初犯，能不能追究她的刑事责任？我们都知道刑法201条逃税罪在刑法上有个很重要的特点，它是典型的法定犯或者说是行政犯。与它相对应的是自然犯。它是以国家对税收法律的立法为前提，一个人违反了国家相关行政管理的规定，如没有依法去纳税，然后下一步因为其数额、情节触犯了刑法所规定的逃税罪。由此得出这样一个前提后我就在考虑，逃税罪的罪与非罪之间到底是什么界限？

我觉得很大程度上跟我们之前的行政法规，或者说更多地与税收政策相关。现在税收法治还没有进入一个很实质性的阶段，很多税收规定是由国家税务总局，甚至地方政府规定的一些“土政策”来决定的。从全国方面来看，尤其在欠发达地区，它要吸引投资，很重要的就是税收，其次是土地。刚才郭老师也提到了，喀什也好，霍尔果斯也好，都对相关的产业会有一定的税收扶持。从某种角度来讲，是在税收查账征收或者核定时有一些空间。我国的税收立法权属于中央，地方政府没有这样的权力。有时候地方政府的规定本身就违反了上位法的规定。我们都知道，刑法规定调控的重点是故意犯罪，而不是过失犯罪。例如，一个人明知道该交税，却故意不交或在税务机关要求申报时不申报。那么这里面就牵涉到刚才老师们提到的信赖原则。其实在刑法上信赖原则是一个很重要的原则。因为当你信赖国家机关给你的这些政策文件的时候，在刑法上你就缺少犯罪动机了。这是一个我觉得在认定第201条逃税罪时首先要解决的问题。当一个行为人、一个企业信赖当地政府的一些税收政策时，其目的就是利用税收政策。这从人的理性角度来讲并没有过错。

我们规定纳税人和代扣代缴人都可以构成逃税罪，那么在实践中，很多税务师也好，律师也好，给这些明星纳税人提的建议是你明确规定，我拿到的报酬是税后的。税由代扣代缴人去解决，跟我没有任何关系。其实他实际上也知道，代扣代缴人不会去交这个税，只不过大家在这里互相推卸责任。这种情况下代扣代缴人被追责可能没有问题，因为既然法律赋予了你这个义务，你没有去缴，就可能会触犯刑法。那么在纳税主体本身，实际上就是有问题的。这种规定形式上规避了责任。形式上的避税与实质上的逃税该如何区分？这种情况能不能追究刑事责任？在 2012 年最高人民法院的司法解释里面都没有提到对于这种情况到底怎么来解决。影视娱乐业很多艺人存在这种情况，我开价 100 万元或 500 万元都是税后的，我不承担税负。但有些小公司不可能承担这个税负。尤其如果按照个人所得税七级累进计算，税率高达 45%。所以这种情况下，像这种纳税人跟代扣代缴人形式上规避纳税义务的一些约定，能不能否定其行为本身的刑事违法？我个人认为对这种情况追究刑事责任面临很大的障碍。刑法上讲“期待可能性”，我这种情况你不能说我本身主观上有这个想法，客观上有了这样一个结果，那就把它串起来。其次，他是懂法的，但他尊重法律规范，把这个义务区分得很清楚。所以在这种情况下，我不知道如果从税务管理机关的角度，对纳税主体能不能依照相关的规定进行行政处罚。但是从刑事上对于这样的行为追究责任可能还是有一定障碍。

我们讲刑法是保护法，刑事处罚是对于一个自然人最为严重的处罚。严重者可能失去自由，失去生命。前段时间中央多次强调对民营企业家的保护。从张文中案到顾雏军案，都涉及一些有影响力的民营企业家。张文中案是彻底改判无罪了。其实经济领域内的犯罪行为有一个很大的特点，它受经济活动的潜规则和一些不明确的规范政策的影响很大。刚才我们提到有些地方政府会出一些地方政策，有些地方政策明显违法，或者说明显违反上级政策规定。比如大家对 2006 年铁本案件可能还有印象。国家法律规定出让 15 亩土地以上要上报国务院，但是当地政府就把 2000 多亩土地全部分割，每一次申报都在 15 亩以下。这样省里就有权批准了。所以我觉得在地方政府或者说地方政策介入以后导致一些实质违法，我个人认为是不适用刑事处罚的。跟一些行政主管部门沟通的时候，他们可能觉得行政管理更难，或者说对于刑事手段有一些过高的期待，总是说刑事打击不力，你的打击对我有利就好办。我觉得税收方面也存在这样的问题。其实刑法应该是法治的最后一道防线。我们把刑事都推到前面去，既对当事人不公，也背离法治精神。我个人认为，这实际上往往会导致行政主管部门的懒政。平时我不管，出了问题我就抓你，我就追究你刑事责任，乃至于导致这些本来应该由他们去梳理规范、政策的工作都没有及时完成。

另外，关于虚开增值税发票罪的问题，最高人民法院在近期的《人民法院充分发挥审判职能作用保护产权和企业家合法权益典型案例（第二批）》中明确，虚开增值税专用发票罪需以偷逃税收为目的，造成国家税款损失。我在高检的时候遇到很多起这样的案件起诉到地方法院。虚开增值税专用发票主要有以下两种情况。一种是本身不具备开票资格，我找别人代开。还有一种情况很奇葩，3家公司年底冲业绩，比如要求今年销售额达到1.5个亿，这3家公司串开发票形成闭环，而且在每个环节都没有造成税款流失。同时其增加税款，因为增加了3家公司的营业额，它们还额外多交了营业税。但地方司法机关把3家公司的老总全部抓起来，当时司法机关觉得你虚开就是犯罪。现在经历了这么多年才有一个相对比较明确的理解，就是不以偷逃税款为目的虚开增值税专用发票不构成犯罪。当然你根据违反了我国的增值税发票管理规定处罚是另外一回事。所以我觉得对于涉及国家机关政策的法定犯来讲，刑事责任的追究应当更多地从司法机关角度来看。客观来说，现在随着司法机关对经济案件的不断了解，尤其跟企业打交道多了以后，对它们的一些经营困难和经营状况，尤其我个人更多地有了一种同情性的理解。

关于安全感的问题，税收风险其实很多，因为避税是人的天性，尤其是，谁都不想交重税。比如说律师收入，按照个人所得税来说，姑且不说它是高还是低，我觉得其实不公平，为什么？律师的很多收入是无法抵扣成本的。比如说请一个助理，基本都是合伙人自己付钱，这是一个方面。此外，普通群众对很多问题的理解容易受情绪影响。我始终认为对于一些影视明星来说，高收入是应该的，但你可以遏制其不当收入。因为艺术就是一个高投入低产出的行业，影视圈里的艺人也是这样。所以我觉得艺人的高收入有其合理性，不应对其有太过情绪化的理解。

总体而言，我个人觉得对于经济类犯罪的法定犯，典型的如第205条和第201条，在实践中现在定罪确实是越来越慎重了，司法系统对各级机关的个性化把握也越来越严格了。我个人觉得从刑事角度来讲，刑事风险可能会有，但是也不用过于担心。这一轮对于民营企业家的法律保护形成了一种政策上的利好。把刑事政策上的利好转化到刑事实践中，可能还有个过程，但是我个人对此有信心。简单发表一些个人的看法，谢谢！

刘毅（主持人）：谢谢张军律师，也讲得很精彩，另外，我特别强调今天在座的有好多是影视行业的法务。其实刚才他讲的这番话，更应该让影视行业的老总们来听一听。民营企业家保护问题，确实从去年到现在中央已经有一个很明确的信号。张律师提到的一些观点我也很同意，比如说影视行业高收入的特殊性。确实如此，特别是影视行业存在明星制。在其他行业，比如我们学术界或者是一般的生产型企业，它不可能有这种明星制的存在。比如说刘剑文老师已经是学术界超级大牌的学者了，但是刘老师跟其他的普通教授之间也不可能有几百倍乃至几千倍的收入差距。但在影视行业，这是大家都认可的。而且我们以前在跟经纪公司研讨经纪合同的时候，有一个金牌经纪人说我们这个行业有 1 万倍的成长性。我们看到最近几年蹿红的一些流量明星，可能今年出场费是几千元钱，相当于劳务费，明年就是几千万元。这是其他行业所不可想象的，这是由影视行业的特性本身所决定的。这都是我们在制定政策或者立法的时候，应该实际考虑的一些问题。

刚才 4 位专家学者做了一些主题发言，我觉得都非常精彩，给我们很大启发。特别是剑文老师从全局的角度，从税收法治精神的角度，提到了很多原则性、整体性的理解，对我们打开思路很有帮助。其他几位老师分别从几个不同的角度谈了他们的很有见地的观点。接下来我们进入讨论环节。首先有请我们上级主管单位市法学会的王主任讲两句。

王秀海：学会一直倡导法学研究要坚持正确的政治方向。我是民主党派成员。我们民主党派当时搞研究的时候，主张两句话“研究无禁区、宣传有纪律”，这和对法学研究的要求是一致的。“研究无禁区”，实际上也是有前提条件的。开展研究还是要以习近平新时代中国特色社会主义思想为指导，走中国的法治道路，按照这个目标来进行研究。你可以吸收借鉴古今中外优秀的法治文化成果，但肯定得结合中国的实际开展学术研究。最近中国法学会刚开了第八届会员代表大会。这次大会规格应该是很高的。习近平总书记、李克强总理等几位常委都出席了会议，郭声琨书记做了发言。王晨当选为中国法学会会长。这是中国法学会会长有史以来第一次由现任的中央政治局委员担当。所以中央层面对法律越来越重视，法学会发挥作用的地方也越来越多。所以我们开展这么一个研究，非常有必要，也非常及时。这是政府关注的，也是人民群众关注的热点和难点问题。刚才几位专家也都分别讲了。这个问题错综复杂，涉及很多社会、法律、政治、经济的问题等，需要大家来研讨，形成广泛的共识。不同领域、不同层次的人对此都有不同的看法。正因为这样特别需要咱们法学界来进行理清研究，提出建议，帮助政府来解决这些问题，使社会更美好。所以我认为研究是很有必要的。

接下来就要说到“宣传有纪律”，因为我看刘秘书长给我发的邀请函写得很好，是闭门会议，也没有请媒体。毕竟这个问题还有一定的社会影响力。有些学术上还没有形成共识的东西，有些可能是不同的观点，可能还需要咱们互相碰撞启发，形成一定的共识。在这种研讨阶段，可能还没有定论。比如片面的报道，比如说刘老师可能说了很多精彩的观点，但可能被断章取义引发误解。所以从宣传的角度，我建议还是要慎重。

最后，希望今天研讨能够形成一个研究报告，发挥法学会的智库作用，能够为市委市政府，乃至党和国家的法制建设发挥专家学者的思想库、智囊团的作用。今天大家说了很多很好的观点，下面可能其他专家还要谈一些观点，希望最后都能梳理到一起形成学术成果。就讲到这里吧，谢谢！

刘毅（主持人）：感谢市法学会对我们工作的支持和鼓励。接下来有请中国文联权益保护部的王国骞副主任。我先简单介绍一下王主任所在的单位。中国文联的全称是中国文学艺术界联合会，中国文联下设有十三个艺术门类的联合会。当然我们都比较熟悉的一个是中国电影家联合会，还有中国电视艺术家协会、中国摄影家协会等。而且王主任所在的部门是中国文联的权益保护部，它实际上是为全国的艺术家们提供权益保护的部门，非常重要。刚才剑文老师和其他老师都提到了，对于明星艺术家的法律权益的界定和维护非常重要。接下来有请王主任发言。

王国骞：感谢刘毅秘书长。从我个人角度来讲，我非常珍惜来此学习的机会。尤其是我们剑文教授，提到税法肯定剑文教授是首屈一指的。所以说我觉得我自身受益匪浅。同时，我听了几位专家的主题发言，无论是从专家学者还是从实务的角度讲，都给我深深地上了一课。我个人从文艺界的角度来讲几句。中国文联在某种意义上讲具有学会性质，其实跟我们法学会和影视娱乐法学会的性质定位都是一样的。我们文艺界有一个基本的宗旨，首先我们是一个政治组织，我们的基本职责是引导和团结广大艺术家，听党话跟党走，真正发挥一种政治的桥梁和纽带作用。我们这次研讨会讲到影视行业的税收法律问题，我也在思考，我们在这里边如何能够发挥我们的影视娱乐法学会的作用，来真正为我们整个行业的发展，为我们艺术的发展，为我们的艺术家根本权益的维护和保障提供支持。听了大家的发言之后，我也有几点思考，不一定成熟，也是给我们学会提一点个人的建议。

我想讲这样几点。

第一，今天研讨的标题是“影视行业税收法律问题研讨会”。“影视行业”其实就是一个范围。刚才各位尤其税法专家学者讲到，税法本身的调整内容和调整方式是不变的，但是它的范围发生了变化，我们所针对的是影视行业。那么，它到底是一个理论驱动的问题，还是一个实践驱动的问题？我们在影视行业的特殊性在哪里？是影视行业所呈现出来的税收法律问题值得我们去深入思考，还是说因为影视行业本身的社会热点，比如说公众的关注度，引导我们去研究？所以我们要解决一个为什么的问题，为什么要对这个问题进行深入研究。我想这一点可能是我们学会要再深入思考的方面。这是我想讲的第一点。

第二点其实刚才很多专家已经讲到了，就是说在目前的这种税收的立法体制下，我们是否给了影视行业足够的立法供给。就中国目前的立法体制而言，我们从法律到行政法规，到部门规章，到规范性文件，可以发现，恰恰是法律层面的东西还是比较完备的，或者说比较体系化的。那么接下来，行政法规、部门规章、规范性文件这些法律层面体系的自洽性是否存在问题？税法体系本身是否自洽？比如说刚才很多专家就讲到地方政府的一些税收政策，那么税收政策到底属于什么层面？是地方性法规，地方性规范文件，还是一些规范性文件？刚才几位讲到的×冰冰案件的刑事问题，有可能其涉及的很多规范性文件本身都有问题。那么这个问题值得我们深入研究。这一点上咱们法学会应该做了很大的工作，就是刚才发给大家的那本《娱乐影视法律法规汇编》，从某种程度来讲，它给了我们一个整体的梳理。但梳理是否全面，我觉得还可以深入探讨。如果你让我们所谓的艺术工作者来遵守法律，我们连法律的这种规定的精神都不了解，那怎么去遵守？所以说我觉得我们还要去看一看它的立法体制里面还有什么相互之间不自洽的问题。这个问题我倒是建议可以和我们立法部门进行深入沟通。其实从某种程度来讲，部委的政策法规司，对整个行业法规体制的状态是很了解的。我觉得我们这方面首先要解决立法层面的东西，接下来再去谈其他方面，我觉得这是一个根本的前提。这是我想讲的第二点。

第三点是讲法律实施过程。这里的法律实施，包括行政执法、司法。那么行政执法环节里边，涉及行政执法权限、执法范围的问题。刚才郭教授也讲到税收征管法的问题，这里边还存在行政税收征管法和行政处罚法的衔接问题。行政处罚法是有明确规定的，处罚的种类、处罚的范围是要符合所谓的法定原则，不能逾越。在执行过程中我们有哪些问题？我觉得可能我们在这里面还要深入探讨。那么刚才张律师讲到的刑法里面罪与非罪的问题，如何来判定其是否构成犯罪的问题。其实我个人觉得它也是个关于执行的问题，也就是说在目前的立法体制之下，我们的法律规范相对来讲是比较清楚的，我们如何去执行？我们如何去解释？如何去适用？就这些问题来讲，如果我们深入去研究，我觉得能够给我们广大的文艺工作者、广大的影视工作者提供一个很好的指导。这是我讲的第三点。

第四点，我觉得其实刚才剑文教授已经讲了，我个人觉得是一种法律传播，或者说普法，或者法律宣传，甚至法律教育的问题。从我们接触的一些文艺工作者来讲，具体法律知识对他们来说还不是那么重要。比如说他们有专门的法律顾问，专门的经纪团队。但他们对法律的重视程度还是值得再提升的。比如说从中国文联帮助文艺工作者维权的角度讲，我们也是首先做一些引导，关于基本权利，我们给文艺工作者编了《法律知识100问》。但是我们发现《法律知识100问》里面大部分都是与著作权相关的内容，涉及刑事的很少。而且里面还有很多专有名词和术语，很难让文艺工作者理解。那么我们如何能够发挥学会这种作用，能够把这些法律术语转化成大众能够认知的语言，我觉得这方面的工作是非常有意义的。我们如何来进行培训？我们如何来进行教育？如何让我们这种影视工作者真正能够认知法律，能够真正从内心深处感受到法律的力量，感受到法律对人们社会生活的影响，甚至对人们整个人生、自由、财产分配的影响。所以说我觉得这个方面我们学会还是大有可为的。

最后一点，我觉得类似这种座谈会我个人觉得还要多办，可以再深入地去研讨。从我个人角度听了几位专家的发言之后，我就特别受益。但同时我觉得还有一方面的可能是给你们提的建议，恰恰希望能让在座的影视工作者来发言。他们能发现在实践过程中有哪些法律需求，让这些需求和法律的供给之间有个对接。需求和供给之间一定是有一定的错位的，那么我们真正对接之后，我个人觉得对整个影视行业税收法律问题的解决，推动行业法治思维和法治意识的提高，真是大有益处。所以，从我个人角度来讲，或者说从中国文联权益保护部来讲，我也乐于同在座的诸位一道来推动对影视行业税收法律问题，以及影视行业其他法律问题，乃至整个文艺行业里的法律问题的进一步深入研究，共同为整个文艺界，包括影视界，甚至是全社会提供一个公正良好的法治环境，让我们共同努力。

刘毅（主持人）：非常感谢国骞主任。他提出了几点非常好的建议，非常有针对性。接下来有请年轻有为的张光磊律师。他去年被评为行业内十大杰出青年律师。他长期在实务的一线，有丰富的从业经验，让我们欢迎张律师。

张光磊：谢谢刘老师，其实我今天主要还是过来学习，与大家交流一下。首先，围绕今天的主题，几位专家主要还是谈到了一些一般性的问题。实际上，我个人认为影视行业的税收法律问题没有明显的特征性。为什么大家这么关注？实际上大家对于税的问题非常关注，因为这既关乎别人的利益也关乎自己的利益。从我们律师实务的角度来讲，无论是我们自身，行业本身，还是我们服务的客户，包括央企和国企，都面临这样的问题。大家可能茶余饭后谈的法律问题主要是什么样的发票符合要求。刚才贺老师也讲到了，所谓的税务筹划，严格来讲它是会触发税收的法律风险的。这一定是这样，但是为什么此前貌似形成了一个全民逃税的普遍现象？我觉得是因为立法和执法之间长期存在断层，这不仅仅体现在税收上。包括最早的虚报注册资本，非法经营，社保的欠缴，其实都存在这样一个问题。实际上，如果严格依照法律来讲的话，那么几乎可以达到人人问责的程度。那么政府没有去做，实际上在这样一个严格的法律下面是一种选择性执法的状态。那么在这种选择性执法的状态下，以什么作为选择性标准，实际上是一个理论上的问题，即长尾理论。就是谁最显眼，谁就最引起关注。那么影视娱乐行业，首先是曝光率比较高，其次是从业者的付出和回报之间在一般的公众看来是不成正比的。但是我也很同意刘老师的观点，就是这是市场决定的。既然市场的供求关系决定他们有这么高的报价，我认为这是市场决定了他们的价值。这没有什么可以非议的。但是大家都有一种观望的态度，就希望这样的一个公众人物，他要出点问题，尽管我们有类似的问题。所以实际上×冰冰的事件出来之后，我认为一般的民众可能想看到比这更严重的后果。这实际上就是民众的一种心态。我们可以把它理解为一种嫉妒，或者一种看热闹。其实它是非理性的一种状态。如果严格从理性的角度来讲，我也非常同意刚才张老师所讲到的，这种行为不构成触犯自由刑的罪名。我认为这只是一个开始，但我也不认为它会有一个在近期内能够推行的趋势。就像我们在去年说社保的缴费基数，应当按照实际所得，而不应当按照最低的社保基数来缴纳。那么每一个待上市的企业，已上市的企业其实人人自危，大家都担心这样一个追缴会给自己造成多大的追缴风险，甚至法律责任风险。但是后来政府又看到民营企业家面临如此大的压力，纷纷下文暂停追缴。实际上都要面临一个在执法过程当中从宽到严，又从严到宽的过程。所以从这样一个趋势上来讲，我也并不认为今天×冰冰出现了问题，明天可能其他冰冰就会有。因为如果是这样的话，会造成经济上的不稳定。这种不稳定实际上也是一种博弈，当市场失灵的时候，政府要管制，同时它还要保护。在管制和保护之间，它只需要有些典型。那么这些典型是有一定选择性和偶然性的。这个案件恰恰是一个偶然的案子，当然它是一个警醒，对于学术研究和法律规范的制定和执行来说都是有帮助的。至于具体它有什么样效果？我本人持保留态度。

接下来，我想从实务上分享一些思考或者想法。我觉得刚才大家探讨的税收优惠问题，实际上是实践当中经常碰到的。它有两种类型。第一种，对于政府的招商引资，其跟政府之间签订所谓城市合伙人、合作运营的模式。现在我们说以 PPP 的形式大家合作运营的模式，甚至为了规避

PPP的形式，它可能就叫作招商引资。其实在这种合作形式下，以契约的方式，政府都会有一些税收的减免。第二种形式就是一个地方统一对来这里经商的企业有一种税收优惠。只要你注册，你就享受这种优惠。它是表面上虽没有契约，但实际上是以注册的方式跟政府达成了一种类似于行政合同的协议。这也是一个双向选择的问题。所以就第一种形式，我们代表客户来跟政府对接的时候，经常会看到政府有很多的掣肘。刚才张老师讲到的土地和税收，这是两项不能回避的重要内容。就税收来讲，假设如各位专家学者所述，那么实际上地方没有这样一种税收优惠的立法权。那么你做了这样的承诺，写在了合同里面，我们暂且认为这是一个民事合同。那么未来出现争议的时候，争辩双方对条款的效力，如果产生争议，法院应如何认定？实际上目前它并没有司法判例的支持。如果从政府的政治正确，以及政府的统一形象来讲，那么一个地方政府所做的承诺不会轻易地被法院认定为无效。如果认定为有效，如果真的是中央明令禁止的，那地方政府又如何兑现？实际上这是一个很难解决的法律问题，而这种法律问题只有在个案当中通过讼辩双方争辩，通过法院的裁决，才能够得出确定的结论。而这种结论对于企业家来讲其实是最安全的。就对于后续的投资行为而言，我知道我什么可以做，什么不可以做。在政策不断出台又不断变化，而司法判决又对这样的效力没有明确认定的情况下，实际上企业家面临着很大的风险。如果说政府未来不能够兑现自己的承诺，我想没有一个法院能够强制执行债务。采用第二种形式，如果选择到一个地方去注册的话，那么今天是有这样的税收政策，明天没有。政策消失的时候，甚至可能涉及溯及追缴。从企业的角度讲也是无可争辩的。这个时候你提起任何形式的诉讼，任何程序的复议，从目前的司法环境来讲，都很难得到支持。对于法律从业者来讲，在影响立法、推动司法上我们有一定的作用，但作用相对有限。从保护企业家的角度看，我们的作用相对会更大一些。我们可能会综合考虑各种因素，提供相对安全的模式或者建议。但是我们所面临的尴尬就是我们很难在大的背景下提供一个万全之策，很难有百分之百避免某种风险的建议。我相信这样的交流可以更大胆一点。我们当然坚持政治正确，但是我们可以更多地关注一些专业问题。那么我也相信，在闭门会议当中，学者之间和实务人员之间的交流和探讨是非常有意义的。我希望在这样的会议当中，大家的问题能够大胆一点，然后真正能够触动像刘剑文老师这样在行业内深入研究的人，能够启发他对这个问题的思考，进而给你们一些回应。实际上我觉得这是非常有价值的，因为我本人也是受益良多。谢谢各位！

刘毅（主持人）： 谢谢光磊律师诚恳的建议。稍后会给在座参会的人员增加一个提问环节。接下来承韪教授说两句。

刘承韪： 我们主要是把时间等会儿留给业界的，我就简单说两句。我虽然是学会的成员，但对税法问题确实是外行。今天下午听了以刘剑文老师为首的各位主题报告人的报告，非常受启发。其实对这些问题，我觉得从三个方面来看它们的三重关系可能更好。第一重关系实际上就是地方政府和影视企业的关系。从民商法的角度来讲，地方政府跟民营企业不管是以什么样的形式建立的法律关系，很大程度上都可以获得民商法上的支持。只要是在公权力的范围之内，不管从单方娱乐的角度，还是从招商引资合同的角度，还是从信赖利益保护的角度，实际上都可以对民营企业取得的税收优惠政策的允诺做出一些保护。第二重关系就是地方政府和国家税务机关的关系，这在实践中也有很多讨论。地方政府所做出的这样一系列的“土办法”“土政策”，跟国家税务机关本身的一些条例、规定、办法之间权力划分的边界在哪？实践中应当怎么来协调？第三重关系实际上涉及国家层面的立法机关和行政机关步调一致的协调问题。我国的《电影产业促进法》在 2017 年 3 月 1 日就已经开始实施。这对行业来说是一个重大的利好，大家都很振奋。因为在第 38 条里有个明确的规定，就是国家一定要强化税收优惠政策，以支持电影产业的发展。而税收优惠政策的具体办法，它由国务院的财税主管部门制定。《电影产业促进法》至少有三个方面存在所谓的授权立法，即由国务院的具体部门来制定办法。一个是税收优惠政策，另一个就是关于电影审查的，还有一个是专家遴选和专家参与审查。但是立法机关对于税收优惠的美好向往和初衷，在一年之后就迎来了税务主管机关的“税收风暴”，在很大程度上对行业泼了一盆冷水。也就是说《电影产业促进法》所要授权行政机关立法的步骤还没有落实，行业就已经因为行政机关整顿行业的举动造成了巨大的损害。所以从这个角度来讲，我认为至少国家层面立法机关和行政机关的权力协调上可能还有很多可以值得斟酌的地方。我认为可从这三重关系出发，对行业的发展有一些更深入的思考。

刘毅（主持人）： 接下来是提问交流环节。（略）

（何涛/倪肇辰/姚越 整理，刘毅/校对）

案例分析

“人在囧途”诉“泰囧”案

一、关键词

反不正当竞争；知名商品；特有名称

二、案件当事人

上诉人（一审被告）：北京光线传媒股份有限公司（以下简称“光线传媒公司”）；北京光线影业有限公司（以下简称“光线影业公司”）；北京影艺通影视文化传媒有限公司（简称“影艺通公司”）；北京真乐道文化传播有限公司（以下简称“真乐道公司”）；徐峥。

被上诉人：（一审原告）：武汉华旗影视制作有限公司（以下简称“华旗公司”）。

三、裁判文书文号

最高人民法院（2015）民三终字第 4 号民事判决书。

四、裁判要点

电影作品名称由于难以达到作品的独创性标准，无法受到著作权法保护。但根据《反不正当竞争法》第 5 条第 2 项规定，考虑综合因素，若电影被认定为"知名商品"，且其名称具备"特有名称"的性质，则行为人在之后的电影中擅自使用相似名称并造成相关公众混淆误认的行为构成不正当竞争。

五、基本案情

一审原告华旗公司以一审被告光线传媒公司、光线影业公司、影艺通公司、真乐道公司、徐峥（以下简称五被告或五上诉人）擅自使用并更改其知名作品的特有名称"人在囧途"实施虚假宣传、商业诋毁行为，发行并公映电影《人再囧途之泰囧》，造成相关公众对两部电影的混淆误认，违反了《反不正当竞争法》的公平原则、诚实信用原则与公认的商业道德，构成不正当竞争为由，于 2013 年 3 月在北京市高级人民法院对五被告提起诉讼，请求法院判令五被告停止侵权、在相关的媒体消除影响并赔礼道歉、连带赔偿华旗公司经济损失及诉讼合理开支 1 亿元并承担案件诉讼费。

一审法院经审理查明：

2009 年 11 月 6 日，华旗公司从案外人处受让现名为《人在囧途》的故事片《我爱回家》的一切权益。2009 年 12 月 24 日，华旗公司与案外人田羽生签订剧本委托创作合同，约定华旗公司委托田羽生创作《我爱回家》（暂定名）电影剧本，华旗公司享有除编剧署名权外的其他著作权。2010 年 5 月 13 日，华旗公司与案外两公司联合获取了《〈人在囧途〉电影片公映许可证》及《〈人在囧途〉数字电影片技术合格证》。电影《人在囧途》于 2010 年 6 月公映，电影主演为王宝强、徐峥。

《人在囧途》上映后，取得极大成功，华旗公司遂筹拍《人在囧途 2》。2010 年 8 月 3 日，华旗公司委托田羽生创作电影《人在囧途 2》剧本，并约定华旗公司享有除编剧署名权外的其他著作权。华旗公司职员王子萱于 2010 年 9 月 4 日通过邮件将《人在囧途 2》大纲发给被告徐峥。2010 年 10 月，由徐峥担任编剧的电影《人在囧城》申请备案，2010 年 11 月电影局以"《人在囧途 2》的情节与《人在囧城》是同一个项目，编剧署名不同"为由，未予公示，此后电影《人在囧城》申请撤销备案，同时声明：不参与任何与《人在囧城》题材相近的相关电影活动。2011 年 5 月 18 日，华旗公司的《人在囧途 2》获得湖北省广播电影电视局颁发的摄制电影许可证（单片），但未进行实际拍摄。

2012 年 8 月 9 日，北京市广播电影电视局做出批复，同意光线影业公司电影《泰囧》片名变更为《人再囧途之泰囧》。该片出品单位为光线影业公司、影艺通公司、真乐道公司、黄渤（上海）影视文化工作室（以下简称“黄渤工作室”）。电影《人再囧途之泰囧》于 2012 年 12 月公映，电影片头显示：光线影业公司、影艺通公司、真乐道公司、黄渤工作室出品；出品人为王长田、李晓萍；制片人为陈祉希、徐林；领衔主演为徐峥、王宝强、黄渤，并明显标注该电影为“徐峥电影作品”。上映后，电影取得巨大成功。

电影《人在囧途》曾获得诸多奖项荣誉；得到国内众多报纸的报道与评论；上映票房超过 3000 万元；《人在囧途》电影网络点击量与视频播放次数较高，搜狐视频播放次数超过 4000 万次；亦有电视节目视频、人物专访等用于证明《人在囧途》电影的知名度得到了《人再囧途之泰囧》电影投资方、主创人员的认可。

《人再囧途之泰囧》宣传过程中，存在《人再囧途之泰囧》是《人在囧途》的“升级版”“全面升级”“续集”以及“囧途故事”“人在囧途系列”“即将拍摄《人在囧途 3》”等表述。有报刊文章认为“两部电影名称、人物塑造、故事情节发展顺序、场景、台词相似”，也有报刊文章与网络评论认为《人再囧途之泰囧》与《人在囧途》存在联系。

二审法院审理查明，一审法院查明的事实基本属实，二审法院予以确认。

六、裁判结果

一审法院于 2014 年 10 月做出北京市高级人民法院（2013）高民初字第 1236 号民事判决，一审法院认为：电影《人在冏途》为知名商品，“人在冏途”构成知名商品的特有名称，五被告在知晓华旗公司筹拍电影《人在囧途 2》的情况下，仍将其电影名称由《泰囧》变更为《人再囧途之泰囧》，主观攀附华旗公司电影《人在囧途》已有商誉，并造成相关公众的混淆误认，损害了华旗公司基于《人在囧途》的成功所拥有的竞争利益。基于此，北京高院判定五被告存在侵权行为，判决：第一，五被告立即停止涉案不正当竞争行为；第二，五被告于判决生效之日起 30 日内在《法制日报》刊登声明，消除影响；第三，五被告于判决生效之日起 10 日内共同赔偿华旗公司经济损失 500 万元（含华旗公司为本案支出的合理费用 40406.70 元）；第四，驳回华旗公司的其他诉讼请求。

五被告不服一审判决，提起上诉称：第一，徐峥作为演员与导演，与华旗公司不具有反不正当竞争法所规制的市场“竞争对手”的竞争关系，不属于本案适格被告；即使属于适格被告，也不应认定其实施共同侵权行为应承担连带侵权责任；第二，一审判决认定光线传媒公司是本案适格被告，并在没有任何证据支持的情况下认定其应承担连带侵权责任，属于认定事实及适用法律错误；第三，一审判决错误认定影片《人在囧途》构成知名商品，并混淆了电影作品的作者与著作权人，“人在囧途”不是商品特有名称；第四，一审判决认为《人再囧途之泰囧》电影名称违反《反不正当竞争法》第 5 条第 2 项后，又认为该行为亦违反该法第 2 条，导致对五上诉人的同一行为既适用规则又适用原则进行评判，属于适用法律错误；第五，一审判决认定五上诉人违反《反不正当竞争法》第 2 条的各项行为，均在电影行业公认的商业道德范围之内，符合行业现实状态，并未违反诚信原则；第六，五上诉人的行为并未违反《反不正当竞争法》，更未给华旗公司造成任何损失，不应承担任何赔偿责任。影艺通公司提交补充上诉意见称，影艺通公司并没有实施任何对华旗公司构成不正当竞争的行为，不应承担连带责任。

华旗公司二审答辩请求驳回五被告的全部上诉请求。理由：第一，徐峥是本案适格被告，应当承担连带责任；第二，光线传媒公司作为光线影业公司的关联公司，利用其掌握的资源，对电影的投资、宣传、发行等做了实质性贡献，是适格被告，应承担连带侵权责任；第三，《人在囧途》构成知名商品，符合法律规定的知名商品特有名称；第四，一审法院适用法律并不存在对同一事实既适用原则性条款又适用特别条款的情形；第五，五上诉人实施的各项行为，不符合电影行业的商业道德；第六，五上诉人实施的上述不正当竞争行为，给华旗公司造成了重大经济损失，应当依法承担连带赔偿责任。

二审法院经审理认为：根据《反不正当竞争法》第 5 条第 2 项规定，考虑综合因素，若电影被认定为“知名商品”，且其名称具备“特有名称”的性质，行为人在之后的电影中擅自使用相似名称并造成相关公众混淆误认的行为构成不正当竞争。结合案件事实，电影《人在囧途》是知名商品，其片名“人在囧途”是能够发挥识别商品来源作用的特有名称，五被告使用相似片名《人再囧途之泰囧》的行为利用了《人在囧途》的在先商誉，损害了华旗公司的商业利益，构成不正当竞争。基于此，二审法院最终认定光线传媒公司、光线影业公司、影艺通公司、真乐道公司、徐峥的上诉请求不能成立，应予驳回。

七、裁判理由

二审法院总结本案的二审争议焦点为：第一，徐峥与光线传媒公司是否是本案一审的适格被告；第二，五上诉人的行为是否违反《反不正当竞争法》第 5 条第 2 项、《反不正当竞争法》第 2 条的规定；第三，一审法院认定的责任承担方式和数额是否正确。

（一）关于徐峥与光线传媒公司是不是本案一审的适格被告

《反不正当竞争法》第 2 条规定：经营者在市场交易中，应当遵循自愿、平等、公平、诚实信用的原则，遵守公认的商业道德。本法所称的不正当竞争，是指经营者违反本法规定，损害其他经营者的合法权益，扰乱社会经济秩序的行为。本法所称的经营者，是指从事商品经营或者营利性服务（以下所称商品包括服务）的法人、其他经济组织和个人。根据该条第 3 款的规定，在市场交易中作为主体从事商品经营或者营利性服务，参与市场经济活动和竞争活动，享受行为利益和承担行为所产生义务的法人、其他经济组织和个人，均应属于经营者的范围。

根据已查明的事实，徐峥作为《人再囧途之泰囧》影片的导演及演员等主创人员，虽不是影片的投资方、出品方，但其参与影片题材和类型的选择，宣传两部电影之间的关联等行为，已表明其参与《人再囧途之泰囧》制作、宣传等市场活动和竞争活动。一审法院认定其在电影上映前后接受了诸多媒体的采访，内容涉及先导预告片的宣传、电影的创作理念等，客观上实施了对电影的宣传行为，属于《反不正当竞争法》中的“经营者”，是本案的适格被告并无不当。徐峥上诉称仅依照合同约定履行宣传义务或作为导演及主演接受媒体的采访的个人行为，不是本案一审适格被告的上诉理由，依据不足，本院不予支持。

对于光线传媒公司来说，虽其并非电影《人再囧途之泰囧》的出品方，但是其作为出品方光线影业公司的关联公司，利用其所掌握的资源对电影的宣传、发行等做出了实质性的贡献。一审法院认定光线传媒公司属于《反不正当竞争法》中的“经营者”，是本案的适格被告正确，本院予以支持。

根据《反不正当竞争法》第 2 条第 2 款的规定，不正当竞争行为既可以损害特定竞争者，也可以损害消费者或者社会公众的合法权益，扰乱社会经济秩序，并不以损害特定竞争者且其相互之间具有竞争关系为必要。徐峥和光线传媒公司关于与华旗公司不具有《反不正当竞争法》所规定的市场"竞争对手"的竞争关系，并不属于本案的适格被告的上诉请求，没有法律依据，本院不予支持。

（二）五上诉人的行为是否违反《反不正当竞争法》第5条第2项、《反不正当竞争法》第2条的规定

《反不正当竞争法》第5条第2项规定，经营者不得采用下列不正当手段从事市场交易、损害竞争对手：擅自使用知名商品特有的名称、包装、装潢，或者使用与知名商品近似的名称、包装、装潢，造成和他人的知名商品相混淆，使购买者误认为是该知名商品。

《最高人民法院关于审理不正当竞争民事案件应用法律若干问题的解释》第1条规定，在中国境内具有一定的市场知名度，为相关公众所知悉的商品，应当认定为《反不正当竞争法》第5条第2项规定的"知名商品"。人民法院认定知名商品，应当考虑该商品的销售时间、销售区域、销售额和销售对象，进行任何宣传的持续时间、程度和地域范围，作为知名商品受保护的情况等因素，进行综合判断。电影名称是否属于知名商品的特有名称，需要根据电影商品和市场交易环境及情况的具体情形予以认定。

1. 电影《人在囧途》是否为"知名商品"

电影作为综合艺术，兼具文化品与商品的综合属性，既具备文化规律和社会效益，也具备经济规律与经济利益。其作为商品一旦投入到文化消费市场，即具有商品的属性。五上诉人在上诉意见中也认同电影是特殊商品。但不能否认，电影作为商品具有时效性和独创性等一定特性，并非如普通商品一样可进行简单复制生产、流通销售，通常电影制作完成需要制作参与各方的共同努力，在市场化的过程中也发展出各种营销手段。电影上映一般在特定的档期集中播放，档期结束后出品方不会再组织大规模的宣传，且一般情况下多数人不会重复观看一部电影。因此，在认定电影作品是否属于知名商品时，不应过分强调持续宣传时间、销售时间等，而应当注重考察电影作品投入市场前后的宣传情况、所获得的票房成绩包括制作成本、制作过程与经济收益的关系、相关公众的评价以及是否具有持续的影响力等相关因素。一审法院根据电影《人在囧途》2010年6月公映

后的票房成绩；《文汇报》《北京青年报》《北京日报》《南方都市报》，以及北京电视台、上海电视台、东方卫视等媒体的报道；“电影华表奖”优秀故事片提名、“喜剧片创作奖”等荣誉；《人再囧途之泰囧》的出品方、制片人及导演徐峥、演员黄渤等在接受采访时对《人在囧途》的市场知名度的认可等，以及网友对《人在囧途》给予高度评价等相关证据和事实，认定《人在囧途》为“知名商品”并无不当。

五上诉人认为一审认定《人在囧途》构成知名商品没有充分事实依据。对此，二审法院认为，由于电影商品的文化特点，特别是票房的高低与营销手段、渠道、环境、档期等有很大关系，在认定电影作品是否属于知名商品时，不宜简单凭借票房的排名或者奖项的多少，而是应综合考察诸多因素等进行综合判断。一审法院在认定《人在囧途》知名度的过程中，所作结论充分考虑了电影商品的性质和特点，五上诉人的相关上诉主张，二审法院不予支持。

2. 关于“人在囧途”是否为知名商品的特有名称

《最高人民法院关于审理不正当竞争民事案件应用法律若干问题的解释》第 2 条规定，具有区别商品来源的显著特征的商品的名称、包装、装潢，应当认定为反不正当竞争法第 5 条第 2 项规定的“特有的名称、包装、装潢”。有下列情形之一的，人民法院不认定为知名商品特有的名称、包装、装潢：第一，商品的通用名称、图形、型号；第二，仅仅直接表示商品的质量、主要原料、功能、用途、重量、数量及其他特点的商品名称；第三，仅由商品自身的性质产生的形状，为获得技术效果而需有的商品形状以及使商品具有实质性价值的形状；第四，其他缺乏显著特征的商品名称、包装、装潢。

知名商品的特有名称的“特有”，指能够识别商品或者服务来源的显著特征。判断某个名称是否具有显著特征，与名称本身、所使用商品、相关公众的认知习惯、商品所属行业的实际使用情况等因素相关。电影由表达一定内容的有声或者无声的连续画面组成，以胶片或者数字为载体，通过运用视听技术和艺术手段摄制并放映。“人在囧途”作为电影商品的名称，并未仅直接表示电影的固有属性，而反映电影内容是电影名称作为电影商品的一般要求，并不能据此认定该名称仅直接表示了电影的特点。“囧”字的尴尬之义，“人在囧途”概括反映出的电影商品《人在囧途》题材内容、喜剧特点及公路片类型，使该名称具有识别电影来源的能力。相关证据也表明，“人在囧途”经过大量使用、宣传，能够实际上发挥识别商品来源的作用。且在该电影制作上映时期，并没有证据表明其他电影采用相同或者类似的名称来反映相同或者类似的主题和类型。"囧"字的网络流行，《人在旅途》《囧男孩》《囧老师》等电影名称的使用，均不影响"人在囧途"成为电影名称识别电影商品来源的作用。

3.《人再囧途之泰囧》电影名称的使用是否造成相关公众的误认

《最高人民法院关于审理不正当竞争民事案件应用法律若干问题的解释》第4条第1款规定，足以使相关公众对商品的来源产生误认，包括误认为与知名商品的经营者具有许可使用、关联企业关系等特定联系的，应当认定为《反不正当竞争法》第5条第2项规定的造成和他人的知名商品相混淆，使购买者误认为是该知名商品。

判断是否构成混淆误认，应当根据相关公众的一般认识，综合考虑所涉及电影名称之间的近似程度、主张保护名称的市场声誉、使用商品的相关性、商品销售渠道、使用名称的主观意图等进行综合考量。

首先，从"人再囧途之泰囧"与"人在囧途"两个名称的含义本身进行比较，前者所包含的"人再囧途"，显然使名称之间更加具有联系性，"泰囧"的加入，仅使含义更加具体化，并不能改变名称所反映的电影题材、类型。一审法院认定二者构成使用在电影商品上的近似名称正确。

其次，根据本案相关事实，华旗公司《人在囧途》放映后，获得了良好的评价和商业声誉，已经着手筹拍《人在囧途2》，并获得拍摄许可。徐峥作为参加两部电影拍摄的主要演员，其在接受采访过程中表达参演不同电影的个人感受无可厚非，但作为《人再囧途之泰囧》影片的导演、出品人之一的真乐道公司的法定代表人，在其明知华旗公司《人在囧途2》的大纲和筹备事宜，且已公开宣布退出《人在囧途2》，其与《人在囧途》续集毫无关系的情况下，在单独拍摄《人再囧途之泰囧》先导预告片时，仍刻意突出两部影片的联系点。在《人再囧途之泰囧》制作、发行、宣传期间，电影的主创人员、发行方、出品人等多次提及是《人在囧途》的"升级版"。媒体的报道及网民的评论也已将《人再囧途之泰囧》认为是《人在囧途》的续集、第二部、升级版、系列片。以上行为利用了华旗公司《人在囧途》的在先商誉，损害了华旗公司的商业机会。综上所述，一审法院据此认定相关行为违反《反不正当竞争法》第5条第2项规定并无不当。

《反不正当竞争法》第2条规定，经营者在市场交易中，应当遵循自愿、平等、公平、诚实信用的原则，遵守公认的商业道德。该条多被认为是《反不正当竞争法》的一般条款，亦曾在司法实践中适用于维护市场公平竞争秩序。虽然对于适用该一般性条款，应严格把握条件，以避免不适当干预而阻碍市场自由竞争，但该条的原则规定与具体条款的适用并无冲突。一审法院在认定五上诉人的行为构成《反不正当竞争法》第 5 条第 2 项规定的情况下，考虑《人在囧途》《人再囧途之泰囧》相同类型、基本相同的主要演员及“升级版”等言论，以一般性条款的精神，从规范市场竞争秩序的角度对具体条款下的不正当竞争行为予以阐释，亦并无明显不当。

（三）一审法院认定的责任承担方式和数额是否正确

光线影业公司、影艺通公司、真乐道公司作为《人再囧途之泰囧》的共同出品方，参与影片的创作与摄制，应承担共同的权利和义务；徐峥作为导演和主创人员之一，参与了影片的创作和宣传；光线传媒公司主导了影片的宣传内容和宣传方式。五上诉人均通过参与影片的商品化活动获得了经济利益，一审法院认定构成共同侵权并承担连带责任并无不当。影艺通公司认为其并没有实施任何宣传的不正当竞争行为，徐峥和光线传媒公司认为其不是本案适格被告，不承担赔偿责任的上诉请求，没有事实和法律依据。

《反不正当竞争法》第 20 条规定，经营者违反本法规定，给被侵害的经营者造成损害的，应当承担损害赔偿责任，被侵害的经营者的损失难以计算的，赔偿额为侵权人在侵权期间因侵权所获利润，并应当承担被侵害的经营者因调查该经营者侵害其合法权益的不正当竞争行为所支付的合理费用。

华旗公司一审诉讼请求为赔偿 1 亿元，其索赔的依据主要为五上诉人的获利，由于其提交相关证据大多为有关光线传媒公司财务盈利及电影《人再囧途之泰囧》票房收入等，并不能直接证明因涉案行为获利的数额，因此一审法院根据五上诉人涉案不正当竞争行为的性质、持续时间、影响范围、主观过错程度，酌情确定赔偿数额 500 万元，且在五上诉人对华旗公司本案合理费用相关票据真实性予以认可的情况下，在 500 万元内予以全额支持并无不当。

八、笔者观点

我国《关于审理反不正当竞争案件若干问题的解答（试行）的通知》

中表明，“文学、艺术和科学作品”属于《反不正当竞争法》所指的“商品”范畴，可由《反不正当竞争法》进行保护。电影是一种文化产品，较普通商品而言，文化产品具有特殊性。电影的诞生满足了社会公众物质和精神方面的文化需求，其创作过程不仅包含了相关人员的体力劳动，而且包含了文字、艺术创作等在内的脑力劳动和精神文化层面的创造。而电影这种商品的特殊性，也进一步决定了对其进行保护的方式较普通商品而言可能存在不同之处。电影名称作为电影产品的重要组成部分，其法律性质决定了对电影名称的保护路径。在欧美国家的文化产业实践中，为保护本国文化产业，这些国家大多对电影名称通过商标法等途径进行保护。

（一）电影名称是否可以构成“商标”

我国《商标法》第 8 条、第 9 条规定：任何能够将自然人、法人或者其他组织的商品与他人的商品区别开的标志，包括文字、图形、字母、数字、三维标志、颜色组合和声音等，以及上述要素的组合，均可以作为商标申请注册。申请注册的商标，应当有显著特征，便于识别，并不得与他人在先取得的合法权利相冲突。电影等文化产品的名称，作为该作品与其他文化产品进行区分的主要方式和最显著、便捷的途径，其本身的特性使其在一定程度上存在满足我国《商标法》商标注册对商标显著性要求的可能性。

那么，电影名称是否可以作为商标而纳入《商标法》的保护范畴，取决于该名称是否具备商标应有的显著性以帮助公众将其与其他类似产品区分。宋海燕在其所著的《娱乐法》中引用了美国纽约地区法院 Tri-Star Pictures，Inc. v. Unger[1] 商标侵权案对电影名称的保护进行了阐述。该案中，原告享有曾获 1957 年奥斯卡七项大奖的《桂河大桥》的著作权，而被告的电影公司拍摄了与原告电影内容没有关联的名为《从桂河大桥归来》的电影。原告以被告的电影名称易造成观众混淆为由向法院提起商标侵权、不正当竞争的诉讼。法院在案件审理中，综合原告对电影的投入和盈利、消费者反馈等要素，认为原告的电影名称具有显著性，应受到商标法保护。随后，通过对原告电影名称的显著性和知名度、两部电影名称的相似度、两部电影题材的竞争性、原被告双方未来业务领域的重合性、两电影的共存实际上已经产生的混淆证据、被告电影的质量和消费者群体的构成及识别能力等方面的考量，法院认为，被告对《桂河大桥》电影名称

1 Tri-Star Pictures，Inc. v. Unger，42 F. Supp. 2d 296 (S. D. N. Y. 1999).

的使用极有可能导致消费者的混淆，使公众误以为被告的电影是原告电影的续集或重拍，或存在原告电影公司的参与等，遂认定被告的电影片名构成了对原告商标的侵权。

“人在囧途”诉“泰囧”案与 Tri-Star Pictures，Inc. v. Unger 案存在诸多类似之处。一审原告的电影《人在囧途》曾获得诸多奖项荣誉；得到国内众多报纸的报道与评论；上映票房超过 3000 万元；《人在囧途》电影网络点击与视频播放率较高，搜狐视频播放次数超过 4000 万次；亦有电视节目视频、人物专访等用于证明《人在囧途》电影的知名度得到了《人再囧途之泰囧》电影投资方、主创人员的认可。以上事实证明，《人在囧途》已经通过其优秀的票房成绩和口碑得到了公众的普遍认可，“人在囧途”四个字也不再只是简单的文字组合，而具有了脱离于文字组合的“第二含义”，消费者能够通过“人在囧途”而意识到电影名称与电影和电影出品公司的密切联系。在此背景下，由五被告出品的《人再囧途之泰囧》难免有“搭顺风车”之嫌。《人再囧途之泰囧》电影名称中对“人在囧途”文字组合的延续和“再”“之泰囧”的使用极可能造成公众将其视为《人在囧途》的续集的错误认识。实际上，《人再囧途之泰囧》的宣传中，主创及出品公司亦将《人再囧途之泰囧》与《人在囧途》绑定，采用了“升级版”“全面升级”“续集”“囧途故事”“人在囧途系列”“即将拍摄《人在囧途 3》”等表述。结合 Tri-Star Pictures，Inc. v. Unger 案的经验，从法理角度来看，若《人在囧途》的出品方华旗公司将“人在囧途”注册为商标，则可以获得来自《商标法》的保护。需要注意的是，我国实行商标注册制度，商标专有权需要相关权利人申请注册，若未注册则不能获得《商标法》保护。

（二）电影名称是否构成著作权的保护对象

我国《著作权法实施细则》第 2 条规定：著作权法所称作品，指文学、艺术和科学领域内，具有独创性并能以某种有形形式复制的智力创作成果。国家版权局版权管理司于 2001 年 12 月 25 日做出了权司（2001）65 号《关于文学作品名称不宜受著作权法保护的答复》，该答复认为作品名称是否受著作权法保护取决于该名称是否具有独创性，如具有独创性则应受著作权法保护。由此可见，电影名称是否可以作为作品受著作权法保护的关键在于电影名称是否具有独创性，但此处对独创性的要求明显较《商标法》的显著性要求更严苛。本案所涉“人在囧途”由 4 个汉字构成，鉴于电影上映前已经存在“人在×途”（如“人在旅途”、“人在企途”、

“人在驴途”等）的表达，“人在×途”加“囧”的组合受字数限制，难以达到著作权法所要求的独创性。

就类似案件而言，云南省高级人民法院（2003）云高民三终字第16号判决书中，就曲靖卷烟厂是否侵犯原告季康所创作的电影剧本《五朵金花》的著作权、存在不正当竞争这一问题做出了类似解释。法院认为一部受著作权法保护的作品，除具有独创性外，还要能独立表达意见、知识、思想、感情等内容，使广大受众从中了解一定的信息，不应当仅是文字的简单相加。如果作品名称具有独创性，则作品名称有一个独立的著作权，正文又有一个著作权，那么基于同一部作品，相同的作者可以享有两个或两个以上的著作权，这既不符合法律逻辑，也不符合法律规定。由此，法院并未支持原告将“五朵金花”认定为受著作权法保护的作品的诉求。

笔者认为，虽然现行著作权相关法律法规较大程度地排除了将电影名称作为作品进行保护的可能，但是并不意味着相关权利人不能利用现行关于著作权的相关规定对电影名称施加保护。正如成梅在《作品名称的侵权认定及法律保护》中的观点：“进行作品登记可以维护作者或其他著作权人和作品使用者的合法权益，有助于解决因著作权归属造成的著作权纠纷，为解决著作权纠纷提供初步证据。版权登记表上第一栏即‘作品名称’和‘作品类别’，之后才是‘作品基本信息’和‘权利状况说明’等。这就表明，进行版权登记之后审核的第一项便是看作品名称是否相同、相似，这在一定程度上可以帮助权利人消除作品名称相似的隐患。这样不仅可以为自己获得权利证明，也可以通过权利公示先发制人，警惕即将发生的侵权行为。”以上措施虽可能效力有限，但不失为一种权利公示途径以资电影出品方及著作权人考虑。

（三）电影名称在《反不正当竞争法》下的保护路径

国家版权局《关于文学作品名称不宜受著作权法保护的答复》中认为，对作品名称适用《反不正当竞争法》调整更为恰当。在具体案件中，排除《著作权法》对电影名称的保护后，若电影出品方或电影著作权持有者未将电影名称注册为商标的话，对电影名称的保护也将主要围绕《反不正当竞争法》中的相关规定展开。

2017年修订后的《反不正当竞争法》第6条规定：“经营者不得实施下列混淆行为，引人误认为是他人商品或者与他人存在特定联系：（一）擅自使用与他人有一定影响的商品名称、包装、装潢等相同或者近似的标识……（四）其他足以引人误认为是他人商品或者与他人存在特定联系的混淆行为。”由此可见，若电影名称所指的电影作品拥有较高的知名度，则他人对此名称的使用极有可能造成公众的混淆，造成两部作品存在某种特定关系的错误认识。在“人在囧途”诉“泰囧”案中，电影属于商品自不待言。法院通过对《人在囧途》的票房成绩及各方对该电影的积极评价，将《人在囧途》认定为“知名商品”。同时，《人在囧途》电影宣发期间对“人在囧途”的广泛适用已经将这一文字组合与电影排他地紧密联系起来。因此，《人再囧途之泰囧》在宣发期间，对两部电影之间联系的明示与暗示，均构成了对《人在囧途》在先商誉的利用，损害了《人在囧途》出品方华旗公司的权益，从而违反了《反不正当竞争法》的相关规定。

除不正当竞争行为的认定外，笔者认为，此类借用电影名称进行不正当竞争的案件中，侵权人赔偿数额的确定也存在难度。以本案为例，原告主张1亿元的赔偿数额，但实际仅500万元得到法院支持。《反不正当竞争法》第17条第3款规定：因不正当竞争行为受到损害的经营者的赔偿数额，按照其因被侵权所受到的实际损失确定；实际损失难以计算的，按照侵权人因侵权所获得的利益确定。赔偿数额还应当包括经营者为制止侵权行为所支付的合理开支。但本案由于两部电影上映档期相距较远，并不存在档期内的竞争关系，且《人再囧途之泰囧》的上映是否反向提升了《人在囧途》的热度、产生了多大程度的反向积极作用均难以计算。以上因素使得《反不正当竞争法》第17条第3款所确定的赔偿标准在实践中操作难度增大，仍需探索适合电影等文化产业的确定赔偿数额的路径。

本文作者：

王梦菡（1994—　），中国政法大学比较法学研究院硕士研究生。主要研究方向：比较民商法、知识产权法。

魏臻（1995—　），中国政法大学比较法学研究院硕士研究生。主要研究方向：比较民商法、知识产权法。

武玉辉（1972—　），北京市里仁律师事务所主任、北京市影视娱乐法学会副会长。主要研究方向：比较民商法、娱乐法。

体育赛事直播画面不能认定为以类似摄制电影的方法创作的作品
——评析“新浪公司诉天盈九州公司侵犯著作权及不正当竞争纠纷案”

一、关键词

民事；著作权纠纷；体育赛事直播

二、案件当事人

上诉人（一审被告）：北京天盈九州网络技术有限公司（以下简称“天盈九州公司”或“凤凰网”）。

被上诉人（一审原告）：北京新浪互联信息服务有限公司（以下简称“新浪公司”或“新浪”）。

三、裁判文书文号

北京知识产权法院（2015）京知民终字第1818号民事判决书。

四、裁判要点

体育赛事直播画面是否构成电影和以类似摄制电影的方法创作的作品，需考虑其是否满足固定性及独创性要件。体育赛事直播中存在的诸多客观限制因素使得体育赛事直播画面在通常情况下不符合电影作品独创性的高度要求。但如果特定公用信号的直播并未受相关客观因素限制，或存在其他独创性，则其连续画面可能构成电影作品。

五、基本案情

本案经两审判决认定的基本事实经过如下：

中国足球协会根据其组织章程拥有对于各项足球赛事的相关权利，包括但不限于各种权利，以及视听和广播录制、复制和播放版权等；同时，其享有同第三方合作使用以及完全通过第三方来行使权利的权利。2006年3月8日，中国足球协会授权中超联赛有限责任公司（以下简称“中超公司”）代理中国足球协会开发经营中超联赛的电视、广播、互联网及各种多媒体版权，并确认其有权经中国足球协会备案后在授权范围内进行转委托。上述事实说明中超公司是体育比赛中各种权利的经营管理者，有权决定赛事各项权利的分配。

2012年3月7日，中超公司与本案一审原告北京新浪互联信息服务有限公司签订协议，约定中超公司授予新浪在门户网站领域独家播放中超联赛视频的权利，包括但不限于比赛直播、录播、点播、延播，协议有效期自2012年3月1日起至2014年3月1日止。在这里值得一提的是，门户网站不是法律概念，而是双方协议约定的概念。双方定义门户网站的目的是禁止中超公司再与除新浪以外的门户网站合作，以保障新浪的利益，而凤凰网（www.ifeng.com）在双方协议中被明确定义为门户网站，本案一审被告北京天盈九州网络技术有限公司即凤凰网（www.ifeng.com）的所有者，负责该网站的运营。

事实上，中超公司与除新浪外的其他公司另有授权约定。中超公司曾作为甲方与体奥动力（北京）体育传播有限公司（以下简称“体奥动力公司”）签订协议书，约定中超公司作为甲方在2012年2月1日至2014年12月31日期间授予乙方包括“网络视频权”在内的各项权利。就网络视频权，协议明确约定，体奥动力公司拥有将网络视频权独家授予第三方网站或互联网机构播出的权利，但无权授予门户网站等网络。由此可见，中超公司与体奥动力公司的约定并未违背与新浪签订的授权协议。

但体奥动力公司拿到非门户网站的网络视频权后并没有自己使用，而是于 2012 年 3 月 15 日将其授予 PPLive Corporation Limited（聚力传媒技术有限公司，以下简称“聚力公司”）使用。授权内容包括 2012 至 2014 赛季中超联赛所有比赛的独家信息网络传播权及分销权，包括直播、延播、点播及制作集锦。随后，聚力公司（作为乙方）又于 2013 年 4 月 19 日与乐视网（作为甲方）、乐视网信息技术（香港）有限公司（作为丙方）签订 2013 至 2014 赛季中超联赛内容许可协议书，约定乐视网有权在仅限于自运营网站（仅限于域名为 www. letv. com 的网站）上，以个人计算机（包括 PC 网页端及 PC 客户端，不包括手持移动设备、Pad、手机、电视机等）为终端，向公众播放上述赛事节目；未经乙方许可，不得以链接、共建合作平台等方式，与第三方合作或授权第三方使用授权节目。行文至此，乐视网也终于通过合同取得了对本案所涉赛事的一定权利。不过在经历层层授权之后，乐视网取得的授权范围已极为明确而狭窄。

最后，乐视网与凤凰网通过共建网站的方式提供比赛直播。因此，凤凰网的中超频道中就有了相关赛事直播。新浪发现这一事实后，选择将凤凰网告上法庭。

六、裁判结果

作为原告，新浪在一审的起诉理由有以下两点：第一，凤凰网擅自将电视台正在直播的中超比赛的电视信号通过信息网络同步向公众进行转播的行为侵犯了其享有以类似摄制电影方式创作的涉案体育赛事节目的作品著作权；第二，凤凰网的上述行为破坏了赛事转播授权制度这种商业模式构成的竞争秩序和其所体现的商业道德，构成了不正当竞争。概而言之，新浪维权的规范依据是著作权法和反不正当竞争法。

凤凰网和新浪之间并没有合同关系，无法通过合同确认双方的权利义务。因此新浪在本案中选择了直击问题要害，起诉凤凰网著作权侵权。但选择以侵权起诉，新浪需解决的首要问题就是，确定自己的某项受保护的权利受到侵害。依据效力之不同，民事权利被分为绝对权和相对权。绝对权具有对世效力，对权利人以外的所有人都有约束力，因此，绝对权具有公示性与法定性，人们在参与社会活动时必须尊重这些权利，不得加以侵犯。[1] 而如上文提及的合同之债，则属于相对权，仅对相对人具有约束力，不具有公示性，也不能得到侵权法的保护，否则，侵权责任将变得漫无边际，合理的行为自由势必受到不当的限制。[2] 正因如此，《侵权责任法》第 2 条第 2 款虽然使用了“等人身、财产权益”的表述，但法官也不能在法律无明文依据的情况下认定某种权利能得到《侵权责任法》保护。这一原则贯彻到知识产权法律领域被称为知识产权法定主义。

根据知识产权法定主义，著作权客体的类型固定，能得到著作权保护的客体明确有限。我国的著作权法体系遵循著作权和邻接权二元划分的原则，能够构成作品的智力成果，可获得著作权保护；不能构成的，则可以考虑是否能获得邻接权保护。二者的区别在于邻接权的保护力度普遍弱于著作权。

至此，本案的关键问题已经呼之欲出，即涉案转播赛事呈现的画面能否纳入我国著作权法保护的作品范畴？[3] 两审判决的核心区别也就在于对这一问题的认定不同。

一审法院认为，具有独创性并能以某种有形形式复制的智力成果，才可构成我国著作权法所保护的作品。[4] 因此，本案的关键是判断涉案的赛事转播画面独创性的有无。而法院又认为本案涉及的赛事转播画面是具有独创性的，因为不同编导对不同画面的选择不同，而这种不同是一种创造性劳动，体现了这些画面的独创性。所以，一审法院认为体育赛事直播画面是可以作为作品享有著作权的，并判决被告赔偿损失。不难发现，一审法院认为具有独创性是构成作品的充要条件，而且构成不同类型的作品所需的条件没有区别，都是具有独创性。如此也可以理解一审法院为何并未讨论体育赛事直播画面具体属于著作权法所规定的哪一种作品。一审法院认为，即使著作权法没有规定，如果某一类型的成果具有独创性，也可以认定为作品。

此判决一出，舆论反响强烈。一审被告不服，旋即选择上诉。上诉人认为：涉案体育赛事节目的独创性过低，不能构成作品，一审判决中有关

1　程啸：《侵权责任法》，北京：法律出版社 2011 年版，第 61 页。

2　程啸：《侵权责任法》，北京：法律出版社 2011 年版，第 61 页。

3　在一审判决书中，法官讨论的是“涉案转播的赛事呈现的画面”能否构成作品，新浪在起诉书中的主张是“以类似摄制电影方式创作的涉案体育赛事节目”享有著作权。后文会阐释“画面”和“节目”存在的明显不同。

4　北京市朝阳区人民法院（2014）朝民（知）初字第 40334 号民事判决书。

上述体育赛事节目构成作品的认定有误。

二审法院经审理认为，现有证据无法证明涉案两场赛事公用信号所承载的画面构成电影作品，从而无法认定被上诉人对其享有著作权，故被诉行为未构成对被上诉人著作权的侵犯。一审法院在认定涉案体育赛事连续画面构成作品的情况下，认为被诉行为构成对被上诉人著作权的侵犯有误，依法予以纠正。

七、裁判理由

二审法院审理的核心问题和一审法院相同，即“赛事公用信号所承载画面能否构成电影作品”，但审理结果与一审判决几乎完全相反。

在二审看来，并非具有独创性的智力成果就能认定为作品而取得著作权。相反，《著作权法》第 3 条并未定义抽象的“作品”，而是采用了列举的方式，明确了作品的几种类型后加上了“其他作品”，以保证客体类型的开放性。但“其他作品”必须满足“法律、行政法规规定的”这一刚性条件，故法院在《著作权法》第 3 条规定的法定作品类型之外，无权设定其他作品类型。[5] 二审法院这一观点不论从文义解释的角度，还是从学理上都很有说服力。据此，二审法院认为，想要认定为作品，首先需要“对号入座”，论证体育赛事直播画面具体属于现行法所规定的哪一种作品。

随后，终审法官回应一审原告的诉求，使用极大的篇幅去论证赛事直播公用信号所承载的连续画面[6]是否构成“电影作品和以类似摄制电影的方法创作的作品”（以下简称“电影作品”）。法官认为，不同类型作品的构成要件并不完全相同，而这种不同主要体现在法律、行政法规的定义中。根据《著作权法实施条例》对电影作品的定义，电影作品的构成要件包括固定性和独创性两大要求。前者要求要求电影作品应已经稳定地固定在有形载体上。而对于后者，法官又一次否定初审判决的观点，提出判断一项智力成果是否构成电影作品并非要判断独创性的有无，而是要判断独创性的高低。

5　北京知识产权法院（2015）京知民终字第 1818 号民事判决书。

6　根据二审判决书中的定义，“公用信号”是体育赛事直播行业的通用术语，其由专业的直播团队按照赛事组委会统一的理念及制作标准制作而成，通常包括比赛现场的画面及声音、字幕、慢动作回放、集锦等。“赛事直播公用信号所承载的连续画面”即比赛现场直播的连续画面，与本文所称“体育赛事直播画面”内涵一致，可以相互替代。

法官对这一观点的论证，值得仔细辨析。在他看来，我国的著作权法体系规定了著作权和邻接权两大体系，两大权利体系各自保护不同的对象，提供的保护力度也不尽相同。但著作权和邻接权的区别并不在于独创性的有无。因为从邻接权的体系上看，无独创性并非各类邻接权的共性；从邻接权的发展历史来看，“基于现实需求而产生的邻接权国际条约中所保护的邻接权客体并不当然排斥具有个性化选择的情形”[7]；从司法实践来看，我国已有判例在承认涉案成果具有独创性的同时，认定其仅受邻接权的保护。故法官得出结论认为：“在我国著作权法区分著作权和邻接权两种制度，且对相关连续画面区分为电影作品与录像制品的情况下，应当以独创性程度的高低作为区分二者的标准。”[8] 换言之，有独创性并不一定是著作权客体，还可能仅是邻接权客体。至于如何判断独创性的高低，法官则补充说，应该从素材的选择、素材的拍摄和拍摄画面的选择与编排三个角度来综合判断。

在完成上述理论储备后，法官正式开始对本案的争议焦点发起冲击。法官首先明确了分析对象为“体育赛事直播公用信号所承载的连续画面”。

这里有必要对几个概念加以区分。有学者[9]分析本案时提出体育赛事、体育赛事直播节目和体育赛事直播节目的连续画面是相互联系但不能完全等同的三个概念。

体育赛事是由特定组织者组织的竞技体育比赛活动。赛事固然可以被观看，也蕴含着重要的商业价值，但体育赛事本身并不产生著作权，因为著作权法是以文化创作成果为保护对象的。这也就是所谓“竞技无版权”的含义所在。

不过体育赛事节目则不一样。体育赛事节目通常是由专门制作者制作的以体育赛事为内容的节目。但不论直播与否，体育赛事节目都不仅仅只简单地展示体育赛事的内容，还包括编导、主持、解说、采访等等众多内容。不同制作者所制作的体育节目差异很大，而这些差异也往往是该节目能在同类节目中脱颖而出的关键。因此，体育赛事节目的可版权性是值得讨论的。

体育赛事直播画面是体育赛事直播过程中呈现在观众面前的一系列声音和图像的集合，它是构成体育赛事直播节目的基础元素之一，是由特定

---

7 北京知识产权法院（2015）京知民终字第1818号民事判决书。

8 北京知识产权法院（2015）京知民终字第1818号民事判决书。

9 袁秀挺、方帅：《体育赛事直播的著作权保护述评》，《私法》2017年第1期，第336页。

制作团队根据特定标准在比赛现场摄制的连续画面。

不难看出，本案所分析的"体育赛事直播公用信号所承载的连续画面"即属于第三种体育赛事直播画面，与观众理解的"体育直播节目"可能不完全一致。事实上，前者只是体育直播节目的主要素材之一。因此，"体育赛事直播公用信号"是否构成作品并不当然决定一档体育节目是否构成作品，本案事实上并未对后者进行分析。

可以明确的是，本案二审法官对上述三个概念的区分是很明确的，因为在论述前，首先交代的背景是"二审程序中，被上诉人明确其主张权利的范围限于公用信号所承载的连续画面"[10]。

随后法官开始类型化分析，分析中超赛事直播画面的共性是否满足电影作品的构成要件。就固定性而言，法官认为中超赛事现场直播采用随摄随播的方式，此时，整体比赛画面并未被稳定地固定在有形载体上，不能满足固定性的要求。就独创性而言，法官认为，在素材的选择上，中超赛事公用信号所承载的连续画面基本不存在独创性劳动；而在被拍摄的画面以及对被拍摄画面的选择与编排均受到相关客观因素限制的情况下，中超赛事公用信号所承载连续画面的个性化选择空间已受到极大限制。因此，法官总结称，就类型化分析而言，完全受上述因素限制的中超赛事直播公用信号所承载的连续画面，在独创性高度上较难符合电影作品的要求。

不过，法官同时承认，在进行类型化分析时，法官判断的前提是假设制作时客观限制越少，作品独创性高度可能越高。但法官认为这本身只是一种概然性推论，具体某场体育赛事直播画面是否符合电影作品的独创性要求，还有必要针对个案进行具体判断。因此，法官又开始对涉案两场赛事直播公用信号承载的连续画面的独创性进行具体分析。涉案两场比赛同时也不能满足固定性的要求。而关于独创性，法院此时的评议标准是涉案两场比赛直播团队的工作成果，与其他符合中超要求的直播团队所提供的成果是否有明显区别。在逐一分析之后，法官得出结论称涉案两场赛事公用信号所承载连续画面并未达到电影作品所要求的独创性高度。

综上所述，法官得出结论：涉案两场赛事公用信号所承载连续画面既不符合电影作品的固定要件，亦未达到电影作品的独创性高度，故涉案赛事公用信号所承载的连续画面未构成电影作品。而构成作品是新浪主张凤凰网著作权侵权的前提。这一基础被推翻，则一审判决的根基也就荡然无存了。

10　北京知识产权法院（2015）京知民终字第 1818 号民事判决书。

八、笔者观点

本案判决洋洋洒洒数十页，有许多亮点值得学习与研究。笔者简单从以下几个方面略作分析。

（一）体育赛事直播作品属性认定的新尝试

本案判决的优秀之处在于与英美法系中的经典判例一样为读者提供了大量的细节，让人在抽象地了解到一条规则的同时，得以认识到这条规则能够适用的各种条件。本案所确定的规则，可以被概括为：体育赛事直播画面通常情况下不能构成电影作品。但这条规则是有其适用条件的。具体而言，可以运用司法三段论，从大前提、小前提两个角度来分析。

本条规则的大前提是构成电影作品需满足固定性和高度独创性要求。大前提的成立是主流理论推演的结果。比如，认可这一结论通常需要达成法官无权自由创设知识产权、电影作品的构成要件包括固定性和高度独创性这几点共识。虽然这些共识在学术上仍然具有讨论的价值，也仍具有被推翻的可能，但大前提的可靠性不会因为案件事实发生变化而动摇。

在适用案件时，小前提更有价值。本条规则的小前提是体育赛事直播画面不能满足固定性和高度独创性两大要求。小前提成立的条件包括：第一，讨论对象为体育赛事直播画面（不是体育直播节目，也不是比赛片段）；第二，固定性标准要求讨论对象必须固定在某种特定的物质介质上；第三，独创性标准要求讨论对象具备相比于同类工作成果的高度独创性。在这些预设不变的情况下，才可以推出体育赛事直播画面不能满足上述要求的结论。因此，当诸如讨论对象等事实状态发生变化时，我们必须敏感地反思本案规则是否还具有可适用性。

本案二审否认体育赛事直播画面的作品属性的做法可谓“情理之中”。有学者统计我国主要的体育赛事转播纠纷案件法院判决情况发现，我国大多数法院还是选择将赛事直播画面认定为录像制品，承认其为作品的判例仅有一例，即本案的一审判决。笔者据此预测，认定体育赛事直播画面为电影作品的诉讼策略今后将很难走通。

（二）审判风格从激进回归谦抑

在本案两审判决发生前后，体育赛事直播领域已经引发数起同类诉讼。但如前所述，本案的一审判决是唯一承认体育赛事直播画面的作品属性的案例。过于激进也是本案一审判决引发广泛争议的原因所在。甚至有学者根据本案一审判决断言称，我国的著作权法未来将进一步向美日经验靠拢，承认体育赛事节目或直播画面的作品属性。[11] 但这种观点显然过于乐观了。事实上，同年央视国际起诉的两起同类案件[12]中，法院都没有参考本案一审的观点。二审全面否定了一审判决，说明一审的审理思路是一次不太成功的尝试，在实践中并未给司法实践的困境打开新的局面。

一审判决主要在以下两个观点上遭受巨大挑战。

其一是对知识产权法定主义的突破。从学理上，知识产权是绝对权，具有对世效力。知识产权需要法定，其本质是限制知识产权漫无边际扩展。众所周知，知识产权是近代社会进步的产物，在前工业社会没有知识产权的概念。知识产权本质上是一种私权，表现为为了权利人的利益而对除权利人之外的普罗大众施加行为限制。但任何权利都应有其边界，否则知识产权将成为少数人对社会进行掠夺的工具。用法律来为知识产权划定边界，以留给社会足够多且足够好的东西，这正是知识产权法定主义的意旨所在。因此，从学理上看，增设一种新的知识产权应足够慎重。回到条文可以发现，我国的《著作权法》本身即贯彻了知识产权法定主义，该法第3条第9项已经明确只有法律、行政法规规定的其他作品类型才能被认定为作品。在这种情况下，一审法院在没有法条依据的情况下，径直将体育赛事直播画面认定为“其他作品”，难免留下“法官造法”的口实。[13]

其二是对作品独创性标准的要求过低。一审法院似乎认为独创性的有无可以直接决定能否构成作品，但“对于构成作品所需要的独创性在许多情况下并不是有和无，而是程度高与低的问题”[14]。独创性在最广义上可

---

11 袁秀挺、方帅：《体育赛事直播的著作权保护述评》，《私法》2017年第1期，第345页。

12 广东省深圳市福田区人民法院（2015）深福法知民初字第174号民事判决书和北京市石景山区人民法院（2015）石民（知）初字第752号民事判决书。

13 一审法院的这一观点也并非完全于“法”无据，最高人民法院曾出台《关于审理涉及计算机网络著作权纠纷案件适用法律若干问题的解释》，其中第二条规定，在网络环境下无法归于著作权法第三条列举的作品范围，但在文学、艺术和科学领域内具有独创性并能以某种有形形式复制的其他智力创作成果，人民法院应当予以保护。本条似乎暗示了司法者希望通过扩大解释兜底条款的方式，适时增加作品类型的意愿。但该条文已经于2012年被最高人民法院废止。

14 王迁：《论体育赛事现场直播画面的著作权保护——兼评“凤凰网赛事转播案”》，《法律科学（西北政法大学学报）》2016年第1期，第186页。

以被理解为“因人而异”，即不同人完成同一工作会有不同的效果。但如果仅仅达到因人而异的水平就可以被认定为作品，则每个人的每句口头表达都可能会享有著作权了。显然，只有达到一定高度的独创性才足以成为认定为作品的依据。进一步而言，不同于对智力创造程度要求较低的英美法系国家，我国在著作权法体系上承接了大陆法系著作权和邻接权二分的传统，而二者区分的基础就是独创性高低的不同。如果对作品的独创性要求过低，则邻接权的适用空间将大大缩减。

一审法院的观点在学术上似乎更偏向英美国家的传统[15]，主张弱化作品的独创性，强化作品的实用性和经济性，同时对著作权的涵盖范围保持开放性和灵活性。上述主张作为学术观点当然很有价值，但落实到司法实践中将面临巨大的障碍。在历时 3 年后，一审判决最终被推翻，足以说明我国现有的制度基础还不足以支撑如此激进的观点。有趣的是，在文风上接近判例法国家的二审判决在审判观点上反而趋于保守，坚持司法谦抑性，更加尊重现有的著作权法体系。从一审到两审判决的转变，似乎也能窥得法院系统审理思路的转向。或可推知，保守、务实的审理风格可能还是我国知识产权法官的主流。

（三）广播权和信息网络传播权的困局尚未突破

不论审判风格如何值得推崇，二审法院的判决并没有让本案的争议焦点得到长期有效的解决。看完二审判决后，让人不禁心生“拔剑四顾心茫然”之感：体育赛事直播画面如果不能被认定为电影作品，那该如何在现行著作权法中寻得保护？

事实上，近年来涉及体育赛事转播纠纷案件的判决情况五花八门，就如何认定原告享有的权利内容而言，就有认定为录像制作者权、广播权、信息网络传播权、制止不正当竞争以及作者的其他权利等多种尝试。先证成其作品属性再运用“作者的其他权利”这一兜底条款的思路已在本案一审中碰壁。本文将从邻接权角度简单分析，寻求广播权和信息网络传播权取得保护的可能性。

15　美国在 1997 年的“美国篮球协会诉摩托罗拉公司”一案中正式承认“对 NBA 赛事的录播能够得到著作权法的保护”，究其原因，除美国没有邻接权制度外，学者袁挺认为还包括“美国版权法在设定作品受保护的条件时，更加看重作品本身的经济价值”。参见袁秀挺、方帅：《体育赛事直播的著作权保护述评》，《私法》2017 年第 1 期，第 343 页。

根据受控行为界定权利内容的原则，著作权的每一项专有权利都是用来控制特定行为的，享有一项专有权利就意味着能够控制他人利用作品的特定行为。那么现在问题就转化为，本案被告的行为是否属于受控行为。这种行为具有以下特点：其传播的内容都是正在直播的内容；被告通过截取信号后又通过信息网络进行传播；其传播也采用直播的形式，用户无法选定获取节目的时间。下文简要分析上述网络实时转播行为可否落入现有权利的控制之中。

1. 广播权

我国著作权法中的“广播组织”可以享有广播组织权，其中包括转播权。但转播权能否涵盖涉案的网络实时转播行为目前尚存争议。根据著作权法基本原理，转播权的范围不应大于《著作权法》第 10 条第 11 项所规定的广播权。后者直接来源于《伯尔尼公约》第 11 条，该条确认广播权可以控制的是三种广播行为：一是无线广播；二是以无线或有线方式转播；三是通过扩音器等工具公开播放。但争议点在于，在网络上实时转播能否被认定为“以无线或有线方式转播”。尽管存在将广播权进行扩展解释的司法实践及学理支持[16]，但如果从历史解释理解，网络实时转播行为显然不可能出现在当时立法者的意图之内。[17] 因此，广播组织权中的转播权同样难以规制网络实时转播行为。

2. 信息网络传播权

在我国，表演者、录音录像制作者都享有《著作权法》第 10 条第 13 项规定的信息网络传播权。但这项权利很容易让人望文生义，以为可以规制任何与网络有关的行为。但这项在我国 2001 年修改《著作权法》时新加入的权利具有十分清晰的内涵与外延，即仅指“以有线或者无线方式向公众提供作品，使公众可以在其个人选定的时间和地点获得作品的权利”。换言之，信息网络传播权控制的本质是“交互式传播”行为，如点播。交互性是信息网络传播与其他传播行为的本质区别。但网络实时转播行为反而恰恰不具有这种交互性，使得其难以落入信息网络传播权的规制。

综上所述，现有的著作权法律法规体系难以规制典型的网络实时转播

16　王迁：《论我国〈著作权法〉中的“转播”——兼评近期案例和〈著作权法修改草案〉》，《法学家》2014 年第 5 期，第 129 页。

17　赵双阁、艾岚：《体育赛事网络实时转播法律保护困境及其对策研究》，《法律科学（西北政法大学学报）》，2018 年第 4 期，第 62 页。

行为。正因如此，有学者认为："无论是将体育赛事直播节目认定为'作品'，还是'制品'，均不能够使权利人有效地控制……'网络实时转播行为'。"[18]

对于上述困局该如何破解，是业内专家学者讨论较多的问题。笔者想从立法、司法两个维度简述几点思考。

首先，从立法角度看，目前国内学者基本都认为通过立法可以改变现有困境。但根据修改建议的内容不同，又可以分为众多不同观点。

主流学者普遍认同的修改方案是对广播组织权加以扩展。一方面，现行的广播组织权的权利主体只能是广播电台、电视台，因此有建议[19]将"直接通过互联网实施传播的网站"纳入到广播组织的主体之内；另一方面，扩大广播组织的权利范围，以技术中立的方式重新定义"转播权"，同时加入转播许可权。值得一提的是，上述修改建议已经在公开征求意见的《著作权法（修订草案送审稿）》中有部分体现，落地的可能性极大。笔者赞同这一观点。

也有学者建议进一步贯彻技术中立原则，设立"向公众传播权"。在其看来，目前我国著作权法遇到的种种困境，是由于我国著作权法立法时所秉持的技术主义立法路径所导致的。在著作权立法完善时"不应再纠结于技术手段的不同、传播媒介管道的差异，而应彻底贯彻技术中立原则，秉持开放性和包容性的立法态度，摒弃修修补补、被动应对技术更新的做法，着眼于融合技术未来走势"[20]。这种立法建议确实很有前瞻性，可谓面向未来立法，但笔者认为细节问题仍值得推敲，比如"向公众传播权"是否可以由邻接权人享有；另外，现行著作权法中的兜底条款"应当由著作权人享有的其他权利"是否就足以在司法层面实现上述立法目的。

值得一提的是，《著作权法（修订草案送审稿）》通过取消"影视作品"和"录像制品"的分类，创设了"视听作品"并赋予完整的著作权。这种设计思路很可能是对《美国版权法》的借鉴。但这种设计可能会对现有的二元体系造成一定的破坏。试想，如果电视台的体育赛事直播画面可以构成视听作品，那赋予电视台广播组织权的意义就十分有限

---

18 袁秀挺、方帅：《体育赛事直播的著作权保护述评》，《私法》2017 年第 1 期，第 347 页。

19 王迁：《论体育赛事现场直播画面的著作权保护——兼评"凤凰网赛事转播案"》，《法律科学（西北政法大学学报）》，2016 年第 1 期，第 191 页。

20 赵双阁、艾岚：《体育赛事网络实时转播法律保护困境及其对策研究》，《法律科学（西北政法大学学报）》，2018 年第 4 期，第 64 页。

了。而如果电视台的体育赛事直播画面不能构成视听作品，事后电视台将其录制到物质载体上之后就可以享受著作权保护，有悖于产业现状，似乎也不甚公平。因为众所周知，体育赛事实时直播的价值远大于事后重播。总之，中美两国的著作权法体系不同，想在著作权法上接近美国法，免不了会产生对现有法律体系进行“大手术”的倾向。笔者对此并不完全赞同。

其次，从司法角度看，我们知道不论立法建议的畅想多么美好，必须面对的现实是立法建议能否以及何时落实还是未知数。在苦等立法修改的同时，在当下司法实践中寻找更好的解决思路也是有意义的。对此，笔者认为：第一，尝试扩展解释现有广播权更具可行性。对此，王迁教授曾专门撰文讨论，实践也有案例[21]支持，其面临的核心困境是如何解释文义。第二，运用反不正当竞争法也是可以考虑的思路。目前，对于知识产权法和反不正当竞争法的关系，学界普遍认为反不正当竞争法属于知识产权的兜底保护法，因为其“能为诸多尚未定型化的知识产权提供兜底性保护”[22]。而《反不正当竞争法》能发挥此等功能的基础是其第2条第1款，即违反一般行为条款，该条款类似于人格权中的一般人格权条款，可以突破条文对行为模式的限定，灵活有效地处理实践中层出不穷的新型不正当竞争行为。但同样地，一般条款的范围过于宽泛，而且在认定上主观色彩过浓，因此也使得很多学者对这种“向《反不正当竞争法》的逃逸”现象进行反思。[23] 但不论如何，实践中有案例对运用《反不正当竞争法》诉请的支持，[24] 使得反不正当竞争法的思路值得尝试。

最后，笔者试图跳出本案讨论的核心命题，换一个角度来解决体育赛事直播节目盗播的问题。如前文所述，体育赛事、体育赛事直播画面和体育赛事直播节目是三个不同的概念。在理论上，体育赛事的组织者、体育赛事直播画面的摄制者和体育赛事直播节目的制作者可以是三个不同的主体，而这三个主体所主张权利的客体是完全不一样的。

本案二审法官明确的规则是体育赛事直播画面通常不能构成电影作品。这仅仅意味着体育赛事直播画面摄制者的工作成果不能作为作品保护。但体育赛事直播节目本身能否构成作品，仍有讨论的空间。事实上，

---

[21] 北京市第一中级人民法院（2013）一中民终字第3142号民事判决书。

[22] 肖顺武：《网络游戏直播中不正当竞争行为的竞争法规制》，《法商研究》2017年第5期，第39页。

[23] 薛军：《互联网不正当竞争的民法视角》，《人民司法》2016年第4期，第12页。

[24] 北京市海淀区人民法院（2013）海民初字第21470号民事判决书。

学界不乏学者主张体育赛事节目可以构成汇编作品。[25] 首先可以明确的是，汇编“不构成作品的数据或者其他材料，对其内容的选择或者编排体现独创性的作品”可以被认定为汇编作品。具体到本案而言，原告可以主张体育直播节目本身构成汇编作品，进而通过主张著作权法赋予版权人的兜底性权利条款来维护自己的权利。实践中也有春节联欢晚会被认定为汇编作品的成例。[26] 故本案中如果坚持对体育直播节目主张权利，也许会是另外一番光景。当然，其面临的挑战同样也是如何证明节目的独创性。

本文作者：

何涛（1994— ），中国政法大学比较法学研究院硕士研究生。主要研究方向：比较民商法、知识产权法。

---

25 从立先：《体育赛事直播节目的版权问题析论》，《中国版权》2015 年第 4 期，第 10 页。

26 北京市东城区人民法院（2013）东民初字第 09641 号民事判决书。

娱乐法资讯

2019年第一季度娱乐法大事件

1.《网络短视频平台管理规范》《网络短视频内容审核标准细则》发布

1月9日，中国网络视听节目服务协会的官网上发布了《网络短视频平台管理规范》和《网络短视频内容审核标准细则》，进一步规范短视频传播秩序。《网络短视频平台管理规范》及时吸收总结了短视频网站的经验，根据网络视听管理政策新要求，对平台应遵守的总体规范、账户管理规范、内容管理规范和技术管理规范提出了20条建设性要求。《网络短视频内容审核标准细则》面向短视频平台一线审核人员，针对短视频领域的突出问题，提供了操作性审核标准共100条。

2. 网易、腾讯启动未成年人游戏管控功能

1月16日，网易游戏宣布，将对旗下15款热门手游上线防沉迷功能——启动未成年人宵禁，21：30至次日8：30未成年人不得进入游戏；限制每天游戏时长。为了便于家长监督管理孩子的游戏行为，网易还升级迭代了“网易家长关爱平台”，建立了专门的未成年人守护团队，尝试从被动服务转向主动服务，主动提醒异常及高额消费。

近日，腾讯游戏官方也宣布，成长守护平台全面接入微信小游戏，家长可以及时了解未成年人游戏及消费动态。家长可以在“成长守护平台”快速绑定未成年人的微信号，了解未成年人的游戏状况，如果发现未成年

人在特定的时间段登录游戏，影响正常学习生活，家长还可以使用“一键禁玩”功能，将他“踢下线”。此外，家长还可借助守护平台上提供的多样化游戏管控工具，全方位了解和管理未成年游戏情况。

3. 李志诉《明日之子》节目侵权获赔20万元，将不会上诉

1月17日，音乐人李志通过微博告知了自己诉《明日之子》节目侵权案的结果。李志介绍了法院三条主要判罚：第一条，法院判定哇唧唧哇和腾讯构成对他的侵权，并且主观构成明显；第二条，法院认为哇唧唧哇和腾讯不需要向他道歉，因为节目播出时已经署名，在他抗议后也删除了节目，没有对他造成实质伤害；第三条，法院认为索赔金额太高，判定哇唧唧哇和腾讯赔偿20万。李志在视频中表示将不会上诉。

自2018年下半年起，本案引发了社会广泛关注。据悉，2018年7月3日，李志发表微博长文，控诉《明日之子》第二季选手未经授权翻唱自己的作品，提出300万元索赔。2018年7月9日，哇唧唧哇公司副总裁马昊及相关工作人员和李志的经纪人迟斌在上海进行了面对面交涉。随后，李志在微博中表示：300万元赔款诉求将拆分成两部分。其中，节目部分为100万元，由腾讯出面解决；演唱会部分为200万元，哇唧唧哇内部需进一步讨论，并承诺3天之内给予明确答复。2018年7月12日 李志在微博发出《明日之子》维权总结，称因“哇唧唧哇公司和腾讯公司承认侵权事实，同时不认可赔付金额，且侵权公司未公开正式致歉，《明日之子》第二季第一期依旧在官网播出，并未下架”，将起诉至法院维权。

4. 影视行业纳税自查自纠阶段结束：3个月自查申报税款入库115.53亿元

新华社1月22日报道，自2018年10月开展规范影视行业税收秩序工作以来，影视行业纳税人认真开展了自查自纠。截至2018年底，自查申报税款117.47亿元，已入库115.53亿元。

在工作开展过程中，相关部门坚持执法与服务并重，严格依据税收征管法及其实施细则相关规定，确定自查自纠适用的具体政策，对明星工作室等混淆企业和个人应税收入的，由影视从业人员个人据实区分和调整，充分体现了纳税人自查自纠的主体责任和义务。同时，为使影视行业纳税人全面了解政策，相关部门在采取上门、电话或信函方式逐一告知的基础上，对重点影视企业和从业人员，采取点对点、面对面方式，贴近需求辅导税收政策；以便利纳税为目标，设置纳税服务专席接受咨询，开辟绿色

通道热情服务；根据纳税人的意愿确定申报地点，便于纳税人办理自查缴税等事项，维护影视企业及从业人员合法权益。在广大影视行业纳税人的积极配合下，规范工作取得了良好成效。

5. 四部门联合开展App违法违规收集使用个人信息专项治理行动

1月25日，中央网信办、工业和信息化部、公安部、市场监管总局四部门联合举行“App违法违规收集使用个人信息专项治理”新闻发布会，正式发布《关于开展App违法违规收集使用个人信息专项治理的公告》。四部门决定自2019年1月至12月，在全国范围内组织开展App违法违规收集使用个人信息专项治理行动。

据悉，此次专项治理将重点开展以下工作。一是组织相关专业机构，对用户数量大、与民众生活密切相关的App隐私政策和个人信息收集使用情况进行评估。二是加强对违法违规收集使用个人信息行为的监管和处罚，包括责令有关App运营者限期整改；逾期不改的，公开曝光；情节严重的，依法暂停相关业务、停业整顿、吊销相关业务许可证或者吊销营业执照。三是公安机关开展打击整治网络侵犯公民个人信息违法犯罪专项工作，依法严厉打击涉及个人信息的违法犯罪行为。四是开展自愿性App个人信息安全认证，鼓励搜索引擎、应用商店等进行明确标识，并优先推荐通过认证的App。

6. 全国首批网络直播团体标准在武汉发布

1月28日，湖北省标准化学会和武汉市软件行业协会联合发布了《网络直播平台管理规范》以及《网络直播主播管理规范》。这是我国正式出台的首批网络直播团体标准。《网络直播主播管理规范》要求：女主播服装不应过透过露，不能穿着情趣制服、情趣内衣、透视装、肉色紧身衣等；未成年人单独出镜直播，须提供监护人身份证和户口本，以及由监护人签署的申请书等。同时，《网络直播平台管理规范》重点明确了用户举报，要求直播平台设置便捷醒目的用户举报通道，确保24小时畅通；对于网友举报的违规账号，直播平台应在接到举报后90秒内，对其进行强制禁言、封号等处理。

7. 音集协发文斥天合文化违约，称其用空白合同侵害权益

1月30日，中国音像著作权集体管理协会（简称“音集协”）在其

官方微博发布声明称，天合文化集团有限公司使用已公告作废的空白合同以极低的价格与卡拉 OK 经营场所签订“著作权许可合同”给协会造成了巨大损失，协会有权并已单方面解除对天合文化集团有限公司的委托。在声明的最后，音集协提醒卡拉 OK 经营者谨防上当受骗。

据悉，天合文化集团有限公司成立于 2007 年 8 月，受中国音像著作权集体管理协会及中国音乐著作权协会共同委托作为大陆地区唯一的代收卡拉 OK 版权使用费机构，开展卡拉 OK 版权使用费收取和交付提供服务。2018 年 11 月 6 日，天合文化集团有限公司在其官网称音集协会单方面要求解除多份合作协议是无效的，且其已提出反诉。

8. SM 娱乐与腾讯音乐达成战略合作，旗下艺人音乐将上架 QQ 音乐等平台

1 月 30 日，SM 娱乐宣布与腾讯音乐娱乐集团达成战略合作，决定自 2 月 1 日起，SM 旗下艺人东方神起、SuperJunior、SHINee、RedVelvet、NCT 等组合及艺人的音乐作品将上架 QQ 音乐、酷狗音乐、酷我音乐。据透露，除了 SM 娱乐旗下艺人的音源、MV 等海量音乐内容将会通过腾讯音乐娱乐集团在中国进行线上和多渠道发行及营销之外，双方还将在其他领域展开深度合作。

9. 国家版权局发文禁止未经授权通过网络传播央视 2019 年春晚

2 月 3 日，国家版权局下发《关于未经授权通过网络传播中央广播电视总台 2019 年春节联欢晚会相关节目的通知》。通知将央视 2019 年春晚相关节目纳入国家版权局重点作品版权保护预警名单，禁止未经授权进行网络传播。对于未经授权通过信息网络非法传播央视 2019 春晚相关节目的，应对其依法从严从快予以查处。

通知指出，经中央广播电视总台授权，央视国际网络有限公司独家享有通过网络向公众传播央视 2019 年春晚的权利。通知明确，除爱奇艺、腾讯、优酷、快手、新浪微博、腾讯音乐、网易云音乐已获授权外，其他任何机构和个人未经权利人许可，不得通过互联网（含移动互联网）、IPTV、OTT 等平台提供直播、点播、下载等服务传播央视 2019 年春晚相关节目的视频、音频、图片等作品。

10. 北京市发布“影视十条”，促进影视业发展

2 月 14 日，北京市委市政府印发《关于推动北京影视业繁荣发展的

实施意见》，围绕影视业发展痛点、难点问题，精准发力、多措并举，推动影视业和文化产业高质量发展。文件称，接下来各有关部门将系统梳理影视业扶持政策，统筹资源、综合施策，通过政策集成优化影视业营商环境，不断促进北京市影视业高质量发展，充分发挥影视业在全国文化中心建设中的战略价值。

据悉，《关于推动北京影视业繁荣发展的实施意见》分四个方面展开工作。一是坚持正确导向。把人民作为影视创作和表现的主体，把满足人民精神文化需求作为影视业发展的出发点和落脚点，始终把社会效益放在首位，实现社会效益与经济效益相统一，发挥基金扶持引领作用，对本市影视企业推出的精品力作，给予奖励和扶持，提高精品的转化率和影响力。二是坚持深化改革。深化体制机制改革，完善市场体系建设，加强政策集成，不断释放影视业发展新动能。推动文化领域“投贷奖”投融资全过程联动衔接，激活北京影视消费市场潜力，打造具有国际影响力的影视园区品牌，推动京津冀影视业协同发展，提升北京影视业国际传播力。三是坚持提升效能。依托北京影视、科技等资源优势，加大统筹协调力度，做好纵横向资源精准衔接，提升影视业发展公共服务效能。促进影视业与相关产业融合发展，构建传统媒体、互联网、金融等融合发展的全新互动体系。建立健全重点影视企业动态管理体系，实现全程动态跟踪管理，建立扶持效果综合评估机制。四是坚持转型发展。紧盯北京影视业高精尖转型发展关键环节和重点问题，着力发挥重点工程、重要项目带动作用，开展集智攻关，突破关键技术，努力提升北京影视业整体实力。加强影视业文化科技深度融合，建设一批影视科技融合发展重点实验室，推动建立影视业高新技术企业培育库，加大科技成果转化力度。

11. 全国“扫黄打非”办公室部署开展“净网 2019”“护苗 2019”“秋风 2019”专项行动

2019 年 2 月，全国“扫黄打非”办公室做出专门部署，将于 2019 年 3 月至 11 月间大力组织开展“净网 2019”“护苗 2019”“秋风 2019”等专项行动，持续净化社会文化环境。全国“扫黄打非”办公室强调，开展“净网 2019”专项行动，将聚焦整治网络色情和低俗问题；开展“护苗 2019”专项行动，着重强化网上网下两项整治，坚决查办涉未成年人的“黄”“非”案件；开展“秋风 2019”专项行动，重点打击假媒体、假记者站、假记者及新闻敲诈行为，切实维护新闻出版传播秩序。

12. 北京市委宣传部召开首都影视业专题座谈会，加快建设“影视之都”

3 月 13 日，北京市委宣传部召开首都影视业专题座谈会，就进一步推动首都影视业繁荣发展，凝聚行业共识，听取相关影视企业的意见建议，并透露加快建设“影视之都”的总体规划，释放出北京影视业的诸多利好消息。据悉，今年北京市将推出如下一系列提振影视行业信心的利好政策。其一，推动支撑保障政策进一步落地。其二，启动硬件环境进一步提升。北京市正在抓市级文创园区、影视园区、示范园区的认定和管理，重点支持国家文化产业创新试验区、文化金融合作示范区、国家对外文化贸易基地建设，支持环球影城、怀柔影都、台湖演艺小镇等大型文创项目。其三，推动精准服务进一步深化。特别是在税收、金融、行政审批等方面提供一对一咨询、贴身服务，开通服务热线、疏通渠道、打造服务企业的直通车。其四，推动统筹联动进一步到位。宣传与规划、发改、市场监管、税务执法等部门都要形成强大合力。其五，推动扶持力度进一步加大，主要体现在资金支持方面。

13. 广东 9 家 KTV 公司起诉音集协一案在京开庭，原告称音集协涉嫌垄断

2019 年 3 月 21 日上午，广东九家 KTV 公司起诉音集协垄断纠纷案在北京知识产权法院开庭审理。原告的诉求是要求被告方音集协以合理、同等条件与原告签订著作权作品《著作权许可使用合同》，并认为音集协指定第三方（天合文化集团有限公司）违反了反垄断法。

本案是 2018 年“6000 多首 KTV 歌曲下架”风波的延续。2018 年 11 月，音集协的一纸“删歌公告”引发热议。音集协在公告中，通知 KTV 终端生产管理商和卡拉 OK 经营者删除未取得授权的 6000 多首歌曲，否则可能会面临被起诉的风险。其中不乏《十年》《听海》等广受消费者欢迎的热唱曲目。

14. 全国青联建议有关部门制定规范措施，加强直播环境中未成年人保护

2019 年 3 月，全国青联在两会期间向大会提交了《关于在网络直播环境中加强未成年人保护的提案》。全国青联认为，目前网络直播行业良莠不齐，一些直播平台频繁出现禁止或者不宜未成年人观看的内容，存在着低俗、色情信息影响未成年人价值观，未成年人隐私权遭到侵犯和非理

性打赏造成经济损失等方面的问题。针对以上问题，全国青联建议国家网信部门、文化市场管理部门尽快制定规范措施，治理网络直播行业乱象，保护未成年人健康成长。在提案中，全国青联建议考虑对未成年人担任网络主播做出明确的禁止性规定。

15. 抖音、快手先后升级上线“青少年模式”

2019 年 3 月，抖音正式升级“青少年模式”。全新的“青少年模式”下，用户在推荐首页将只能浏览由抖音青少年内容团队精选出的短视频，包括教育、知识、绘画、摄影等方面有趣有用、寓教于乐的内容；同时正常版本中的搜索发现入口将被关闭。2018 年 7 月，抖音正式启动旨在推进青少年健康成长的“向日葵计划”，推出“青少年模式”，并在审核、产品、内容等层面推出 10 项措施。

另外，快手也于同期上线“青少年模式”和“防沉迷举措”，包括：打开快手 App 会出现“设置青少年模式”的弹窗，提醒监护人设置；进入该模式后，青少年使用快手无法开启直播和浏览同城页面，也无法进行打赏、充值、提现等行为；用户开通、关闭青少年模式均需输入提前设置的独立密码等。同时，青少年每日累计使用时长限制在 40 分钟，且晚上 10 点至早上 6 点无法使用快手。

附　　录

注释体例

一、基本体例

文章采用脚注，每篇文章的脚注单独编号，依次为“1，2，3，……”

二、统一格式

主要责任者（两人以上用顿号隔开；以下译者、校订者同）：文献名称（加书名号），译者，校订者，出版地点：出版社与出版年代及版次（第1版略），第××页。

三、注释范例

（一）著作类

〔英〕F. H. 劳森、B. 拉登：《财产法》，施天涛、梅慎实、孔祥俊译，北京：中国大百科全书出版社1998年第2版，第89—90页。

魏振瀛：《民法》，北京：北京大学出版社、高等教育出版社2000年版，第90页。

（二）期刊或集刊类

易继明：《人格权立法之历史评析》，《法学研究》2013年第1期，第123、138—139页。

梁慧星：《制定中国物权法的若干问题》，载梁慧星：《民商法论丛》2000年第1号/总第16卷，香港：金桥文化出版（香港）有限公司2000年版，第342页。

（三）报纸类

沈宗灵：《评“法律全球化”理论》，《人民日报》1999年12月11日，第6版。

（四）文集类

王泽鉴：《物之瑕疵与不当得利》，载王泽鉴：《民法学说与判例研究》（第3册），台北：三民书局1996年版，第109页。

（五）古籍、辞书类

《管子·牧民第一》卷一。

〔清〕沈家本：《沈寄簃先生遗书》甲编，第43卷。

《辞海》，上海：上海辞书出版社1999年版，第983页。

（六）网络资料

顾昂然：《关于〈中华人民共和国民法（草案）〉的说明——2002年12月23日在第9届全国人民代表大会常务委员会第31次会议上》，资料来源：http：//law-thinker. com/detail. asp？ id＝1501。更新时间：2002年12月26日08：28：35。访问时间：2003年4月1日。

（七）英文类

1. 著作

Robert Gilpin，Economy of International Relations，Princeton：Princeton University Press，1986，p. 5.

G. Gordon & P. Miller（ed.），The Foucault Effect：Studies in Governmentality，Hemel Hempstead，England：Harvester Wheatsheaf，1991，pp. 32-35.

2. 文集论文

K. J. Leyser，The Polemics of the Papal Revolution，in Berly Smally（ed.），Trends in Medieval Political Thought. Oxford：Oxford University Press，1965，3 rd ed.，p. 53.

3. 期刊论文

Alessandro Giuliani，The Influence of Rhetoric of the Law of Evidence and Pleading，in Judical Review，62（1969），p. 231.

（八）其他外文文种

从该文种注释体例或习惯。

四、其他说明

（一）引自同一文献者，同样应完整地注释，不得省略为“见前注”或“见前引”等。

（二）非引用原文，注释前加“参见”；如同时参见其他著述，则再加“又参见”。

（三）引用资料非原始出处，注明“转引自”。

约稿启事

《中国娱乐法评论》期刊设置“学术论文”“主题研讨”“热点透视”“名家访谈”“案例分析”“娱乐资讯”等栏目。本刊真诚欢迎广大作者针对上述栏目赐稿。

1. 凡向本刊投寄的稿件，要求为本刊首发，署名无争议。

2. 来稿语种为中文或英文。

3. “学术论文”栏目文章篇幅要求约为 1.5 万字，“主题研讨”约 1 万字，“热点透视”约 2 万字，“名家访谈”“案例分析”“娱乐资讯”各为 1 万字左右。

4. 来稿要求作者提供中英文标题、中英文摘要及中英文关键词，并依序置于稿件题目下方。

5. 来稿要求附有作者简介（包括作者署名、工作单位、职称、学位、研究方向等）和有效联系方式。如有必要，可提供文章的写作背景、形成过程、项目支持等说明性文字。

6. 本刊实行编辑初审、专家匿名评审和编辑部会议审定三审制度。

7. 审查稿件的周期为 3 个月。3 个月未收到修改意见或录稿通知，可自行处理。

8. 所有来稿文责自负。编辑部有权对采用稿件做必要修改，如不同意请在来稿时声明。

9. 根据《中华人民共和国著作权法》等相关法律法规的规定，凡向本刊投稿者皆被认定接受并遵守上述规定。

10. 投稿联系：

投稿邮箱：zgylfpl@126.com

投稿地址：北京市海淀区颐和园路5号北京大学理科五号楼414室《中国娱乐法评论》编辑部

邮政编码：100871

电话/传真：010-62754023